Ullstein

DAS BUCH:

Zwischen Metropole und ländlicher Vorstadt, im Gewimmel des Verkehrs und in der Gediegenheit der Salons, im Milieu der Arbeiter, in der Boheme, bei Künstlern, Emigranten, in Kneipen, Cafés oder einfach auf der Straße – in Berlin waren viele Autoren eine Zeitlang heimisch.
Dieses Buch erzählt von ihren Erlebnissen und Amouren, ihrer Arbeit und ihrem nie gewöhnlichen Alltag. So entsteht das vielfältige und bunte Panorama einer Stadt, die ständig im Wandel begriffen ist – vom Charlottengrad der russischen Emigranten bis hin zu E.T.A. Hoffmanns Gendarmenmarkt und Josef Roths Gleisdreieck.

DIE AUTORINNEN:

Christiane Landgrebe, geboren 1947, studierte Romanistik und Theologie, arbeitete viele Jahre in verschiedenen Verlagen und ist heute freie Autorin, Lektorin und Übersetzerin. Sie hat drei erwachsene Kinder und lebt in Babelsberg.

Cornelie Kister, geboren 1965, studierte in Aachen und Berlin Germanistik und Romanistik. Sie arbeitet als freiberufliche Lektorin und Autorin und lebt mit ihrer Familie in Köln.

Christiane Landgrebe/
Cornelie Kister

Flaneure, Musen, Bohemiens

Literatenleben in Berlin

Ullstein

Ullstein Buchverlage GmbH & Co. KG, Berlin
Taschenbuchnummer: 35823

Originalausgabe
September 1998

Lektorat: Anette Selg, Berlin
Umschlaggestaltung:
Vera Bauer
Photo:
Archiv für Kunst und Geschichte

Printed in Germany 1998
Gesamtherstellung:
Ebner Ulm
ISBN 3 548 35823 3

Gedruckt auf alterungsbeständigem
Papier mit chlorfrei gebleichtem
Zellstoff

Die Deutsche Bibliothek –
CIP-Einheitsaufnahme

Landgrebe, Christiane:
Flaneuer, Musen, Bohemiens :
Literatenleben in Berlin /
Christiane Landgrebe/Cornelie Kister.
– Orig.-Ausg. – Berlin : Ullstein, 1998
(Ullstein-Buch ; 35823)
ISBN 3-548-35823-3

Inhalt

Der Flaneur im Lehnstuhl

E.T.A. Hoffmann

Drei Anläufe brauchte E.T.A. Hoffmann, um sich in Berlin als Künstlerpersönlichkeit zu etablieren. Schon in seiner Jugend hatte er davon geträumt, sein Leben ganz in den Dienst der Kunst, insbesondere der Musik, zu stellen. Doch es sollte lange dauern, bis er den Durchbruch schaffte. Als Dreiunddreißigjähriger gab er mit dem »kleinen Aufsatz« *Ritter Gluck* sein literarisches Debüt, und im Alter von neununddreißig, sieben Jahre vor seinem Tod, war er endlich ein gefeierter Literat. Nicht als Musiker also, wie er es angestrebt hatte, sondern als Meister der Schriftstellerei, der neben der Kunst auch ein offizielles Amt bekleidete, wurde E.T.A. Hoffmann berühmt. Der angesehene Künstler hatte, mit einigen Unterbrechungen, als Jurist einen einträglichen Brotberuf und erlebte sein Dasein in einem unauflöslichen Widerspruch zwischen Amt und freier Kunst.

Das erste Mal kam Hoffmann 1798 mit der Familie seines Onkels, des Geheimen Obertribunalrats Johann Ludwig Doerffer, nach Berlin. Man wohnte in einer repräsentativen Wohnung in der Beletage Leipziger Straße 66 in der Berliner Friedrichstadt. Große Vorsätze beflügelten den jungen Hoffmann, hier in Berlin zügig sein Drittes Examen abzuschließen, in den juristischen Beruf einzutreten, um dann in gesicherten Verhältnissen seine Verlobte Minna Doerffer, die Tochter des Onkels, zu ehelichen. Hoffmann hatte während des Studiums in seiner Geburtsstadt Königsberg reichlich gebummelt. Zum einen hielten ihn seine künstlerischen Ambitionen vom Besuch der Vorlesungen und von regelmäßiger Arbeit ab, zum anderen verstrickte er sich in eine quälende Liebesbeziehung. Die um neun Jahre ältere Angebetete, Dora Hatt, war verheiratet und war damals mit ihrem siebten Kind schwanger. Ihre Beziehung sorgte für Aufsehen und brachte ihm den Ruf des lächerlichen, erfolglosen Liebhabers ein. In Königsberg war Hoffmanns Situation untragbar geworden, hier konnte er nichts mehr werden. Da kam die Gelegenheit, in Berlin neu anzufangen, gerade recht.

Berlin war in dieser Zeit schon eine lebendige Metropole, die führende Köpfe in Kultur und Wissenschaft beherbergte. Hier war die junge literarische Szene um Ludwig Tieck, Novalis, die Gebrüder Schlegel, Achim und Bettina von Arnim sowie Clemens Brentano zu Hause. Sie bezeichneten ihre literarische Bewegung als »romantisch« und verstanden sich als die jungen »Genies« der neuen Generation, zu der vom Alter her auch Hoffmann gehörte. Als Musiker und Literat war der Studienabsolvent jedoch noch gänzlich unbekannt, so daß ihm diese Künstler-Kreise als Insider noch verschlossen blieben. Aber er hatte an dem Berliner Kulturleben derart rege teilgenommen, daß aus seinem Vorsatz, sein Jurastudium binnen eines halben Jahres zu beenden, nichts wurde. Ganze zwei Jahre verbrachte Hoffmann in der modernen Großstadt, die ihm eine Fülle an Zerstreuungen bot. Berlin kam dem temperamentvollen, quirligen und den originellen Seiten des Lebens aufgeschlossenen Hoffmann entgegen. Diese Stadt galt damals als die modernste Metropole Europas, die in kürzester Zeit weite märkische Sandböden in Straßenfluchten und prachtvolle Häuserzeilen verwandelte. Hier herrschte Aufbruchs- und Gründungsstimmung, hier wurden ganze Industriezweige und Bildungsstätten gegründet. Die berühmte französische Schriftstellerin Madame de Staël vermittelt einen anschaulichen Eindruck vom Berlin der damaligen Jahrhundertwende: »Berlin ist eine große Stadt mit breiten, geraden Straßen und von regelmäßiger Bauart. Da sie größtenteils neu gebaut ist, so finden sich wenige Spuren älterer Zeiten . . . Berlin, diese ganz moderne Stadt, so schön sie immer sein mag, bringt keine feierlich ernste Wirkung hervor, sie trägt das Gepräge weder der Geschichte des Landes noch des Charakters der Einwohner; und die prächtigen neu aufgebauten Gebäude scheinen bloß für die bequeme Vereinigung der Vergnügungen und der Industrie bestimmt zu sein.« Im März 1800 war es dann soweit: Hoffmann bestand das Examen mit der Note »vorzüglich« und wurde – entgegen seinem Wunsch – zum Assessor am Gericht in Posen ernannt. Der Absolvent verließ Berlin und die Verlobte mitsamt Familie, um seine erste Stelle anzutreten.

Zum ersten Mal in seinem Leben, mit vierundzwanzig Jahren, war Hoffmann auf sich gestellt, ohne familiäre Bande. Nachdem er sich in seiner Selbständigkeit allmählich eingerichtet hatte, löste er Anfang März 1802 die Verbindung zu seiner Cousine. Im Vergleich zu der zwar aussichtslosen, jedoch leidenschaftlichen Beziehung zu Dora Hatt war das Verhältnis zu Minna Doerffer ohne Liebe. Die Verlobung vier Jahre zuvor war für Hoffmann wohl eher eine Vernunftsentscheidung gewesen. Er wollte nach der wirren Königsberger Zeit Ordnung in sein Leben bringen. Mit seiner ersten Anstellung in Posen waren seine Verhältnisse geregelt, eine aussichtsreiche Heirat war offensichtlich nicht mehr notwendig. Dafür nahm er wenige Monate später, im Juli 1802, die hübsche Polin Michaelina Rorer-Trzcinska, Mischa genannt, zur Frau. Mit ihr zusammen hatte er sein einziges Kind, Cäcilia, die jedoch schon als Zweijährige starb. Mischa teilte ihr Leben mit E.T.A Hoffmann bis zu dessen Tod. Sie war ihm sein »sehr, sehr liebes Weib«, er hing in ruhiger Liebe an ihr und sorgte sein ganzes Leben für sie. Dennoch wurde sie an seiner Seite einsam. Besonders in den letzten Berliner Jahren lebte Hoffmann nur für seine musikalische und schriftstellerische Arbeit; da spielte die Ehefrau neben den Künstler-Freunden nur eine Nebenrolle.

In Posen konnte der junge Assessor zum ersten Mal den Zwiespalt erfahren, in einer festen Anstellung gefangen zu sein und gleichzeitig von dem drängenden Bedürfnis erfüllt zu sein, eine ausschließliche Existenz als Künstler führen zu wollen. Hoffmann arbeitete fleißig an Kompositionen, verfaßte ein Singspiel *Scherz, List und Rache* nach einem Text von Goethe und vertiefte sich auch in Kompositionstheorie. Einige seiner Arbeiten schickte er an den Direktor des Berliner Nationaltheaters, an den Schauspieler und Stückeschreiber August Wilhelm Iffland – eine nennenswerte Resonanz blieb jedoch aus. Die Frage, wie innerhalb des bürgerlichen Lebens eine Künstlerexistenz möglich sein kann, der Konflikt zwischen Kunst und Leben war das zentrale Problem Hoffmanns. Eine Lösung hat er niemals gefunden. Den Sprung in die freie Kunst schaffte er nicht, obwohl er während seines zweiten Berliner Aufenthaltes (vom Sommer 1807 bis zum Sommer 1808) hart darum gerungen hat.

Doch bevor Hoffmann wieder nach Berlin zurückkehrte, mußte er noch einen Umweg über Plock und Warschau einlegen. Der Umzug in die öde polnische Provinz Plock im Jahr 1802 war nichts anderes als eine Strafversetzung. Der stets zur satirischen Spottlust aufgelegte Hoffmann, mittlerweile zum Regierungsrat avanciert, erlaubte sich gemeinsam mit anderen Beamten einen folgenreichen Scherz. Er zeichnete Karikaturen von führenden Köpfen der Posener Gesellschaft, die auf einer Karnevalsredoute verteilt wurden. Es kam zum Eklat, Hoffmann wurde zu Recht verdächtigt, und nun hatte er die Konsequenzen zu tragen. Er war verzweifelt, sah er doch in dieser Provinzstadt keinerlei Anregungen und Möglichkeiten für sein künstlerisches Fortkommen, obgleich er weiterhin unermüdlich um seine Anerkennung gerungen hat. Im März 1804 kam die Erlösung aus dem »Exil«, er wurde nach Warschau versetzt. Hier erfuhr der bislang erfolglose Musiker zum ersten Mal künstlerische Anerkennung, seine Musikstücke wurden endlich öffentlich aufgeführt. Doch dann war Napoleon auf dem Vormarsch, die französischen Truppen marschierten am 28. November 1806 in Warschau ein. Sämtliche preußischen Beamten wurden ihrer Ämter enthoben, auch Hoffmann. Frau und Tochter brachten sich bei den Posener Verwandten in Sicherheit, der Zurückgebliebene erkrankte an einem Nervenfieber, es ging um Leben und Tod. Hoffmann verließ Warschau.

Als E.T.A. Hoffmann am 18. Juni 1807 in Berlin eintraf, war seine Lebenssituation desolat. Er war allein, ohne Anstellung und ohne Geld. Das geringe Vermögen, das er aus Warschau noch mitgebracht hatte, wurde ihm gestohlen. Während er in einer Gaststube zu Mittag aß, wurde auf seinem Zimmer die Hinterwand des Sekretärs durchgesägt. Seine sechs Friedrichsdor waren verloren. Eher gezwungenermaßen denn freiwillig gab es jetzt nur noch eines, dem Hoffmann ungehindert nachgehen konnte: die Kunst. An seinen Jugendfreund Theodor Gottlieb Hippel, dem er zeit seines Lebens verbunden blieb, schrieb er über seine Situation: »In meinem kleinen Stübchen umgeben von alten Meistern, Feo, Durante, Händel, Gluck, vergesse ich oft alles, was mich schwer drückt, und nur, wenn ich morgens wieder aufwache, kommen alle schweren Sorgen wieder!« In einer Stadt, die in fester Hand des Feindes war, in der die Menschen keine Arbeit hatten und Hunger litten, mußte der namenlose Künstler seine Werke anpreisen.

Seine Anfragen bei den Berliner Kulturgrößen blieben unbeantwortet. Hoffmann erlebte einen Winter voll düsterer Stimmungslagen. Jahre später skizzierte er in der Kreislerbiographie des Kater-Murr-Romans diese krisenhaften Monate: »Als ich mich frei fühlte, da erfaßte mich jene unbeschreibliche Unruhe, die, seit meinen frühen Jugendjahren, so oft mich mit mir selbst entzweit hat . . . nicht auszusprechen vermag ich die Marter meines Zustandes . . ., wenn mir dann plötzlich alles elend, nichtig, farblos, tot erschien und ich mich versetzt fühlte in eine trostlose Einöde.« Dennoch fiel in diese »trostlose Einöde« die Geburtsstunde seiner literarischen Laufbahn. E.T.A. Hoffmann begann in Berlin mit der Erzählung *Ritter Gluck*, mit der er nach dem Erscheinen in der *Allgemeinen Musikalischen Zeitschrift* im Februar 1809 Aufsehen erregte. Mit diesem musiktheoretischen Werk in erzählerischer Form wollte Hoffmann, wenn er schon als Musiker keinen Durchbruch erzielen konnte, sich wenigstens als Musikschriftsteller versuchen, so daß er in der Szene immerhin als Experte bekannt wurde.

Als Hoffmann einsehen mußte, daß alle Bemühungen, sich in Berlin eine Künstlerexistenz aufzubauen, gescheitert waren, gab er ein Stellengesuch im *Reichsanzeiger* auf und bewarb sich »bei irgendeinem Theater oder einer Privatkapelle als Direktor«. Im April 1808 erhielt er eine Zusage aus Bamberg, mußte jedoch bis zu seiner Anstellung als Musikdirektor noch bis zum September des gleichen Jahres warten. Es wurden die schlimmsten Monate für den gebeutelten Hoffmann. Seine Armut war so groß, daß er sich in einem verzweifelten Hilfeschrei an seinen alten Freund Hippel wandte: »Ich arbeite mich müde und matt, setze fort die Gesundheit zu und erwerbe nichts! Ich mag Dir meine Not nicht schildern. *Seit fünf Tagen habe ich nichts gegessen, als Brot* – so war es noch nie . . .!« Am 9. Juni verließ Hoffmann Berlin, holte seine Frau Mischa in

Am Gendarmenmarkt wohnte und arbeitete E.T.A. Hoffmann, hier genoß er einen der privilegiertesten Ausblicke Berlins. Der schöne Platz, die umliegenden Straßen und der Wein im berühmten Lokal Lutter & Wegener *beflügelten seine Phantasie.*

Posen ab (Cäcilia war im August des Vorjahres gestorben) und reiste nach Bamberg.

Doch seine Pechsträhne sollte anhalten. Gleich der musikalische Auftakt – Hoffmann dirigierte die Oper *Aline, Königin von Gilkonda* von Berton – mißlang. Die Aufführung war schlecht, und das Publikum ließ seinen neuen Musikdirektor durchfallen. Fortan sah er sich gezwungen, bei halbem Gehalt Gelegenheitsarbeiten für das Theater auszuführen. Darüber hinaus mußte er sich mit Gesangs- und Klavierunterricht durchschlagen, um für sich und Mischa den Lebensunterhalt zu sichern. Dabei verkehrte Hoffmann in den besseren Kreisen der Kleinstadt, wo er als angenehmer, gewitzter Unterhalter sehr geschätzt wurde. Man liebte seinen lebhaften Geist, seine gekonnte Art der

Konversation. Eine der Damen aus der höheren Gesellschaft Bambergs tat den kuriosen Vorschlag kund, »man sollte Hoffmann, außer dem Honorar für die Lektion, eben soviel für seine belebende Unterhaltung zahlen«. In einem dieser besseren Häuser verliebte sich Hoffmann in die dreizehnjährige Gesangsschülerin Julia Marc. Ähnlich wie in seinen Königsberger Jugendjahren verzehrte er sich in einer unglücklichen Leidenschaft, die ihn nahezu in den »Wahnsinn« trieb. Wieder einmal blieb den Außenstehenden diese ungleiche Liebe nicht verborgen, der abgewiesene Hoffmann setzte sich ungeschützt der Spottlust der Bamberger Gesellschaft aus. Besonders in solchen Momenten bekam Hoffmann die Unzulänglichkeiten seines Körpers zu spüren. Seine Erscheinung war alles andere als einnehmend: Er war von zwergenhaftem Wuchs, hatte einen auffallend großen Kopf und ein vorstehendes spitzes Kinn. Anders als bei Dora Hatt wurde seine Werbung von der hübschen Schülerin beharrlich abgewiesen, und sein aufgestautes Begehren trieb ihn in die tiefste Verzweiflung. Der Liebespein konnte Hoffmann 1813 entfliehen, als er das Angebot erhielt, als Musikdirektor bei der Operntruppe Joseph Secondas in Leipzig und Dresden tätig zu werden. Durch seine Veröffentlichung des *Ritter Gluck* und weiterer Erzählungen in der *Allgemeinen Musikalischen Zeitschrift* hatte Hoffmann einige Berühmtheit als Musikkenner erlangt, so daß man ihn auf diese vakante Stelle berief.

Auch in Dresden und Leipzig war der Erfolg als Musiker nicht von durchschlagender Kraft, wenn seine Arbeit auch insgesamt befriedigender verlief als in Bamberg. Bereits nach einem Jahr kam es zu einem Zerwürfnis mit Seconda, der Hoffmanns musikalische Kompetenz in Frage stellte und ihm schließlich im Februar 1814 die Stelle aufkündigte. Erneut plagten das Ehepaar größte Geldsorgen, mehr und mehr zog Hoffmann in Erwägung, wieder in seinen alten Brotberuf, den juristischen Staatsdienst, einzutreten. Die persönliche Lage war wieder einmal kritisch, die politische Situation in dem belagerten Dresden, das unter Seuchenplagen und Hungersnöten ächzte, bedrückend. Am 10. November 1813 kapitulierten die Franzosen in Dresden und zogen ab. Hoffmann hatte an der großen Enttäuschung, als Musiker erneut versagt zu haben, bitter zu nagen. Dennoch schrieb er ein weiteres musikalisches Werk in dieser Zeit, die Oper *Undine*. Sie sollte später in Berlin Hoffmanns einziger großer Erfolg als Komponist werden. Als gescheiterter Musiker zu gelten verhalf jedoch seiner anderen großen, vielleicht eigentlichen Begabung in den beschwerlichen Dresdener Monaten zum Durchbruch. So schrieb er an den Verleger Carl Friedrich Kunz: »In keiner als dieser düstern verhängnisvollen Zeit, wo man seine Existenz von Tage zu Tage fristet und ihrer (nicht) froh wird, hat mich das Schreiben so angesprochen – es ist, als schlösse ich mir ein wunderbares Reich auf, das aus mein(em) Innern hervorgehend und sich gestaltend mich dem Drange des Äußern entrückte – Mich beschäftigt ... vorzüglich ein *Märchen*.« Hoffmann konzipierte zwischen 1813 und 1814 das Märchen *Der Goldne Topf*, das er selbst für seine gelungenste literarische Produktion hielt und für das er selbst in angesehensten Literaten-Kreisen großes Lob einstreichen konnte.

Als E.T.A. Hoffmann am 26. September 1814 zum dritten und letzten Male nach Berlin kam, war er zumindest als Literat eine angesehene Persönlichkeit geworden, die man voller Achtung empfing. »Sie sehen übrigens, Teurer«, schrieb er wiederum an Kunz, »wie ich ein Scribilifax worden, aber wahrlich ohne mein sonderliches Bemühen; – so was muß sich von selbst finden.« Mit einem Mal war Hoffmann ein gefragter Mann, selbst die berühmten Berliner Künstler, die er 1798 noch als Referendar aus der Ferne beobachten durfte, suchten seine Nähe. Man schloß sich – damals eine verbreitete Form der Geselligkeit – zu einem freundschaftlichen Kreis zusammen, dem »Seraphinenorden«. Mittelpunkt dieser Vereinigung um Adelbert von Chamisso, Friedrich Fouqué und anderen war E.T.A. Hoffmann. In seiner quirligen, exzentrischen Art war der Berliner Newcomer überaus auffallend. Seine Freunde beschrieben, wie er »mit der unermüdlichen Beweglichkeit den Tisch umkreiste, um einzuschenken und die Unterhaltung anzufachen, wo sie stockte«, stets war er in Aktion, rutschte während der Gespräche unruhig auf dem Stuhl hin und her, sprang plötzlich vom Tisch auf, mit Kopf und Händen wild gestikulierend. Seine Mimik war stets in Bewegung, Hoffmann liebte es, seine Rede entsprechend zu untermalen. So berichtete ein Zeitgenosse: »Wie sein innerer Strom aufwogte, so verwandelte sich seine Physiognomie alle Augenblicke. Das kleine, kluge Gesicht war fast immer ein anderes.« Er liebte die schauspielerische Imitation und war ein Meister der Selbstinszenierung. »Zuweilen setzte er sich auch wohl auf einen soweit als möglich, von der Gesellschaft entfernten, einsamen Stuhl, um, unbemerkt, wie er vermutlich glaubte, seinem Mienenspiel alle mögliche Zügellosigkeit verstatten zu können.« Hoffmann war körperlich, charakterlich wie geistig eine außergewöhnliche Erscheinung und wurde fortan als Besonderheit in öffentlichen Gesellschaften wie Privatzirkeln herumgereicht.

In einem unglaublichen Arbeitspensum flossen aus seiner Feder eine Fülle von Erzählungen, die überwiegend in Frauentaschenbüchern, Almanachen, Taschenkalendern und Zeitschriften veröffentlicht wurden. Mußestunden gab es in dem ausgefüllten Leben Hoffmanns nur wenige, denn hauptberuflich war er ja als Kammergerichtsrat in einem festbesoldeten Amt. Zum großen Erstaunen vieler Kollegen und Freunde gab es an seiner Arbeit nichts auszusetzen. Im Gegenteil, von seiner Pünktlichkeit und Schnelligkeit war man außerordentlich angetan und lobte seine Resultate als »solide« und »excellente«.

Nun, der Erfolg war da, aber er befriedigte den ehrgeizigen Hoffmann nicht, denn als Musiker, nicht als Verfasser für Frauentaschenbücher, wollte er reüssieren. Und endlich, in Berlin, sollte sich sein Lebenswunsch erfüllen. Seine Oper *Undine* wurde am 3. August 1816, am Geburtstag des Königs, am Nationaltheater uraufgeführt. Vierzehn Aufführungen erlebte das Stück, das war für damalige Verhältnisse viel. Die Oper beeindruckte, sie war von der Besetzung bis hin zur Dekoration eine pompöse Inszenierung. Die modernste Theatertechnik kam zum Einsatz und verwandelte den Bühnenraum in ein grandioses Szenario. Keine Frage, die Oper wäre noch viele weitere Male gegeben worden, wenn nicht am 29. Juli 1817 das Theater am Gendarmenmarkt in Flammen aufgegangen wäre.

Ironie des Schicksals: Hoffmann hatte in seiner Wohnung Charlottenstraße/Ecke Taubenstraße vis à vis dem Theater quasi einen Logenplatz. Von seinem Fenster aus konnte er zusehen, wie die vielgelobte Dekoration des berühmten Architekten Karl Friedrich Schinkel als Rauchsäule zum Himmel aufstieg und in einem Aschenregen über den Gendarmenmarkt niederrieselte. Das war das Ende der Oper und gleichermaßen das Ende seiner kurzzeitigen Musikerkarriere. Es sollte keinen weiteren musikalischen Höhepunkt geben. Doch Hoffmann, der während des Brandes um sein eigenes Haus fürchten mußte, war keineswegs einem Verzweiflungsausbruch nahe. In seiner satirischen Art fand er noch den spöttischen Humor, die Beschreibung des Brandes mit einer politischen Satire auf das biedere Zopfwesen des Staates zu verbinden: »Ich könnte Ihnen erzählen . . ., daß der Kredit des Staats wankte, da, als die Perückenkammer in Flammen stand und fünftausend Perücken aufflogen, Unzelmanns Perücke aus dem Dorfbarbier mit einem langen Zopf, wie ein bedrohliches feuriges Meteor über dem Bankgebäude schwebte – doch ... daß beide gerettet sind, ich und der Staat. *Ich* durch die Kraft von drei Schlauchspritzen ..., der *Staat* durch einen couragierten Gardejäger auf der Taubenstraße, der ... besagtes Ungetüm durch einen wohlgezielten Büchsenschuß herabschoß. Zum Tode getroffen, zischend und brausend sank es nieder in den Pißwinkel des Schonertschen Weinhauses – Hierauf stiegen sofort die Staatspapiere! – Ist das nicht Stoff zum Epos?«

Die Wohnung in dem Vorzeigeviertel am Gendarmenmarkt hatte Hoffmann mit seiner Frau Mischa im Sommer 1815 bezogen. Sie war großzügig und repräsentativ, Hoffmann war nunmehr ein gutsituierter Mann und konnte sich diesen Luxus leisten. Besonders am Ende seines Lebens sollte sich die zentrale Ecklage der Wohnung für den kranken Literaten nochmals als entscheidend erweisen. Doch davon später. Nur wenige Schritte weiter befand sich Hoffmanns zweites Domizil, das Weinhaus Lutter & Wegener auf der Charlottenstraße/ Ecke Französische Straße. Hier traf sich der zur ausschweifenden Lebensführung neigende Hoffmann mit seinen Freunden und verbrachte ganze Nächte. Julius Eduard Hitzig, ein langjähriger Weggefährte – sie lernten sich in Warschau kennen, als Hitzig 1804 Assessor an dem dortigen Gericht wurde – gibt ein Bild von Hoffmanns Trinkgelagen: »... aber war er einmal montiert; wie er es nannte, in exotischer Stimmung, die, oft bei einer halben Flasche Wein, auch nur *ein* Zuhörer hervorrufen konnte, so gab es nichts Interessanteres, als das Feuerwerk von Witz und Glut der Phantasie, das er dann unaufhaltsam, oft fünf, sechs Stunden hintereinander, vor der entzückten Umgebung aufsteigen ließ.« Auf manchen wirkte dieses »Weinhausleben« abstoßend, so beispielsweise auf Joseph von Eichendorff. Doch an diesen geradlinigen, sittlichen Herren war Hoffmann ohnehin nicht viel gelegen. Ihn interessierten vor allem die Menschen, von denen etwas Besonderes ausging, die seinen Geist anstachelten und ihn herausforderten. Aufrichtigkeit und eine gute Gesinnung waren für ihn keine Prädikate. Schillernde Persönlichkeiten, die etwas aus sich zu machen verstanden, zogen den Individualisten an, denn die Selbstinszenierung war sein Lebensprinzip. Der treueste Freund in den Jahren nach 1815 war sein Nachbar, der berühmte Schauspieler Ludwig Devrient. In ihm schätzte Hoffmann den leidenschaftlichen Komödianten, der er eben nicht nur auf der Bühne, sondern auch im Leben war. Mit diesem treuen Zechkumpanen konnte er sich auf dem schwankenden Boden der Ironie, zwischen Ernst und Spiel, glänzend verständigen.

Im Weinhaus Lutter & Wegener sollte auch der Anfang seines legendären Endes liegen. In unzähligen Nächten breitete Hoffmann die Themen seiner Erzählungen und Märchen vor den Ohren der Freunde aus, aber eben auch vor Leuten, denen gegenüber er besser geschwiegen hätte. So wurde noch vor Veröffentlichung des Märchens *Meister Floh* in Staatskreisen bekannt, daß Hoffmann innerhalb der Geschichte eine Satire auf ein jüngst zurückliegendes politisches Ereignis plante, die eine ganz bestimmte Person aufs Korn nehmen sollte, den Polizeidirektor Kamptz. Hintergrund dieser Angelegenheit war die sogenannte »Demagogenverfolgung«, eine staatliche Kampagne gegen verräterische Staatsfeinde und ihre Verbindungen. Die »Demagogen« waren Burschenschaftler und Patrioten, die nach Beendigung der Befreiungskriege auf eine geeinte deutsche Nation gehofft hatten, sich aber von der Idee des Nationalismus enttäuscht sahen. Deutschland blieb weiterhin in 38 Klein- und Mittelstaaten unterteilt, und über diesen Umstand empörten sich vorwiegend die demokratisch national eingestellten Studenten, Professoren und Literaten. Zu Hoffmanns Leidwesen wurde er zum Mitglied einer Untersuchungskommission ernannt, die gegen jene »gefährlichen Umtriebe« ermitteln sollte. Obwohl er streng nach geltendem Recht verfuhr, ließ sich der gewitzte Jurist nicht in diese Hetzkampagne verwickeln. Bei den treibenden Kräften in Preußen, eben jenem Polizeidirektor Kamptz, hatte er sich mit diesem Verfahren natürlich keine Freunde gemacht. Und nun diese satirische Verhohnepipelung. Das Tragische an der Geschichte war: Hätte Hoffmann bei Lutter & Wegener sein Vorhaben nicht ausgeplaudert, wäre vermutlich kein Mensch auf die Hintergründe in dieser nun berühmten *Knarrpanti-Episode* im *Meister Floh* gestoßen. Jetzt aber war es zu spät, und die Ereignisse überschlugen sich: Ein Polizeiagent wird zu dem Verleger Wilmans nach Frankfurt berufen, denn dort liegen bereits Manuskript und Druckbogen. Hoffmann bekommt Wind von den Vorgängen und schickt eilig ein Schreiben an den Verleger, mit der dringenden Aufforderung, besagte Passagen herauszunehmen. Doch vergeblich. Wilmans händigt der Staatsmacht alles aus, die Sache gerät ans Licht, Hoffmann ist erledigt. Aufgrund des Vorwurfs der Verhöhnung der Demagogenverfolgung und des Verrats von Amtsgeheimnissen droht ihm eine strenge Bestrafung.

Das war zuviel der Aufregung; bereits einen Tag nach den turbulenten Ereignissen in den Frankfurter Verlagsräumen erkrankte E.T.A. Hoffmann am 18. Januar 1822 ernsthaft. Die Krankheit nahm einen rasanten Verlauf, schon nach zweieinhalb Monaten trat eine völlige Lähmung des Körpers ein. Der stets nervöse, unruhige Hoffmann war zur absoluten Bewegungslosigkeit verdammt, gefangen in einem Lehnstuhl. Doch so schnell gab er nicht auf, er hing am Leben. Und wenn er schon nicht mehr selbst daran teilhaben konnte, so wollte er zumindest dessen festgewurzelter Voyeur sein. Er richtete sich in dem

Fenster seiner Wohnung ein und betrachtete die Welt um sich herum aus einer einzigen Perspektive: Es waren die Blicke aus *Vetters Eckfenster.* Diese Erzählung, kurz vor seinem Tod noch diktiert, spiegelt seine beobachtenden Eindrücke. Am 24. Juni 1822 starb E.T.A. Hoffmann auf dem Höhepunkt seiner Künstlerkarriere.

Aufwärts zu den Sonnen

Die Friedrichshagener Dichterkolonie

Berlin-Schlachtensee im Jahr 1902. Helles Sonnenlicht bescheint die Idylle, und wer hierher kommt, betritt eine Märchenwelt. In dem großen, majestätischen Gebäude in der Seestraße mit dem weitläufigen Park wohnen die Mitglieder der Neuen Gemeinschaft. Es sind etwa fünfzig, und sie haben sich hier niedergelassen, um anders zu leben als der Rest der Gesellschaft. Die fünfunddreißig Morgen Land ringsum, die wogenden Felder und Äcker sollen der Selbstversorgung dienen. Die Frauen tragen weite Reformkleider und langes Haar, offen oder aufgesteckt, den weiblichen Gestalten auf Jugendstilbildern nicht unähnlich; Jungen und Mädchen spielen in bunten Einheitskitteln und bewegen sich frei auf dem gesamten Gelände. Feldarbeit, Hausarbeit und Bewirtschaftung des Anwesens erledigt man hier gemeinsam, um unabhängig zu sein. Eigentum gibt es nicht, das Leben soll vom Beitrag der Mitglieder bestritten werden, der eine Mark im Monat beträgt. Weitere Mittel kommen durch Sammlungen auf den zahlreichen kulturellen Veranstaltungen der Gemeinschaft zusammen. Innerhalb der Gruppe gibt es kein Geld als Zahlungsmittel, bezahlt wird mit Marken oder Zetteln. Gegessen wird gemeinsam, der Umgang miteinander soll freundlich und frei von bürgerlichen Konventionen sein, und der Anarchist Erich Mühsam, selbst Mitglied des Vereins, spricht spöttisch von einer »Seid-umschlungen-Millionen«-Atmosphäre. Wer zur Neuen Gemeinschaft gehört, muß an ihre Ziele glauben, sich ganz dem neuen Leben verschreiben, als handele es sich um einen Orden. Mit Entsagung aber hat das Leben hier wenig zu tun. Es geht nicht um Verzicht oder Weltverlust, sondern um die Erfüllung weitgesteckter Ziele, die Verwirklichung eines hohen Anspruchs an das Leben. Dabei herrschen eher freizügige Sitten; Denken und Handeln sind von der Weltanschauung des Monismus bestimmt, nach der Leben und Natur eins sind und in der alles, was geschieht, in den weiten Zusammenhang des Kosmos gehört. Alle Lebens- und Kulturbereiche sind angesprochen: Kunst, Poesie, Religion, Mythologie, Philosophie – all dies wird von den Mitgliedern mit großem Eifer betrieben. Vor der Niederlassung der Gemeinschaft hier am Schlachtensee sind ihre Mitglieder von den Initiatoren nach ihren Wünschen befragt worden, und so sind Ateliers für Künstler entstanden, eine Bibliothek, eine »Natur- und Tempelbühne« im Freien für festliche Aufführungen. Regelmäßig finden Feiern statt, Musikvorführungen, Lesungen, Rezitationen, Theater und Tanz. Auch die Sinnenlust kommt zu ihrem Recht, man berauscht sich am Wein, liebt einander und widmet alles, was man tut, einem höheren Ziel, in dem alle geistigen, seelischen und magischen Kräfte des Menschen zusammenkommen und dem Leben einen neuen Sinn verleihen sollen. Oft werden sogenannte Liebesmahle abgehalten, bei denen man in von dem bekannten Jugendstilmaler Fidus weihevoll ausgeschmückten Räumen gemeinsam speist und trinkt, es werden Texte verlesen und Musik vorgetragen. An den Weihefesten im Beethovensaal des Kulturhauses Urania, die der Gemeinschaft eine religiöse Prägung geben und einen ähnlich kultischen Charakter haben wie Gottesdienste, nehmen oft mehrere hundert Menschen teil. In einer sakralen Stimmung, die durch Musik und Ausstattung des Raumes erzeugt wird, soll eine Beziehung des Menschen zur Unendlichkeit des Daseins hergestellt werden, die Erkenntnis des eigentlichen Wesens der Welt soll vermittelt werden, mit dem Ziel einer Verschönerung und Vervollkommnung des Lebens.

Erich Mühsams Gedicht aus dem Jahr 1900 über die Neue Gemeinschaft bringt deren Geist treffend zum Ausdruck:

Aus ödem Alltag
Aufwärts zu den Sonnen,
Zur Lebensfreude
hebt uns unser Sehnen.
Kämpfend durchbrechen wir
Gefährnisse und Schranken:
Kämpfend und liebend.
Auf hohem Gipfel
Reichen wir die Hand uns
Liebedurchglühend
In neuer Gemeinschaft.
Unter uns die alte Welt,
In uns ein neuer Gott,
Vor uns lichtes Leben.

Die Neue Gemeinschaft organisiert auch Veranstaltungen, die eher den Intellekt als das Gefühl ansprechen, und der Kreis ihrer Sympathisanten ist zunächst groß: Auf dem Programm stehen Vorträge des jüdischen Religionsphilosophen Martin Buber über Theodor Herzl und den Zionismus, Reden des Schriftstellers, Kulturphilosophen und Anarchisten Gustav Landauer über Tolstoi und Nietzsche; der berühmte Jugendstilkünstler Henry van de Velde spricht über neue Kunst.

Wesentlich für die Gemeinschaft ist es, eine Vielzahl von grundsätzlichen Vorstellungen über das Leben praktisch umzusetzen: alle materiellen Güter zu teilen, ohne zivilisatorische Zwänge wie Mode, Geld, Sozialprestige zu leben, die Arbeitsteilung aufzuheben, alle zu kreativen Künstlern zu machen. Das Unternehmen ist ein gigantischer Erneuerungsversuch, ein Vorhaben von so hohem Anspruch, daß es auf Dauer scheitern muß. Das Leben draußen geht weiter, nicht alle vertragen das Sektiererische, das Anderssein; viele fangen an, sich nach Normalität und dem Leben in der Stadt zu sehnen. Auch erweist sich die Selbstversorgung durch eigenen Landbau als recht schwierig, und die Finanzen bleiben knapp. So unterschiedliche Charaktere, wie die Neue Gemeinschaft sie beherbergt, sind nur schwer über einen Kamm zu scheren. Derart divers sind die Ideen und Ziele, daß es zu immer größeren Spannungen kommt. So verliert die Kolonie allmählich ihre Anhänger. Hierzu mag auch das, was die Malerin Paula Modersohn-Becker nach einem Besuch der Gemeinschaft »allzu große Korsettlosigkeit« nennt, beigetragen haben.

Im Jahr 1904 löst sich die Neue Gemeinschaft wieder auf. Das Ende einer Utopie ist gekommen. Die neue literarische Avantgarde befindet sich anderswo, die Stadt wird wieder Zentrum der nachfolgenden Schriftstellergeneration; Herwarth Walden, einer der Protagonisten der neuen Kunstrichtung des Expressionismus, gründet den *Verein für Kunst* und die expressionistische Zeitschrift *Der Sturm.*

Die Gründung der Neuen Gemeinschaft 1900 ist der Endpunkt einer langen und vielschichtigen Entwicklung. Ihren Ausgang hat diese Erneuerungsbewegung an einem ganz anderen Ort und bereits fünfzehn Jahre früher genommen. Die Gründer der Neuen Gemeinschaft, Heinrich und Julius Hart, zwei Brüder aus Münster in Westfalen, hatten sich lange vor dem Versuch, am Schlachtensee eine Art »Reich der Erfüllung« zu errichten, zusammen mit verschiedenen anderen 1890 in Friedrichshagen am Müggelsee niedergelassen, vor den Toren Berlins, 15 km von der Stadt entfernt, aber mit der Vorortbahn bestens zu erreichen. Den Namen verdankt Friedrichshagen seiner Gründung durch Friedrich den Großen, der hier 1753 schlesische und böhmische Wollweber und Seidenspinner ansiedelte und zur Seidenraupenzucht 1200 Maulbeerbäume anpflanzen ließ, von denen allerdings nur wenige das nördliche Klima vertrugen. Lange Zeit lebte der Ort von der Weberei, mit der Mechanisierung aber war auch das vorbei. Das Dorf am See entwickelte sich zu einem Villenvorort, einer Sommerfrische und wurde zum beliebten Ausflugsziel für Berliner. Der Müggelsee mit den Müggelbergen war von besonderem landschaftlichem Reiz, das Müggelschlößchen ein beliebtes Ausflugslokal. Die Gebrüder Hart waren Theater- und Literaturkritiker, gaben Zeitschriften heraus und scharten zahlreiche Berliner Literaten um sich, darunter die frühen Naturalisten. In Friedrichshagen herrschte Aufbruchstimmung. Der Friedrichshagener Kreis, zu dem Dichter, Schriftsteller, Journalisten, Philosophen, Künstler, Freidenker, Anarchisten und Bohemiens gehörten, die einen regen Gedankenaustausch pflegten, aber auch durch phantasievolle Feste, Wanderungen, Ausflüge und sonstige Unternehmungen eine besondere Gemeinschaft kultivierten, war gegenüber allem Neuen aufgeschlossen Gäste, neue Ideen und alles, was seinen Horizont erweiterte, war ihm stets willkommen.

Viele interessante Gestalten zog es in die idyllische Landschaft am Müggelsee. Gerhart Hauptmann, Lou-Andreas Salomé, Rudolf Steiner, Rainer-Maria Rilke, Erich Mühsam, Edvard Munch und viele andere gehörten zu den häufigen Besuchern oder vorübergehenden Bewohnern der Kolonie. Bald hatten sich so viele Schriftsteller aus der Stadt, die dem Großstadtleben entfliehen und auf dem Land neue Ideen entwickeln wollten, dort niedergelassen, daß man auch von einem »Worpswede der Literatur« sprach. Die literarische Produktion war groß, und besonders der Verleger Eugen Diederichs, der, sooft er Zeit fand, nach Friedrichshagen kam und gern an den zahlreichen Festen teilnahm, brachte ihre Werke in besonders schön edierten, mit Vignetten und wunderbaren Jugendstilillustrationen versehenen Werken heraus. Seine Dichterfreunde nannten ihn wegen seiner Vorliebe für Mystisches »Eugen mit den Gespensteraugen«.

Die Spannung zwischen hektischer Weltstadt und beschaulicher Naturschönheit faszinierte die Friedrichshagener, und was sie sich in aller Ruhe und Ungestörtheit auf dem Land ausdachten und ausführlich diskutierten, versuchten sie in Berlin in die Tat umzusetzen. Die Literaten priesen die Einsamkeit der Landschaft gegenüber der brausenden Großstadt, dabei huldigten sie jedoch keineswegs nur einer Naturidylle, sondern führten ein mitunter recht unkonventionelles Leben mit Besäufnissen, wilden Feiern, spiritistischen Sitzungen, freidenkerischen Zirkeln.

Der preußische Staat hatte von Anfang an ein skeptisches Auge auf die Kolonie geworfen und ließ sie mit großer Ausdauer von der Polizei beobachten, worüber sich die Literaten ständig lustig machten. 1890 war der Kreis Niederbarnim sozialdemokratisch geworden, und seitdem waren die Beamten besonders aufmerksam. Selbst der Briefträger wurde in die Observierungsarbeit einbezogen und mußte melden, welche Zeitungen, Bücher und sonstigen Poststücke die neuen Friedrichshagener erhielten. Bruno Wille, der nicht nur als Schriftsteller und Dichter, sondern auch als Laienprediger tätig war, hatte ohne staatliche Unterrichtsgenehmigung in der freikirchlichen Gemeinde unterrichtet und wurde dafür im Hinterhaus des Gasthofs *Zum Preußischen Adler* in der Müggelstraße interniert, da er sich weigerte, Bußgeld zu zahlen. Ohne Gerichtsverfahren wurde er in Beugehaft genommen. Der Amtsdiener Bolle kümmerte sich allerdings rührend um seinen Häftling und gestattete ihm, seine Unterkunft mit allen möglichen Annehmlichkeiten wie eigenem Bett, Schreibzeug, Papier, einer Gedichtausgabe von Goethe, dem Allgemeinen Landrecht, einem Druck von Böcklins *Einsiedler*, einem Ziegenfell und einer roten Plüschdecke auszustatten und sich Essen und Getränke bringen zu lassen. Er verfaßte in der Haft die Streitschrift *Sibirien in Preußen. Auf administrativem Wege als religiöser und politischer Ketzer hinter Schloß und Riegel gebracht*. Es war die Gelegenheit, sich mit dem autoritären preußischen Staat auseinanderzusetzen. In seinem 1914 bei Diederichs verlegten Buch *Das Gefängnis zum Preußischen Adler. Ein selbst erlebter Schildbürgerstreich* berichtete er später satirisch darüber. Den Gefängnisaufenthalt gestaltete sich Wille unter Duldung Bolles so angenehm wie möglich, seine provokante Art überforderte die Behörde. So erhielt er nach sechzig Tagen Hafturlaub auf Ehrenwort und hörte nie wieder von den Ereignissen, da nicht genug gegen ihn vorlag.

Aus der Sicht des Staates waren die Vorgänge in der Kolonie tatsächlich nicht ungefährlich. Die Autoritäten hatten begriffen, daß die Friedrichshagener keine Weltflucht begingen, sondern sich nur zurückgezogen hatten, um ihre Kräfte zu sammeln und hinterher um so aktiver in das geistige, soziale und politische Leben einzugreifen. Die Gesellschafts- und Lebensbedingungen des Kaiserreichs lehnten sie ab und dachten intensiv über eine Erneuerung von Kunst und Gesellschaft nach. »Unsere Welt ist nicht mehr klassisch, unsere Welt ist nicht romantisch, unsere Welt ist modern«, lautete eine Devise des Schriftstellers Arno Holz.

Eines der wichtigsten Ziele der Friedrichshagener war die Verbesserung der Lebensbedingungen der Arbeiterschaft, für die sie sich energisch einsetzten. Die meisten Mitglieder der Kolonie waren von einem bürgerlich-traditionellen, liberalen Bildungsideal geprägt, zugleich waren sie Gegner des Kaiserreichs. Die unbewegliche, bleischwere Atmosphäre, den knöchernen Traditionalismus, den Egoismus der Bourgeoisie, die Ignoranz gegenüber dem Elend der Arbeiterklasse verabscheuten sie. Sie waren überzeugt, durch Bildung und Erziehung der Massen eine Verbesserung der Lebensverhältnisse zu erreichen.

Es herrschte Aufbruchstimmung, man war optimistisch, und so gingen von Friedrichshagen verschiedene Neuerungen aus. Neben der Reformbewegung, der Obstkolonie Eden im Norden Berlins und der Gartenstadtbewegung entstanden Bildungseinrichtungen wie die Lessing-Hochschule, eine Vorform der heutigen Volkshochschule, an der Vorträge zu den diversesten Themen gehalten wurden. Kunst und Wissenschaft sollten nicht um ihrer selbst willen betrieben werden, sondern auch sozialen Zielen dienen. In diesem Zusammenhang spielte der Naturalismus eine wichtige Rolle, denn nirgendwo sonst wurden Alltagsrealität und Elend der unteren sozialen Schichten so deutlich und drastisch zur Sprache gebracht wie in den Werken der Naturalisten.

Erstaunlicherweise waren diese gerade bei den politisch fortschrittlichen Kräften nicht sonderlich beliebt. Ihre Milieuschilderungen erregten die Abscheu etablierter Sozialdemokraten und wurden 1896 auf dem Gothaer Kongreß als »naturalistische Schweinereien« verunglimpft. Die Friedrichshagener standen zunächst recht allein, als sie Ibsen, Strindberg, Zola und Gorki fördern und bekannt machen wollten. Die führenden Köpfe der Sozialdemokratie hielten wenig von der neuen Ästhetik. Der Publizist Franz Mehring tat den lakonischen Ausspruch: »Im politischen Kampf haben die Musen zu schweigen.« Für die Friedrichshagener aber diente die Kunst dazu, die Gesellschaft zu befreien und zu erneuern. Ihr künstlerischer Anspruch war zwar elitär, sollte aber doch den Massen zugute kommen. Dies brachte ihnen den Spottnamen »Sozialaristokraten« ein, mit dem sie sich später gern selbst bezeichneten. Ihr linkes politisches Engagement war für sie mit literarisch-künstlerischen Aktivitäten durchaus vereinbar, und sie verabscheuten das Mittelmaß und den Durchschnittsgeschmack der Arbeiterpartei. Da die Sozialdemokratie es versäumt hatte, auch ästhetische Mittel für die Arbeiterbewegung zu nutzen, bemühten sich die Friedrichshagener um eine Arbeiterkultur, die auf recht fruchtbaren Boden fiel. Durch das 1878 von Bismarck erlassene Sozialistengesetz, das bis 1890 galt und für Sozialdemokraten, Sozialisten und Kommunisten Versammlungs- und Veröffentlichungsverbot mit sich brachte, hatte man politische Agitation lange Zeit hinter Bildungsarbeit kaschieren müssen. Auch aus diesem Grund fanden kulturelle Veranstaltungen bei der Arbeiterschaft reichlichen Zulauf. In der Frage, welche Art von Kultur für Arbeiter geeignet sei, trat Franz Mehring für konservative Stücke ein, die zur Erbauung der Arbeiter dienen sollten. Mit seiner Ablehnung der künstlerischen Avantgarde vertrat er im Grunde dieselbe Linie wie die Kaisertreuen mit ihrem konservativen Kulturgeschmack. In der sozialdemokratischen Reichstagsfraktion, die auch während der Sozialistengesetze weiterexistierte, entwickelte sich eine Art Abgeordnetenbourgeoisie, die den Friedrichshagenern zuwider war und sie zu Sympathisanten der Anarchisten werden ließ: Proudhon, Bakunin und Kropotkin wurden zu wichtigen Vorbildern.

Bereits 1889 hatten der Theater- und Kulturkritiker Otto Brahm, die Gebrüder Hart, der Verleger Samuel Fischer und andere den Bühnenverein *Freie Bühne* begründet. Bei der neuen Theaterarbeit sollte »die individuelle Wahrheit« ans Licht kommen, »welche aus der innersten Überzeugung frei geschöpft ist . . . die Wahrheit des unab-

Aufbruchstimmung herrschte nicht nur in Literatur und Kunst; auch in einer neuen Art zu leben wollten sich Berliner Künstler und Intellektuelle um die Jahrhundertwende beweisen.

hängigen Geistes, der nichts zu beschönigen und nichts zu vertuschen hat«. Hier wurden Gerhart Hauptmanns Drama *Vor Sonnenaufgang* und andere seiner Werke zur Aufführung gebracht, und so wurde dem Naturalismus zum Durchbruch verholfen. Das Publikum, für das man spielte, war die Arbeiterklasse. Es war ein Theater für den vierten Stand. Die Friedrichshagener wollten nicht »die Vergnügungskommissare der satten Zehntausend« sein, sondern die Bildung der Unterschicht fördern.

Sie kamen diesem Ziel durch die Volksbühnenbewegung näher, an der sogar einige wenige Arbeiter beteiligt waren. Zusammen mit einigen Mitstreitern rief am 23. März 1890 Bruno Wille, der von 1890 bis 1920 in der Kolonie lebte, zur Gründung eines Theatervereins auf, und am 29. Juli 1890 fand im Böhmischen Brauhaus in der Landsberger Allee unter Beisein von 2000 Menschen die Gründungsversammlung statt. Das Theater erhielt den Namen Freie Volksbühne. Am 19. Oktober 1890 kam im Ostend-Theater in der Frankfurter Straße das erste Stück zur Aufführung, *Stützen der Gesellschaft* von Henrik Ibsen; später folgten *Die Weber* von Gerhart Hauptmann. Alle weiteren Aktivitäten des Theaters, darunter *Nachtasyl* von Maxim Gorki, brachten der Bühne immer mehr Zulauf, und nach zwei Jahren verfügte der Verein bereits über 2500 Mitglieder, vorwiegend Arbeiter und kleine Handwerker.

Das Motto der Volksbühnenbewegung, »Die Kunst dem Volke«, das auf sämtlichen Briefbögen und Schriften des Theatervereins abgedruckt war, hatte für die Gründer folgende Bedeutung: Menschen sollten durch Kunst zu freien, mündigen Individuen avancieren und vor gleichmacherischen Tendenzen der Massen- und Industriegesellschaft bewahrt werden. Die Kunst sollte an den einzelnen appellieren, sich selbst zu befreien, und aus der Autonomie des Individuums sollte sich schließlich eine soziale Befreiung der Massen entwickeln. Die Friedrichshagener waren mit ihren künstlerischen Aktivitäten von klassenkämpferischer Propaganda weit entfernt, ganz im Gegensatz zum Erfurter Programm der Sozialdemokraten von 1891, das durch die Aufhebung des Sozialistengesetzes erst möglich wurde. Für die Sozialdemokratie stand nun gemäß dem Motto »Wissen ist Macht – Macht ist Wissen« das Ziel im Vordergrund, die Massen für den politischen Kampf zu stärken. Der Gedanke, daß Kultur dabei eine wichtige Rolle spielen könnte, war ihnen fremd. Bruno Wille wurde wegen Nonkonformismus gemeinsam mit anderen, die sich fortan die »Jungen« nannten, aus der Partei ausgeschlossen. Das Zerwürfnis blieb nicht ohne Folgen für die Freie Volksbühne. Wille wurde als Vorsitzender des Vereins abgewählt, und Franz Mehring übernahm den Vorsitz. Am 15. Oktober 1892 entstand die Neue Freie Volksbühne, die nun ganz in der Hand der Friedrichshagener lag. Erst 1913, mit dem Theaterbau am Bülowplatz, wurden beide Bühnen, die im Grunde immer noch ähnliche Ziele verfolgten und oft dieselben Autoren spielten, wieder zusammengeführt.

Bruno Wille und seine Mitstreiter hatten in Friedrichshagen regen Kontakt mit einer politisch anders orientierten Gruppe, den Anarchisten, die sich mit einem rein kulturpolitischen Engagement nicht zufriedengaben. Zu ihnen gehörte auch der deutschjüdische Schriftsteller und Kulturphilosoph Gustav Landauer, der von 1891 bis zur Jahrhundertwende immer wieder in Friedrichshagen wohnte, auch die Neue Freie Volksbühne mitbegründet hatte und später einer der Initiatoren der Neuen Gemeinschaft werden sollte. Er war jahrelang Leiter der umstrittenen und immer wieder vom Staat bekämpften Zeitschrift *Sozialist*, die er mit Wilhelm Spohr und Albert Weidner betrieb. Ihre anarchistischen Aktivitäten bereiteten sie im stillen Friedrichshagen vor, unterstützten Streiks und Aktivitäten der Arbeiter in der Stadt und wurden ständig von der politischen Polizei beobachtet. An recht kuriosen Ereignissen fehlte es dabei nicht.

In seinen Erinnerungen berichtet Spohr von einem Anwerbungsversuch der Polizei. Diese hatte versucht, Theodor Machner, einen der Zeitungsredakteure, als Spitzel anzuheuern. Machner tat, als ginge er auf das Angebot ein, informierte aber Landauer und Spohr. Nun lud die Polizei ihn ein, sich an einem bestimmten Tag in der Berliner Gewerbeausstellung im Treptower Park einzufinden. Er ging hin und war bald von Zivilpolizisten umringt, und Polizeikommissar Bösel begann, mit ihm zu verhandeln. Von drei Seiten stießen plötzlich Landauer, Spohr und Weidner in Verkleidung zu der Gruppe und stellten sich vor: »Landauer, Spohr, Weidner.« Wie von der Tarantel gestochen liefen die Polizisten davon, und in der nächsten Ausgabe des *Sozialist* erschien ein Leitartikel mit der Überschrift: »Wie Polizeikommissar Bösel bei der Spitzelzucht ertappt wurde – neuester Bericht aus der Berliner Gewerbeausstellung.« Die Nummer wurde konfisziert, das Blatt, wie schon so oft, unter Anklage gestellt. Landauer schickte ein Foto von sich in seiner Verkleidung an Bösel und widmete es ihm mit den Worten: »Herrn Kriminalkommissar Bösel zur freundlichen Erinnerung an den schönen Abend in der Gewerbeausstellung.« Landauer wurde daraufhin Weihnachten 1896 in Untersuchungshaft genommen und wegen Beamtenbeleidigung angeklagt. Die Sache endete mit Freispruch aus Mangel an Beweisen.

Zu den Friedrichshagenern anarchistischer Prägung gehörte auch Erich Mühsam, der ab 1902 in Friedrichshagen wohnte. Seine Wohnung dort war ausgesprochen originell. Er wohnte in der Ahornallee im Nebenraum einer Waschküche im Hof. Es gab dort weder Tapete noch Ofen, und als Tür diente ein ungehobeltes Brett ohne Klinke. Das einzige Fenster ging in die freie Natur, und er benutzte es oft als Tür, besonders dann, wenn er den Verfolgungen der Polizei entgehen wollte. Einmal versteckte er dort ein Mädchen aus dem Rheinland, das von zu Hause weggelaufen war und die Friedrichshagener Boheme ihrem Heim vorzog, vor seiner Mutter. Mühsam unternahm die außergewöhnlichsten Dinge. So ließ er sich nach einer Wanderung, auf der er naßgeregnet worden war, auf dem Dorfbackofen in Gosen trocknen, indem er darin schlief. Oft klopfte er morgens um sechs bei dem späteren Rechtsphilosophen Gustav Radbruch an die Tür, damit er sich an einem bequemen Ort ausschlafen konnte.

Für die gesamte Friedrichshagener Anarchistenfraktion war Mühsam eine große Bereicherung, und als er sich 1904 zur Naturkolonie Monte Verità nach Ascona aufmachte, war das Bedauern groß. Die Friedrichshagener Boheme hatte nun ihre beste Zeit gehabt, eine Zeit der lauten Feiern, fröhlichen Feste und der ständigen Besuche der Polizei.

Ein wichtiges Thema bei den Friedrichshagener Diskussionen und auch in den Werken der Autoren waren das Verhältnis der Geschlechter zueinander, Sittenkodex und Moral. Alle redeten und schrieben von freizügigem Umgang miteinander, *Freie Liebe* lautete auch der Titel eines Theaterstücks des damals populären Schriftstellers Max Halbe, der ebenfalls zur Kolonie gehörte. Kam es aber wirklich zu außerehelichen Beziehungen, reagierte die Umgebung meist heftig, als sei damit ein Verstoß gegen die Sittlichkeit geschehen und als sei die gesamte Gemeinschaft in Gefahr. Es kam sogar einmal zu einer öffentlichen Versammlung, auf der über den »Fehltritt« eines Paares beraten wurde. Dies hatte sich allerdings bereits aus dem Staub gemacht, währen die anderen noch über den schwerwiegenden Fall diskutierten. Die Delinquenten, Bernhard Kampffmeyer und Adele Bölsche, wohnten im selben Haus. Adele war die Frau des aus Köln stammenden liberalen Wilhelm Bölsche, der literarische und vom Darwinismus geprägte naturwissenschaftliche Werke schrieb. Das Haus gehörte Bernhard Kampffmeyer, lag in der Ahornstraße und war ein beliebter Treffpunkt der Friedrichshagener. Die Bölsches wohnten bei Kampffmeyer, ohne Miete zahlen zu müssen. Eines Tages fand Bölsche, als er unerwartet nach Hause kam, seine Frau Agathe in den Armen des gemeinsamen Freundes und war untröstlich. Alle Vorstellungen von einer besseren und freieren Welt hatten der Realität nicht standgehalten, es war eben doch nicht so einfach, die Moralvorstellungen der wilhelminischen Epoche zu überwinden. Dabei hatte Bölsche selbst in seinen Werken *Liebesleben* und *Mittagsgöttin* dem strengen Sittenkodex der Gesellschaft eine von natürlicher Triebhaftigkeit bestimmte Sexualität entgegengehalten. Das Drama endete mit dem Wegzug von Kampffmeyer und Adele Bölsche im Jahr 1893. Kampffmeyer lernte Gartenbau, und als 1902 nach englischem Vorbild die deutsche Gartenstadtgesellschaft gegründet wurde, die zu der überall in Deutschland verbeiteten Gartenstadtbewegung führte, gehörte er zu den Hauptinitiatoren. So trug nicht zuletzt ein Ehedrama dazu bei, Friedrichshagener Aufbruchsgeist weiterzutragen.

Die Frauen von Friedrichshagen waren in der Mehrheit zwar eher gutbürgerlich und sittlich, aber es gab auch ein paar Ausnahmen, die für einigen Wirbel sorgten. Die mit dem Göttinger Professor Andreas verheiratete Lou Andreas-Salomé liierte sich mit dem sozialdemokratischen Politiker Georg Ledebour, aber am meisten Aufsehen erregte die norwegische Musikstudentin Dagny Juel, welche Friedrichshagen durch Edvard Munch kennenlernte. 1893 porträtierte er sie, in der Realität muß sie jedoch noch viel schöner, brillanter und reizvoller als auf dem Ölgemälde gewesen sein. Die Künstler verglichen sie mit Perikles' kluger Hetäre Aspasia, mit Judith, Eurydike und einer Nixe, priesen ihre Anmut, den Zauber ihrer Bewegungen, ihr großes Tanztalent, ihren geschmeidigen Gang, ihre zarten Bewegungen, die Schönheit ihrer Sprache. Duscha, so ihr Spitzname, bezauberte die Männer und wurde von ihnen glühend verehrt. Munch liebte sie abgöttisch, und Strindberg, kein besonderer Freund der Frauen, war von ihr ebenso bezaubert wie der schwedische Dichter Bengt Lindfors. Den Sieg unter den Rivalen trug schließlich der Schriftsteller Stanislaw Przybyszewski davon, der Dagny 1894 heiratete. Zwischenzeitlich lebte er mit einer anderen Frau, mit der er drei Kinder hatte, kehrte aber wieder zu Dagny zurück. Eines Tages verließ sie ihn für einen adligen polnischen Studenten, der sie später aus Eifersucht in einem Hotelzimmer erschoß. Dagny Juel, Inbegriff der Femme fatale, hätte einem Roman der damaligen Zeit entstammen können, so sehr entsprach sie dem Frauenbild der Dekadenzliteratur und des Symbolismus als überirdische, unheilvolle und leider dem Untergang geweihte Schöne.

Um die Jahrhundertwende hatte sich die Literatur gegenüber dem Naturalismus erheblich gewandelt. Nun standen weniger soziale Themen im Vordergrund als die Erkundung des Seelenlebens, man interessierte sich nun für Mystik und Okkultismus, suchte das Ich im Weltganzen, kehrte sich von der Alltagswelt ab. Die Dichter waren nun weniger Analytiker der Realität, sie wurden, auch unter dem Einfluß Nietzsches, zu Vorkämpfern für den Idealtypus einen neuen Menschen. Auch an dieser neuen Richtung hatten die Friedrichshagener regen Anteil. Schon immer hatte ja die Neigung, neue Lebensqualität zu schaffen, ihr Leben bestimmt, schon immer hatten sie versucht, die Realität zu transzendieren, sei es im Bereich des Sozialen oder in ihrer schriftstellerischen und künstlerischen Arbeit. Dies kam nirgendwo deutlicher zum Ausdruck als in ihren Festen, die es weit über ihre Kreise hinaus zu außerordentlicher Beliebtheit brachten. 1891 lud der Verein *Freie Volksbühne* zu einem großen Fest ins Müggelschlößchen, und am 9. August strömten an die zehntausend Menschen an den Müggelsee, ein Jahr später waren es bereits 26000. Die meisten trugen als Anhänger der Sozialdemokratie rote Nelken, der Bierkonsum belief sich auf 18000 Liter. Geplant war das Fest für Menschen jedes Alters und jeder Herkunft und orientierte sich an der Tradition des Volksfestes. Die Friedrichshagener Kurkapelle gab ein Konzert, man spielte Puppentheater, Gesangvereine trugen Lieder vor, es fanden Wettspiele für Erwachsene und Kinder statt, sportliche Wettkämpfe wie Ruderregatta, Wettschwimmen, Preiskegeln und Turnen. Es gab eine Bücherverlosung, lebende Bilder vor bengalischen Feuern, Tanz, Feuerwerk und Fackelzug. Die Feier gipfelte in einer Apotheose der Freiheitsgöttin. Auf dem Wasser tauchte eine Galeere auf, auf der Sklaven verschiedener Epochen zu sehen waren; in der Mitte stand die Freiheitsgöttin, und zu ihren Füßen wurde eine Gestalt im Mephistogewand, die die Tyrannei verkörperte, von der Faust eines Arbeiters niedergedrückt. Neben der Galeere schwamm ein großer

Delphin, auf seinem Rücken Griechinnen und Griechen mit Harfen und Pokalen, in ihrer Mitte ein Dichter, der Freiheitslieder sang. Das Fest endete mit einem Feuerwerk, bei dem die Müggelberge in prächtigem Rot erstrahlten. Im *Vorwärts* hieß es von der allegorischen Darstellung: »Das Bild, welches allgemeine Anerkennung fand, versinnbildlicht das Bestreben der Volksbühne, dem Volke die ihm durch Geldgier und Habsucht vorenthaltene Kunst zugänglich zu machen.«

Später hatten diese Feste weniger klassenkämpferische Ziele, sondern entwickelten sich ähnlich wie bei der Neuen Gemeinschaft zu stark kultisch geprägten, im Dekor ganz von der Kunst des Jugendstils bestimmten Feiern. Bekränzte weißgekleidete Mädchen tanzten Reigen, Gedichte und philosophische Texte wurden verlesen, als wären es Teile der Heiligen Schrift. Aufklärerisches Gedankengut war so gut wie vergessen. Die vorherrschende Richtung war nun der auf Ernst Haeckel zurückgehende Monismus, eine einheitliche, vorgeblich wissenschaftlich begründete Welt- und Lebensanschauung, bei der Gegensätze wie Geist-Materie, Gott-Welt, Idealität und Realität, Denken und Empfinden aufgehoben sein sollten. Auch diese Bewegung nahm ihren Ausgang in Friedrichshagen und fand ihren Ausdruck in dem von Bruno Wille und Ernst Bölsche gegründeten Giordano-Bruno-Bund, welcher der neuen Weltanschauung zu Popularität verhelfen sollte. Das Bemühen war nicht umsonst. Am 2. September 1900 veranstaltete der Verein eine Goethe-Feier im Beethovensaal der Philharmonie, an dem 1200 Menschen teilnahmen.

In den Jahren nach 1900 verblaßte der Ruhm der Friedrichshagener, dennoch ist eine große Wirkung von ihnen ausgegangen und hat bis heute ihre Spuren hinterlassen. In den späten fünfziger und sechziger Jahren erlebte Friedrichshagen dann eine zweite Blüte. Hatten sich die ersten Friedrichshagener um die Lösung der sozialen Probleme der Jahrhundertwende, um eine Neuorientierung der Literatur und um neue Lebensformen bemüht, so suchten die zweiten Friedrichshagener, von dem Schriftsteller Johannes Bobrowski angeregt, nach einer Neuorientierung im Leben und in der Literatur nach dem Zweiten Weltkrieg und im Atomzeitalter. Auch sie setzten sich mit sozialen Problemen ihrer Zeit auseinander. Zu den Literaten, die sich hier trafen, gehörten Christa Reinig, Hubert Fichte, Ingeborg Bachmann, Peter Weiss, Hans Magnus Enzensberger, Jakov Lind, Nicolas Born, Peter Huchel, Günter Bruno Fuchs und Christoph Meckel. Offizielle Gründer und Verfasser der Satzung des Dichterkreises waren Johannes Bobrowski und Manfred Bieler. In Paragraph 8 der Satzung heißt es: »Das Zentralorgan des Friedrichshagener Dichterkreises ist die Leber. Besondere Mitteilungen erfolgen durch das Herz.« Gern erinnerten sie sich an die Geschichte der ersten Friedrichshagener und deren Traditionen. Mit dem Tod Johannes Bobrowskis 1965 fand auch diese Bewegung ein Ende. Fritz Rudolf Fries setzte der Gruppe und auch ihren Vorgängern 1962 in *Alexanders neue Welten. Ein akademischer Kolportageroman aus Berlin* ein literarisches Denkmal:

»Draußen das naßkalte Friedrichshagen, wo die Häuser bewahrt wurden, die Jahrhundertwendevillen, in denen Gerhart Hauptmann, Fidus, Gustav Landauer, die Gebrüder Hart, die Dichter, Anarchisten und Sozialisten über Luvos-Heilerde debattiert hatten, über Reformkleider, über Religion und naturgemäße Lebensweise, Sonnenanbeter, Nacktbader im Müggelsee, Straßen, über die Paul Scheerbart gegangen war, ein unerklärliches Stück der Stadt, abgerückt noch heute, Peripherie, und doch typisch für diese wie aus lauter Vorstädten gewachsene Stadt, als ob nur das Vorortleben die Vorstellung von einer Mitte, von Berlin-Mitte, garantierte, in die wir zur besseren Orientierung den Fernsehturm gepflanzt haben; jener Friedrichshagener Kreis, der herkam, sich die schwarze Brühe der Großstadt herunterzuwaschen.«

Mit den Farben der Sprache

Erika von Hornstein

Die 1913 in Potsdam geborene Erika von Hornstein ist eine Zeitzeugin des 20. Jahrhunderts. Sie erlebte das Kaiserreich, die Weimarer Republik, das Dritte Reich, die DDR und die Bundesrepublik. Was sie dort sah und erfuhr, hat sie seit ihrer Kindheit mit wachen Sinnen, besonders aber mit den Augen wahrgenommen und in Bildern, Büchern und Filmen festgehalten. Doch hat sie sich nicht darauf beschränkt zu beobachten, sondern war meistens mittendrin im Geschehen – mutig, unerschrocken und doch hochsensibel für die Vorgänge um sich herum.

Eine schlanke, hochgewachsene, mit ihren fünfundachtzig Jahren immer noch schöne und charmante Frau, die offen ist für andere, der nichts entgeht, was sich um sie herum abspielt, und die noch ganz in der Gegenwart lebt. Daß sie keine einfache Kindheit und eine aufregende Jugend hatte und im Krieg und danach schwere Jahre erlebte, hat ihrer Vitalität und Lebenskraft kaum Abbruch getan.

Erika von Hornstein stammt aus dem Hochadel und ist im preußischen Potsdam im Kaiserreich aufgewachsen; ihre Familie gehörte zur nächsten Umgebung des Monarchen. Die streng preußische Erziehung hat ihr nicht geschadet, wenngleich sie ihr die ersten zwanzig Jahre ihres

Lebens nicht unbedingt leicht gemacht hat. Durch den frühen Tod ihres Vaters, des königlichen Gardeoffiziers Erich von Hornstein, der Page der Kaiserin war und bereits in den ersten Kriegstagen in Frankreich fiel, wuchs Erika von Hornstein in der Gesellschaft preußischer Damen auf. Durch finanzielle Not und Hunger erkrankte ihre Mutter an Tuberkulose und verbrachte viele Monate in Heilanstalten. Während dieser Zeit war Erika bei Verwandten auf verschiedenen Schlössern. Die dortigen Kinder hatten Väter, und so wurde ihr der Verlust des eigenen schmerzlich bewußt.

Was in ihr vorging, hielt sie schon als Kind in Bildern fest, die den Erwachsenen unverständlich und düster erschienen, aber der adäquate Ausdruck ihres Seelenzustands waren. Nach der abweisenden Reaktion der Erwachsenen hielt sie im folgenden alles, was sie malte, geheim und zeigte es niemandem. Sie wußte damals nicht, daß in ihrer Neigung, in dem Bedürfnis, Dinge in Form von Bildern auszudrücken, bereits ihre Berufung zur Malerin steckte.

Sie liebte jedoch die Kunst, und es gab kaum etwas Schöneres, als wenn ihre Mutter mit ihr ins Museum ging. Die Bilder moderner Maler faszinierten sie schon als Mädchen. Jeden Sonntag besuchte sie die Galerie im Kronprinzenpalais. Hier waren die Künstler der *Brücke* ausgestellt, die ihr spontan gefielen. Diese Maler und ihre Bilder spielten für die Entwicklung ihrer Persönlichkeit und für ihr ganzes weiteres Leben eine immense Rolle. Dabei bescherten sie ihr auch recht dramatische Erlebnisse.

Daß diese Kunst, die sie liebte und bewunderte und die sich ihr so unmittelbar erschloß, nicht überall auf Gegenliebe stieß, erfuhr sie zum ersten Mal im Internat im Kloster Heiligengrabe in der Mark Brandenburg, in dem sie zwischen ihrem dreizehnten und sechzehnten Lebensjahr drei Jahre verbrachte. Im Kunstunterricht sollten die Schülerinnen einen Strand mit Figuren malen, und Erika von

Hornstein hatte ein stehendes und ein sitzendes nacktes Mädchen vor dem Hintergrund des Meeres gemalt. Auf die strenge Frage der Äbtissin, was dies zu bedeuten habe, erklärte Erika, sie habe nur ein Bild von Erich Heckel aus dem Gedächtnis nachgemalt, das im Kronprinzenpalais hinge. »Hier in Heiligengrabe wollen wir das nicht haben«, war die Antwort der Äbtissin Elisabeth von Saldern.

Das nüchterne, strenge Pensionat, das sie mit mecklenburgischen, brandenburgischen und ostelbischen Adelstöchtern besuchte, hielt Erika nicht davon ab, sich ihren künstlerischen Neigungen zu widmen. Im romantischen Ambiente einer Stube des Heimatmuseums, die sie durch einen selbst entdeckten Geheimweg betrat, schrieb sie bei Kerzenschein einen Liebesroman, und gemeinsam mit ihrer Freundin Eva, der einzigen Gleichgesinnten in den rigiden Klostermauern, verfaßte sie einen halb autobiographischen, halb surrealistischen Roman mit zwei Hauptfiguren, ihrem jeweiligen Alter ego. Obwohl sie sich äußerlich dem Reglement des Internats problemlos anpaßte, hatte sich Erika von Hornstein innerlich längst von dem schulichen Geschehen entfernt und hielt sich in ihrer Imagination oft ganz woanders auf. Nach den drei Jahren im Pensionat wußte sie nun auch, welchen beruflichen Weg sie gehen wollte. Beim Abschied antwortete sie der Äbtissin auf die Frage, was sie nun zu tun beabsichtige, nicht ohne Stolz und Selbstbewußtsein: »Ich will Malerin werden« und rief damit Verwunderung hervor.

Erikas zweiter Vater, Ulrich von Sell, der Vermögensverwalter der Hohenzollern, war den Traditionen Preußens ebenso verbunden wie ihre Mutter. Als Erika mit dem Wunsch, Malerin zu werden, aus dem Pensionat kam, stieß sie auf wenig Gegenliebe. Die Bedingung des Vaters, daß sie zuerst das Abitur abzulegen habe, akzeptierte sie sofort und absolvierte die Oberstufe in einem Privatinstitut, um ein Jahr Zeit zu sparen und ihrem Ziel näherzukommen.

Daß sie bei dem gewählten Weg von den traditionellen Pfaden abwich, liegt auf der Hand. Ein junges Mädchen der damaligen Zeit lernte Hauswirtschaft, wurde Krankenschwester, spielte Klavier, und in seltenen Fällen besuchte es die Universität. Malerin zu werden war ein außergewöhnliches und mutiges Unterfangen. Im allgemeinen wurde erwartet, daß ein junges Mädchen eine gute Partie machte.

Der Direktor des Kronprinzenpalais' vermittelte Erika von Hornstein an den Maler Schmidt-Rottluff; sie wurde seine Meisterschülerin. Jetzt war sie im Zentrum ihres Lebens, bei sich selbst angekommen und konnte sich ganz dem widmen, was für sie wesentlich war. Dazu gehörte nicht nur, ihre Imagination künstlerisch zum Ausdruck zu bringen und die verschiedenen Techniken zu lernen, es bedeutete auch Hinwendung zu den Menschen und der Welt um sich herum. Ihrem Alter entsprechend kostete sie das Leben aus und genoß große Gesellschaften. Sie besuchte die berühmten Bälle in der Stadt. Der eleganteste war der Blau-Weiß-Ball im *Esplanade,* hier fand auch der Rot-Weiß-Ball des gleichnamigen Tennisclubs statt. Es gab außerdem zahlreiche Adelsbälle, darunter den Baltenball und Diplomatenbälle des Auswärtigen Amts in den großen Villen und eleganten Etagen der Bürgerhäuser. Man trug zu diesen Anlässen große Toilette, prachtvollen Schmuck, Frack und Uniform. Äußerlich unterschieden sie sich wenig von den Festen der Hofgesellschaft des 19. Jahrhunderts. Die Musik, traditionelle Tänze, wurde von großen Kapellen mit Stehgeiger gespielt. Auf diesen Bällen tanzte man und unterhielt sich, die Leute kannten sich untereinander, und im Grunde dienten alle Festlichkeiten als Heiratsmarkt.

Das Verhältnis zum anderen Geschlecht war streng reglementiert. Junge Männer machten in den Elternhäusern der Angebeteten Besuch, dann wurden sie eingeladen und durften die Tochter ausführen, etwa zum Tanztee ins *Esplanade*, wo eine ungarische Kapelle spielte. Der Umgang miteinander war recht prüde, sexuelle Beziehungen vor einer Heirat kamen nicht in Frage, was mitunter zu erheblichen Spannungen führte. Ein Mädchen hatte auf die Ehe zu warten, bis sie Erfahrungen mit der Sexualität machen durfte. Vom Leben in der Ehe hatte sie nicht viel mehr zu erwarten, als den Haushalt zu führen, Kinder zu bekommen und sie zu erziehen. An einen Beruf dachten nur wenige, und auf diese Frauen blickte die Gesellschaft geringschätzig herab.

Zu dieser Zeit lagen bereits dunkle Schatten auf den schönen Festen. Die rassistische Ideologie der Nationalsozialisten zog immer weitere Kreise. 1933, als Hitler an die Macht kam, war Erika von Hornstein zwanzig Jahre alt. Es gab Nationalsozialisten in allen Schichten, auch in der Aristokratie, und so konnte man selbst auf den Bällen nicht immer sagen, was man dachte. So mied man das Thema Politik, redete über Gesellschaftsereignisse, tauschte sich über die großen Familien und die Verwandtschaft aus, sprach von Karrieren und Hochzeiten. Keineswegs besaßen die Gäste immer eine besondere Bildung, alle aber verfügten über exzellente Manieren, waren liebenswürdig, in Konversation geübt, doch immer durch und durch konventionell. Vormittags gingen viele Ballgäste, vor allem die von den ostelbischen Gütern, mit ihren heiratsfähigen Töchtern zum Turnier, so daß es abends genügend Gesprächstoff gab.

Nach den Bällen besuchte man noch Bars in der Stadt mit Namen *Ciro* oder *Quartier latin*. Nach den Winterbällen ging man im Abendkleid zum Sechs-Tage-Rennen.

Erika von Hornstein ging gern auf diese Bälle; sie tanzte viele Nächte mit dem Spielgefährten ihrer Kindheit, Friedrich von Hohenzollern, Prinz Fritzi genannt, und war eine attraktive und begehrte Tänzerin. Daß sie Malerei studierte, würdigte man in diesen Kreisen nicht.

Zu dieser Zeit erfuhr sie noch öfter, daß die von ihr bevorzugte Kunstrichtung, die Arbeiten ihres verehrten Lehrers Schmidt-Rottluff und seiner Freunde, in ihren Kreisen kaum auf Gegenliebe stießen. Bei einer Einladung zum Lunch bei Wilhelm II. in Doorn, dem Ort seines Exils in den Niederlanden, zu der sie sich mit sehr gemischten Gefühlen begeben hatte, wurde sie dem früheren Kaiser vorgestellt.

»Sie studieren Kunstgeschichte, höre ich. Wissen Sie auch schon gut Bescheid? Haben Sie schon gelernt, woher zum Beispiel das Symbol der Swastika stammt?«

»Nicht Kunstgeschichte, ich lerne malen, Eure Majestät.«

»Was malen Sie? Auch dieses gräßliche moderne Zeug?«

»Ich bin Schülerin von Schmidt-Rottluff, Eure Majestät, einem der großen deutschen Expressionisten.«

»Ach du lieber Himnmel, etwa auch so einer, der die Menschen wie Affen malt?«

»Diese Maler sind große Künstler, was sie malen, ist Aussage unserer Zeit . . .«

»Ich bedanke mich für solche Zeit! Zu meiner Zeit, mein gnädiges Fräulein, diente die Kunst der Schönheit. Da haben die Künstler Allegorien in Schönheit dargestellt, eine Jungfrau mit dem Füllhorn, aus dem sie ihre Gaben für uns schüttet. Aber was die Leute heute Kunst nennen, ist eine Frechheit.«

Zwar endete das Gespräch mit den Worten: »Und kommen Sie mal wieder nach Doorn – habe mich gefreut. Und fleißig weiterstudieren«, doch wurde Erika deutlicher denn je bewußt, daß ihre Künstlerexistenz und die Welt ihrer Herkunft nichts gemein hatten. Daß es außerdem Parallelen im Denken des früheren Kaisers und dem der NS-Ideologen gab . . . Einen Ausweg aus diesem Dilemma wußte sie nicht. Aber sie setzte unbeirrt ihre Studien fort.

Auch die große Gesellschaft lag ihr immer weniger. Als

In ihrer Jugend besuchte Erika von Hornstein die großen Bälle der Stadt, die im Esplanade *oder im* Adlon *(s. Abb.) stattfanden, doch als Künstlerin entsprach sie nicht dem Bild des jungen Mädchens von damals.*

angehende Malerin, die wie jede junge Frau für die Liebe, aber vor allem für ihre Kunst lebte, unterschied sie sich allzu sehr von den anderen. Sie verbrachte lieber Stunden in einem spärlich eingerichteten Atelier, um über ihre Arbeit zu sprechen, sie ging lieber auf Künstlerfeste, bei denen alles viel bescheidener, aber phantasievoller war. Was ihr nicht gelang und nicht gelingen konnte, war eine Versöhnung zwischen der Welt der preußischen Adelskreise und der Berliner Boheme. Sie gehörte zu beiden und hielt sie voneinander getrennt. Ein Versuch, die beiden Welten zusammenzubringen, war eine Teeinladung ihrer Eltern an Schmidt-Rottluff und dessen Frau in ihr Haus in Dahlem, in dem auch Erika von Hornstein damals noch wohnte. Man hatte sich derart wenig zu sagen, daß der jungen Malerin endgültig klar war, daß sie keine Brücke zwischen diesen beiden Welten schlagen konnte.

Durch ihre künstlerische Arbeit setzte sie sich intensiv mit ihrer Zeit und Umgebung auseinander, was den Abschied von dem konservativen Geist ihrer Familie bedeuten mußte. Hinzu kamen die Erfahrungen der modernen Künstler mit dem Staat. Die Maler wurden von der nationalsozialistischen Propaganda immer stärker angegriffen, ihre Bilder wurden als »entartet« bezeichnet, und es sollte nicht mehr lange dauern, bis es ihnen an Leib und Leben ging. Zwar war die Kritik der Nazis infam und gefährlich für die Künstler, auch war sie radikaler als die des reaktionären Bürgertums und des Adels, aber beide Sichtweisen lagen nahe beieinander. Engstirnigkeit und Unaufgeschlossenheit gegenüber allem Neuen, aus Angst, die alte Ständegesellschaft könne zusammenbrechen. Erika spürte intuitiv die Notwendigkeit eines Wandels. Für sie gab es keine andere Wahl, als sich der modernen Kunstrichtung anzuschließen.

Die Atmosphäre in Berlin nach dem Machtantritt Hitlers, die ersten Vertreibungen verfemter Künstler machten ihr den Aufenthalt dort unerträglich. Nie hat sie den Tag vergessen, an dem sie in der Kunstakademie am Steinplatz als Malmodell für ihre Klasse einen Farbigen engagierte, und was ihr und ihrem Begleiter auf dem Weg bis in Schmidt-Rottluffs Atelier an Beschimpfungen und Diffamierungen an den Kopf geworfen wurde. Der Meister und die Studenten aber waren von dem Modell begeistert, und Erika von Hornstein empfand ihr Porträt des Schwarzen als ihr schönstes Bild.

Weil sie die Atmosphäre in Berlin nicht länger ertrug, ging sie 1934 nach München an die Kunstakademie, an der ihr der NS-Maler Adolf Ziegler seine Verehrung entgegenbrachte, da er in ihrem Äußeren das nationalsozialistische Frauenideal verkörpert sah. Dies stieß sie ebenso ab wie die

Verunglimpfungen in der Berliner U-Bahn, als sie mit dem schwarzen Modell unterwegs gewesen war.

Von München ging sie nach Italien, ein Land, das sie sogleich begeisterte. Es faszinierte sie nicht nur wegen seiner Landschaft, seiner Kunst und Traditionen. Das Leben in Florenz und auf dem Gut ihres Vetters Ranuccio war ganz anders, viel unbeschwerter, hier fehlten der deutsche Ernst, die Strenge, die Brutalität des totalitären Hitlerregimes. Zwar war Italien auch ein faschistisches Land, jedoch war dies weniger spürbar, der Antisemitismus spielte eine nur marginale Rolle, bis die Deutschen dann auch ihre Verbündeten zur Deportation und zum Massenmord an den Juden zwangen. Das Leben in Italien war im Vergleich zu Deutschland idyllisch. Für eine Malerin war Italien ohnehin ein Traumziel, und so hat Erika von Hornstein dort viele Monate gemalt und viele Menschen und auch andere Maler kennengelernt und Freunde gefunden. Seither ist dieses Land ihre zweite Heimat, für sie ein Land der Schönheit, der starken Emotionen, der besonderen Farben, des hellen Lichts. Bis heute verbringt sie die Sommermonate dort und genießt diese andere Dimension ihres Lebens, ehe sie im Herbst in das nördliche, strenge, nüchterne, eher kognitive Deutschland zurückkehrt, das ebenso Teil ihres Wesens ist.

Im Mai 1935 kehrte Erika von Hornstein nach Deutschland zurück. Dabei erlebte sie einen wahren Kulturschock. Schon äußerlich hatte das elegante Italien die junge Malerin verändert. »Du bist geschminkt«, lautete der Vorwurf der Mutter, als sie ihre Tochter am Bahnhof Zoo abholte. Erika war erwachsen und ganz sie selbst geworden. Sie bezog ein eigenes Atelier nahe dem S-Bahnhof Bellevue und sah ihre Familie nur selten.

Das Leben der befreundeten Maler hatte sich sehr zum Schlechten verändert. Martin Bloch war nach London emigriert, Schmidt-Rottluff und die anderen Expressionisten hatten mit immer größeren Schwierigkeiten zu kämpfen, und ihr Meister zog sich immer mehr in die innere Emigration zurück. Er lebte jedoch weiterhin in Berlin in einer Hinterhofwohnung, wo er auch malte. Im Gegensatz zu vielen Kollegen ging er nicht ins Exil, sondern zog sich im Sommer nach Pommern zurück, da diese Landschaft für seine Malerei von grundlegender Bedeutung war.

Nach ihrer Rückkehr aus Italien begegnete Erika von Hornstein dem Mann ihres Lebens, dem Chemiker und Erfinder Viktor Bausch, der einmal die familieneigene Papierfabrik in Mecklenburg übernehmen sollte. Er war nicht nur der Mann, den sie liebte, sondern er verkörperte für sie eine ganz neue Welt. Was sie selbst auf dem Gebiet der Malerei tat, versuchte er in einem ganz anderen Bereich zu realisieren: die Verwirklichung einer neuen und besseren Gesellschaft in seiner Eigenschaft als »aufgeklärter Fabrikant«, der nicht die Verstaatlichung von Produktionsmitteln anstrebte, sondern der Meinung war, daß Fabrikbesitzer ihr Eigentum mit der Belegschaft durch Anteilscheine teilen sollten. Bausch war mit Theodor Haubach und Carlo Mierendorff und Mitgliedern des späteren Kreisauer Kreises befreundet. Bei den langen Diskussionen eröffneten sich Erika von Hornstein ganz neue Dimensionen. Gegenüber politischen Fragen hatte sie bislang immer Abstinenz geübt; die monarchistisch-autoritäre Einstellung ihrer Eltern lag ihr allzu fern. Hier aber erkannte sie, daß es ganz andere politische Ansätze gab, Perspektiven, die mehr Demokratie und Freiheit ermöglichten und für die zu kämpfen sich lohnte. Die Begegnung mit Viktor Bausch und dessen Freunden befreite sie aus dem »Elfenbeinturm« ihrer Kunst und bisherigen Existenz. Durch ihn ist sie von der Aristokratentochter zur Citoyenne geworden.

1939, gewissermaßen eine Minute vor Kriegsausbruch, heiratete Erika von Hornstein Viktor Bausch, an dessen Seite ihr ein aufregendes Leben bevorstand. Während des

Krieges war er im Widerstand aktiv; in einem Berliner Keller stellte er unter Einsatz seines Lebens falsche Pässe her und rettete so viele vor der Vernichtung; in ihrem Haus versteckten die Bauschs ihren Freund, den verfolgten Sozialdemokraten Carlo Mierendorff. All dies trug Erika von Hornstein ganz selbstverständlich mit.

Am Ende des Krieges übernahm Viktor Bausch die Papierfabrik der Familie in Neu-Kaliss in Mecklenburg. Bauschs jahrelanger Versuch, auf sozialistischem Boden als Fabrikant zu überleben und eine von den Russen vollkommen demontierte Fabrik wiederzuerrichten, schlug fehl. Die Erfahrungen mit den russischen Besatzern waren furchtbar. Sie zu ertragen, verlangte enormen Lebensmut.

Als die Bauschs nach dem Wiederaufbau der Fabrik enteignet wurden und fliehen mußten, blieben nicht nur Haus und Fabrik, sondern der gesamte Hausrat zurück. Auch der Aufbau einer neuen Existenz in Berlin kostete viel Kraft, aber er gelang.

In dieser Zeit kam auch der Tag, an dem Erika von Hornstein ganz ohne eigene Absichten von der Malerin zur Schriftstellerin wurde. Das in Neu-Kaliss Erlebte beschäftigte und quälte sie. Auf Anraten ihres Mannes begann sie, es aufzuschreiben. Ihr einziges Ziel war dabei, die Dinge zu verarbeiten. Als sie die ersten Blätter einem befreundeten Journalisten zeigte, entriß er sie ihr, und bald erschien ihr Bericht als Fortsetzung in der *Zeit* und 1953 als Buch mit demTitel *Andere müssen bleiben* bei Kiepenheuer & Witsch. Das Buch erhielt über hundert Rezensionen und wurde ein Bestseller. Für viele Leser war es Anlaß, sich mit der eigenen Geschichte auseinanderzusetzen, ohne dem Geschehenen auszuweichen oder es zu verdrängen.

Dieser schöne Erfolg als Schriftstellerin war für die Malerin Erika von Hornstein ein bleibender Verlust. Sie erkannte, daß sie mit dem Schreiben Dinge sagen konnte, die sie in ihrer Malerei nicht ausdrücken konnte, sie sah, daß das Publikum mit ihren Texten mehr anfangen konnte als mit ihren Bildern. Es war ein Abschied für immer und zugleich ein großer Gewinn, der Beginn einer langen und abwechslungsreichen Schrifstellerkarriere.

Von ihren Bildern sind nur wenige erhalten. Die meisten mußte sie in ihrem Haus in Neu-Kaliss zurücklassen, eine Mappe mit Aquarellen ging nach dem Krieg in der Berliner Kunstakademie verloren. Neben Stilleben, Blumenbildern, Porträts und Landschaften, dem akademischen Repertoire, malte sie Bilder, auf denen die Schrecken von Krieg und NS-Zeit dargestellt sind. Wie schon als Kind brachte sie auch jetzt ihre Ängste in der Sprache der Malerei zum Ausdruck. Die Besonderheiten des Malens, das Handwerkliche und Sinnliche, das Spannen der Leinwand, das Grundieren, den Geruch der Farben, vermißt sie beim Schreiben bis heute. Aber das eher Rationale des Schreibens – sie arbeitet dabei mit klarem, kühlem Kopf, während sie sich beim Malen immer stark emotional erregte – liegt ihr sehr, und so hat sie lange Zeit im Schreiben ihre Erfüllung gefunden. Später fand sie als Filmemacherin wieder zur Bildhaftigkeit zurück und konnte beides miteinander verbinden.

Nach der Darstellung ihres eigenen Schicksals in ihrem ersten Buch und der Geschichte der Demontage ihrer Fabrik in dem Band *Der gestohlene Phönix* – zwei Bücher, die von ihr und ihrem Leben handeln, aber mit Zurückhaltung und Distanz zu sich selbst geschrieben sind und vielleicht gerade deshalb große Betroffenheit auslösen – wandte sie sich auf Drängen ihres Verlegers Caspar Witsch den Erlebnissen von Flüchtlingen zu. Sie besuchte das Aufnahmelager Berlin-Marienfelde und befragte mit Tonband und Notizblock Betroffene. 43 Geschichten über 43 Personen, denen sie ihre Stimme lieh, erschienen 1960 und wurden in zahlreiche Sprachen übersetzt. 1985 erlebte es eine

Neuauflage in der Reihe »Die andere Bibliothek« von Hans-Magnus Enzensberger. Es folgte ein Buch über politische Prozesse in der DDR.

Hatte Erika von Hornsteins Schriftstellerkarriere mit Vierzig begonnen, so unternahm sie zehn Jahre später wieder einen beruflichen Neuanfang. Sie gab die einsame Arbeit am Schreibtisch auf und drehte in den folgenden zwanzig Jahren verschiedene Filme für das Fernsehen.

Sie begann mit einem Film über Wilhelm Grothaus, einen Sozialisten und späteren Kommunisten, der unter beiden Diktaturen zu leiden gehabt hatte. Bereits ein Jahr später kam der nächste Film heraus, die Geschichte eines Berliner Mietshauses an der Mauer.

Bei einem Treffen mit ehemaligen Mitschülerinnen aus dem Stift Heiligengrabe wurde Erika von Hornstein unversehens mit der eigenen Vergangenheit konfrontiert: Viele dieser ostelbischen adligen Frauen hatten während des Kriegs und der Nazi-Herrschaft ihre Männer verloren, ihre Güter allein verwaltet und die Kinder großgezogen. Allein hatten sie die Flucht in den Westen bewältigt und sich dort eine neue Existenz aufgebaut. Das Resultat von Erika von Hornsteins Begegnung mit diesen Frauen war der Film *Abschied vom Junker. Das Ende des ostelbischen Adels.* Die Arbeit an diesem Film bot ihr selbst eine Gelegenheit zur Auseinandersetzung mit der eigenen Vergangenheit und den Traditionen Preußens und ihrer Familie, obwohl sie sich selbst längst davon entfernt hatte. In dem Buch *Adieu Potsdam* schrieb sie ihre Erinnerungen an ihre Kindheit und Jugend auf, ein lebendig und mit Malerblick geschriebener fesselnder Lebensbericht, der einem die Augen für diese untergegangene Epoche auf höchst unterhaltsame Weise öffnet.

1970, Erika von Hornstein war fast sechzig Jahre alt, verwirklichte sie den langgehegten Wunsch nach einem eigenen Haus in Italien und schenkte ihrer zweiten Heimat eine Reihe von Filmen über ihre Freunde, die Künstler, die alle Kommunisten waren und doch für die bürgerlichen Freiheiten eintraten, Filme über Siena und Florenz, Südtirol und Andreas Hofer. Das kleine *Teatro dell'aqua* der Brüder Cesare und Daniele Lievi in Gargnano am Gardasee, dem Ort ihres neuen Zuhauses, lag ihr besonders am Herzen. Ihm hat sie ihren letzten Film gewidmet.

Jedes Jahr im Hochsommer erwacht im Herzen der »Italienerin« Erika von Hornstein ganz langsam die Sehnsucht nach dem Norden, nach ihrer Stadt Berlin. Es ist die einzige Stadt der Welt, in der sie leben möchte. »Jetzt bin ich wieder zu Hause« ist ihr erster Gedanke, wenn sie nach kürzerer oder längerer Abwesenheit Berliner Boden betritt. Dabei findet sie nicht, daß es eine besonders schöne Stadt ist, vom historischen Zentrum oder von dem, was davon übrig ist, einmal abgesehen. Es ist eher die Häßlichkeit Berlins, die sie fasziniert. »Warum liebt man einen Menschen, auch wenn er häßlich ist? Genauso kann es einem mit einer Stadt ergehen«, sagt sie.

Schon in ihrer Jugend ist sie stundenlang durch die großen Straßen gelaufen und hat sich dabei gefühlt wie in einem Roman. Auch heute, wo Berlin ständig im Wandel ist, verfolgt sie die neuesten Entwicklungen aufmerksam. Sie geht in Ausstellungen, besucht Konzerte und Theateraufführungen, mit ihren Enkelinnen hält sie sich in Kneipen im Prenzlauer Berg auf, sie fährt mit dem Ausflugsdampfer durch die Kanäle, um zu sehen, was für neue Gebäude es gibt.

Die Berliner mag sie, weil sie schneller reagieren als andere, und auch das »Rotzige« in ihrem Temperament gefällt ihr. Nie wird sie vergessen, wie erlöst und befreit sie sich fühlte, als sie mit ihrem Mann Neu-Kaliss verlassen mußte und für immer nach Berlin zurückkam. In dieser Stadt haben sich die wichtigsten Ereignisse ihres Lebens abgespielt, hier leben ihre Söhne, die beide Philosophen sind, und ihre Enkel.

Noch immer ist Erika von Hornstein Zeitzeugin, wenn auch nicht mehr in eigenen Filmen, sondern in denen von Kollegen. Sie berichtet über Carlo Mierendorff und ihre Begegnung mit Wilhem II. in Doorn. Sie erzählt von Dingen, die außer ihr niemand zu berichten weiß. Es ist eine Freude, ihr zuzuhören, wenn sie über ihre vielen prominenten Freunde und ihre Erlebnisse spricht und damit beweist, wie intensiv ihre Teilnahme am Schicksal anderer und am Leben überhaupt immer gewesen ist.

Nach der Wende hat sie Neu-Kaliss wiedergesehen und ihr Buch *Der gestohlene Phönix* um ein Kapitel und ein Nachwort erweitert. Sie berichtet darin, wie die Entwicklung dort seit ihrer Flucht weitergegangen ist. Durch die Aktualisierung vereint dieses über vierzig Jahre alte Buch nun auf spannende Weise zeithistorisches Geschehen mit einem Zeitzeugnis der Wiedervereinigung.

Damit ihre Leser auch weiterhin an Erlebnissen teilhaben können, die ihr kostbar sind, arbeitet Erika von Hornstein jetzt an einem ganz besonderen Buch, ihrem letzten, wie sie glaubt: ihren Erinnerungen an die Maler Karl Schmidt-Rottluff und Carl Hofer. »So blau ist der Himmel« lautet der Arbeitstitel – ein Zitat aus einem Brief von Karl Schmidt-Rottluff an seine Schülerin Erika von Hornstein.

Der Ritt über den Bodensee

Die Uraufführung der Dreigroschenoper

Nie würde dieses Stück die Premiere überdauern, ja wahrscheinlich gar nicht zu Ende gespielt werden, die ganze Unternehmung sei nichts anderes als ein Ritt über den Bodensee. So lautete die fast einhellige Meinung in Theaterkreisen, als Ernst-Josef Aufricht im August 1928 im Theater am Schiffbauerdamm die Premiere der *Dreigroschenoper* vorbereitete.

Aufricht, 1898 in Schlesien geboren, kam aus einer deutsch-jüdischen Familie. Seine Eltern hatten für ihn den Beruf des Arztes vorgesehen, dennoch brach für sie keine Welt zusammen, als sein dringlicher Wunsch bekannt wurde, zum Theater zu gehen und Schauspieler zu werden. Aufrichts Vater war liberal und klug, und er liebte seinen Sohn. Wenn dieser schon ein so außergewöhnliches Berufsziel hatte, sollte ihm der Weg nicht schwerer gemacht werden als notwendig. Aufricht lernte das Metier in Berlin und war trotz der wirtschaftlich schwierigen Zeiten mit verschiedenen Theatervorhaben erfolgreich. 1928 pachtete er mit der finanziellen Unterstützung seines Vaters das Theater am Schiffbauerdamm. Aufrichts Bankier Herzfeld hielt es für äußerst leichtsinnig, die 100 000 Mark, die der junge Mann von seinem Vater erhalten hatte, in ein Theater zu investieren. Er führte ihn in seiner Privatbank Unter den Linden in die Toilette und erklärte: »Wenn ich Ihnen das Geld bar auszahle, und Sie werfen es hier hinein und ziehen (dabei zog er ab), dann ist es weg, und Sie haben keinen Ärger gehabt. Wenn Sie damit ein Theater eröffnen, ist es weg, und Sie werden viel Ärger haben.« Aufricht ließ sich das Geld auszahlen und wechselte die Bank.

Bis zur Aufführung des ersten Stücks, mit dem das Theater neu eröffnet werden sollte, blieben Aufricht neun Monate Zeit. Er engagierte als Regisseur Erich Engel, als Dramaturgen den ganz unbekannten Robert Vambery und machte Heinrich Fischer zu seinem Stellvertreter, der kurz zuvor als Dramaturg an die Münchner Kammerspiele gegangen war und gern nach Berlin zurückkam. Fischer war später Erbe und Verwalter des literarischen Nachlasses von Karl Kraus. Aufricht schätzte die beiden wegen ihrer kompromißlosen Haltung in künstlerischen Fragen, auch interessierten sie sich ebensowenig für Geld wie er selbst. Die Arbeit erfolgte im Team, und obwohl Aufricht die volle finanzielle und künstlerische Verantwortung trug, legte er ausdrücklich Wert auf die Meinung der anderen. Wie viele Theaterleute von damals, die den Ersten Weltkrieg und das Ende des Kaiserreichs erlebt hatten, waren er und seine Mitarbeiter Pazifisten und Sozialisten. Sie glaubten an die Weimarer Republik und den Beginn einer neuen Zeit.

Auf der Suche nach einem Stück für den Eröffnungsabend besuchte Aufricht zahlreiche Bühnenverlage, konnte aber kein geeignetes Stück finden. Als der Direktor des Verlags Bloch und Erben, Wrede, ihm das Stück *Hasenfellhändler* von Hermann Sudermann anbot, nahm er das Buch mit und warf es am Nikolsburger Platz in den Papierkorb. Der Autor war im 19. Jahrhundert modern gewesen, er erschien Aufricht sentimental und verlogen und für moderne Zeiten ganz ungeeignet.

Schließlich versuchte Aufricht es bei den Autoren selbst. Er ging zu Ernst Toller und Lion Feuchtwanger, aber sie hatten beide kein fertiges Stück. Nun blieb nur noch ein Weg: die Künstlerkneipen. Mit Fischer und Vambery besuchte er *Schlichter* in der Lutherstraße, ein Lokal, das dem Maler und Graphiker Rudolf Schlichter gehörte, der durch sein Engagement für Dada und seine der Neuen Sachlichkeit zugerechneten Straßenszenen und Porträts bekannt war. Im hinteren Raum saß ein junger Autor mit dunklen, stechenden Augen, herabfallenden Schultern, einem asketischen Gesicht. Er trug proletarische Kleidung mit Mütze und Jacke – Bertolt Brecht. Als Aufricht ihn um ein Stück bat, erzählte er, woran er gerade arbeitete, erntete aber keinen großen Enthusiasmus.

»Dann habe ich noch ein Nebenwerk«, sagte Brecht schnell, als Aufricht bereits den Kellner um die Rechnung bat. »Davon können Sie morgen sechs von sieben Bildern lesen. Es ist eine Bearbeitung von John Gays *Beggar's Opera.* Ich habe ihr den Titel ›Gesindel‹ gegeben. Die *Beggar's Opera* wurde 1728 uraufgeführt, nicht in London, sondern in einer Scheune in einem Vorort, sie behandelte verschlüsselt einen Korruptionsskandal: Der berüchtigte Gangster ist mit dem Polizeipräsidenten befreundet und macht mit ihm Geschäfte. Der Gangster stiehlt einem sehr mächtigen Mann die einzige Tochter und heiratet sie. Der Mann ist der Chef der Bettler, er kleidet sie ein, bildet sie aus und stationiert sie nach ihren Qualitäten. Das Ende steht im siebenten Bild, das ich nur skizziert habe.«

Am nächsten Morgen holte Fischer das Manuskript in der Spichernstraße ab. Hier wohnte Brecht in einem möblierten Zimmer. Dann lasen Aufricht und Fischer den Text und waren überrascht von soviel Frechheit und Witz. Sie erkannten, daß sich hier ein neuer Stil ankündigte, spürten die theatralische Wirkung des Stoffes und beschlossen, die Wiedereröffnung des Theaters am Schiffbauerdamm mit diesem Stück zu wagen.

Als sie mit Brecht darüber verhandelten, erklärte dieser, daß auch ein Musiker an der Sache beteiligt sei, Kurt Weill. Der Komponist war schon kein Unbekannter mehr, zwei kleinere Opern nach Texten von Georg Kaiser liefen in der Charlottenburger Oper: *Der Zar läßt sich fotografieren* und *Der Protagonist*. Aufricht besuchte die Opern und befand die Musik für nicht geeignet, da sie ihm zu atonal erschien. Er bat den Operettenkomponisten Theo Mackeben, sich um die musikalische Einstudierung des Stückes zu kümmern und vorsichtshalber die originale Bühnenmusik der *Beggar's Opera* zu besorgen, um sie anstelle der Weillschen Musik zu verwenden.

Gemeinsam mit Erich Engel und Fischer dachte Aufricht über die Besetzung nach. Das Stück war in ihren Augen eine humoristische literarische und auch sozialkritische Operette.

Brecht und Weill waren inzwischen nach Südfrankreich gefahren, um dort gemeinsam an dem Stück zu arbeiten. Aufricht und seine Mitarbeiter suchten während dieser Zeit in Berlin folgende Schauspieler aus:

Harald Paulsen als Mackie Messer. Er konnte singen und tanzen, bewegte sich schnell und gewandt, und seine Erscheinung hatte etwas Unheimliches. Carola Neher, die als eine der besten Interpretinnen von Brechttexten und Weillsongs galt, sollte die Polly spielen. Als Peachum war Erich Ponto vorgesehen, der bislang noch an keinem Berliner Theater, sondern in Dresden gespielt hatte. Er war klein und dürr, hatte eine große Nase und listige Augen und war damals schon in verschiedenen Rollen als großes Talent aufgefallen. Als Frau Peachum wünschte man sich Rosa Valetti, die bekannte Berliner Kabarettistin, und den dicken Komiker Kurt Gerron als Tigerbrown. Als Lucy wurde die Balladensängerin Kate Kühl engagiert, die eine tiefe, tragende Stimme besaß. Den Polizisten Schmidt, eine kleine Rolle, spielte der später berühmte Ernst Busch. Auch das Autorengespann Brecht/Weill war von dieser Besetzung sehr angetan, als es mit dem überarbeiteten Stück aus Südfrankreich zurückkam.

Nun konnten endlich die Proben beginnen. Man schrieb schon den 1. August, und die Aufführung war für den 31. geplant. Von Anfang an war das kleine Theater am Schiffbauerdamm voller Leben und wurde frequentiert wie ein Taubenschlag. Ein größerer Raum, der in den Zuschauerraum und in die Loge des Direktors führte, wurde zum Versammlungsort für jedermann. Hier standen Schränke für die Garderobe der Regisseure, ein Schreibtisch, ein Sofa, Sessel und Stühle, überall standen leere Kaffeetassen und gefüllte Aschenbecher herum. In diesem Zimmer hielten sich nicht nur Schauspieler, Theaterschüler und Regisseure, Dramatiker und Journalisten, Verleger und Agenten auf, sondern auch Neugierige und Kartenverkäufer. Gearbeitet wurde Tag und Nacht, denn die Zeit war knapp.

An einem der ersten Probetage kam Kurt Weill mit Lotte Lenya in Aufrichts Büro. »Ich will Ihnen eine Musik vorspielen, und ich habe noch einen Wunsch, ich möchte, daß meine Frau die Jenny spielt.« Aufricht war verlegen, denn Lotte Lenya war ihm gänzlich unbekannt. Dennoch erklärte er sofort sein Einverständnis, da die Lenya ihm gefiel und er annahm, sie werde sich gut auf der Bühne bewegen. »Weill wird mir auch einen Song komponieren«, erklärte die Lenya selbstbewußt und unbefangen, und Aufricht war aufs äußerste überrascht.

Nun wurde aus der Requisitenkammer ein Klavier hervorgeholt und auf die Bühne gebracht. Theo Mackeben, Fischer, Vambery und Aufricht hörten zu, wie Weill mit leiser, metallener Stimme sang und dazu spielte. »Die Musik ist eine genauso große Chance für den Erfolg wie das Stück«, raunte Vambery Aufricht zu.

Aufricht gewöhnte sich zunehmend an die Musik, die ihm zuerst so fremd gewesen war. Er entdeckte darin nun eine gewisse Frische und Naivität, etwas Reizvolles. Nun wurde definitiv mit der Weillschen Musik geprobt. Theo Mackeben studierte die Songs mit den Schauspielern ein, stellte eine Jazzband zusammen, den Flügel und das Dirigieren übernahm er selbst. Wenn die Darsteller bei den Proben die Bühne verließen, paßte er sie ab und nahm sie mit in den Gesangsraum, um die nicht allzu einfache Musik zu proben. Am Ende hatte er die Songs so perfekt einstudiert, daß die Schauspieler bei der Aufführung ohne Einsatz des Dirigenten richtig zu singen begannen und mit dem Rücken zum Orchester sangen, das in einer großen Orgelattrappe hinten auf der Bühne untergebracht war. Dies war eine bedeutende Leistung, die anderswo nicht wiederholt wurde.

Inzwischen war der 5. August gekommen, und alle Schauspieler waren aus den Ferien zurückgekehrt, nur Carola Neher nicht, denn sie weilte in einem Sanatorium in Sankt Moritz bei ihrem Ehemann, dem schwer an Tuberkulose erkrankten Dichter Klabund. Alle Versuche, sie per Brief oder Telegramm dort zu erreichen, waren erfolglos. Der Dichter lag im Sterben. Als Aufricht die Schauspielerin doch erreichte, bat sie ihn, die Rolle auf keinen Fall anders zu besetzen. Zweimal täglich telefonierte er mit ihr, und als Klabund wenige Tage später starb, kam Carola Neher im schwarzen hochgeschlossenen Kleid zur Probe. Aufricht und seine Mitarbeiter waren beglückt, wie gut sie ihre Rolle spielte und wie ideal diese Besetzung war. Das Glück währte nicht lange.

Eine Woche vor der Premiere fand die erste durchgehende Probe statt, bei der das Stück ohne Unterbrechung gespielt werden sollte. Vor dem letzten Bild aber kam es zu heftigen Diskussionen zwischen den Schauspielern, Brecht und Erich Engel. Teile des Textes wurden umgeschrieben,

Positionen auf der Bühne verändert, man schrie sich gegenseitig an, beruhigte sich wieder, und am Ende schienen alle Probleme gelöst. Da aber erklärte Carola Neher, sie werde diese Rolle nicht spielen, da sie viel zu klein sei. Brecht war sofort bereit, dies zu ändern, und sagte ohne Rücksicht auf den Regisseur: »Ich bringe das in Ordnung, bitte den Vorhang herunter!« Dann ließ er einen Tisch und Stühle auf die Bühne tragen, setzte sich neben die Neher an den Tisch und begann zu schreiben. Das Gesicht der Neher hellte sich zunehmend auf. Die anderen Darsteller saßen derweil im Zuschauerraum, warteten und wurden immer müder. Um fünf in der Frühe baten sie, endlich das letzte Bild spielen zu dürfen, damit sie nach Hause gehen und schlafen könnten. Brecht schrieb fleißig weiter Sätze für die Neher, zu deren großer Zufriedenheit. Als Aufricht die Bühne betrat und darum bat, daß Brecht und die Neher ihre Arbeit in seinem Büro fortsetzten, nahm sie das Manuskript, warf es ihm vor die Füße, sagte: »Spielen Sie das Zeug allein!« und verließ das Theater. Nur noch acht Tage bis zur Premiere. Eine neue Darstellerin für die weibliche Hauptrolle mußte gefunden werden.

Brecht hielt die Neher für unverzichtbar: »Nehmen Sie einen Strauß Rosen, das Brautkleid der Polly und den Erich Engel, und versuchen Sie, die Neher umzustimmen. Sie wissen selbst, was Sie verlieren, wenn Sie sie nicht zurückholen können.« Engel machte sich gemeinsam mit Aufricht, obwohl er seine Zeit dringend für die Proben brauchte, zur Wohnung der Schauspielerin auf; sie gaben die Rosen dem Dienstmädchen und warteten dann in einem kleinen Zimmer. Draußen war es sehr heiß. Nach mehr als einer Stunde kam das Hausmädchen und erklärte: »Die gnädige Frau empfängt heute nicht.«

Mit dem Brautkleidkarton kehrten sie ins Theater zurück. Es mußte eilig eine neue Darstellerin gefunden werden. Zu diesem Zweck wurden Agenten und befreundete

Im kleinen Theater am Schiffbauerdamm, das Jahre später unter dem Namen Berliner Ensemble *Brechts eigenes Haus wurde, fand die spektakuläre Uraufführung der* Dreigroschenoper *statt.*

Theaterdirektoren angerufen. Doch die meisten Schauspieler probten bereits Stücke für die neue Saison. Glücklicherweise fanden sie die blonde, blauäugige Roma Bahn, die in vier Tagen den Text und auch die Songs lernte und bei der Premiere fehlerlos spielte. Eine erstaunliche Leistung bei einem ungewöhnlichen Stück, bei dem keiner der Schauspieler auf die gewohnte Arbeitsweise zurückgreifen konnte.

Erich Engel und der Autor führten mehrere Auseinandersetzungen, besonders um die Aufführung der Songs. Brecht wollte sie vortragen lassen, als hätten sie mit der Handlung nichts zu tun. Auf die dunkle Bühne sollten vom Schnürboden vier Petroleumlampen heruntergelassen werden, die Sänger im Scheinwerferlicht stehen. Man sollte die Orgel sehen, dazu Mackeben und jeweils einen Musiker zu beiden Seiten. Nach dem Song sollte die Orgel im Dunkeln verschwinden und das Licht so sein wie in der vorhergehenden Szene. Dies aber wollte der Regisseur auf keinen Fall. Er hätte lieber ganz auf die Songs verzichtet, aber Brecht setzte sich durch.

Eines der wichtigsten Lieder der Dreigroschenoper, *Und der Haifisch, der hat Zähne,* war eigentlich gar nicht vorgesehen und entstand nur, weil Harald Paulsen, der Darsteller des Mackie Messer, die fixe Idee hatte, eine himmelblaue, flatternde Schleife aus Seide zu seinem eleganten schwarzen Maßanzug mit den enganliegenden Hosen und Gamaschen zu tragen. Er hätte sich lieber von der Rolle als von seiner Schleife getrennt und verteidigte diese so heftig, daß er seiner Stimme zu schaden drohte, was wiederum die Aufführung in Gefahr gebracht hätte. Brecht rettete die Situation: »Lassen wir ihn so süßlich und charmant, Weill und ich führen ihn durch eine Moritat ein, die seine grausigen Schandtaten besingt, um so unheimlicher wirkt er mit seiner hellblauen Schleife.« Diesem genialen Einfall ist einer der berühmtesten Songs des ganzen Stücks und Brechts überhaupt zu verdanken.

Immer wieder mußten Änderungen an dem Stück vorgenommen werden. Eine Bordellszene, in der Brechts Frau Helene Weigel die Chefin spielen sollte, die einen gelähmten Unterleib hat und deshalb auf einem Fahrgestell auf die Bühne rollt, mußte geändert werden, da die Weigel wegen Blinddarmreizung nicht in dieser gebeugten Stellung spielen durfte. Während einer Mittagspause wurde die Szene im Café umgeschrieben.

In den letzten Tagen vor der Premiere gab es zahlreiche Grundsatzdiskussionen, ob das Stück wirklich so gespielt werden könne, und es wäre vielleicht nie zur Aufführung gelangt, hätte nicht Aufricht darauf bestanden, daß man den Termin des 31. August, an dem er Geburtstag hatte und das Theater eröffnen wollte, einhielt.

Während der Generalprobe mehrten sich skeptische Stimmen. Der Mann von Rosa Valetti, welche Mrs. Peachum spielte, reagierte sofort und unterschrieb einen Vertrag für Auftritte im *Kabarett der Komiker*, die einen Tag nach der Premiere der *Dreigroschenoper* beginnen sollten. Viele verließen gelangweilt die Generalprobe.

Ein prominenter Probengast, der sich immer in einer Loge verbarg, war Karl Kraus. Er nahm sogar an der literarischen Produktion teil und schrieb eine zweite Strophe für das Zankduett, da ihm eine Strophe nicht genug zu sein schien. Brecht nahm die Strophe dankend an. Die Generalprobe am 30. August dauerte bis sechs Uhr morgens. Nachdem die Schauspieler und Musiker gegangen waren und festgestellt worden war, daß das Stück 45 Minuten zu lang sei, wurden Teile gestrichen, darunter ein wichtiger Song, den Lotte Lenya auf den Proben immer besonders effektvoll gesungen hatte, der Salomonsong; die Rolle des Peachum im siebenten Bild wurde um die Hälfte gekürzt.

Es war bereits Morgen, als Aufricht nach Hause ging. Er schlief eine Stunde und kehrte um zehn Uhr morgens ins Theater zurück, froh, daß er an diesem Tag der Premiere niemanden der Mitwirkenden würde sehen müssen, sondern sich in Ruhe auf den Abend einstellen könnte. Als er am Schiffbauerdamm eintraf, wurde er jedoch bereits erwartet. Herr Lehrmann, ein Jungkommunist, der auf Vermittlung Brechts die Rolle des Filch erhalten, im weiteren aber keine schauspielerischen Ambitionen hatte, begegnete Aufricht wie einem bösen Ausbeuter in klassenkämpferischem Ton: »Sie haben mich für die tarifliche Mindestgage von zehn Mark pro Tag engagiert. Ich bin kein Schauspieler und will auch keiner werden. Sie können mich nicht auf die schwarze Liste setzen lassen oder mir irgend etwas tun, ich besitze nichts, ich verlange dreißig Mark pro Abend, oder ich verschwinde jetzt, bin heute unauffindbar, und Sie haben keine Premiere.«

Dieser Drohung gab Aufricht nach und erklärte sich einverstanden, beabsichtigte aber, die Rolle am nächsten Tag umzubesetzen. Der junge Mann war klüger: »Ich verlange sofort einen Vertrag über zwei Monate und einen größeren Vorschuß.« Aufricht bat Brecht telefonisch um Vermittlung, und nach langen Gesprächen verlangte Lehrmann nur noch 20 Mark pro Tag und den Vorschuß.

Dies war nicht das einzige Problem, das es an diesem Tag noch zu lösen gab. Erich Ponto hatte von der Kürzung seiner Szene erfahren und bereits die Koffer gepackt, um nach Dresden zu reisen. Er wollte die Rolle entweder ganz spielen oder überhaupt nicht. Als Aufricht ihn flehentlich bat, doch zu spielen, gab er nach: »Ihrer Frau und Ihrer Kinder wegen packe ich die Koffer wieder aus«, erklärte er gnädig.

Aufricht verließ sein Büro, um auf der Bühne nach dem Rechten zu sehen. Soeben wurde der halbhohe Bühnenvorhang angebracht, der zwischen den einzelnen Bildern zugezogen werden sollte, um die Umbauarbeiten zu verdecken. Aufricht sah ihn zum ersten Mal – es war ein roter, grüngesäumter Seidenstoff mit bunten Papageien. »Das ist das Leichentuch der Premiere«, rief Aufricht entsetzt, und es begann eine heftige Diskussion mit dem Bühnenbildner Caspar Neher. Glücklicherweise fand sich meterweise naturfarbene Sackleinwand, die an Rollen festgemacht und dann von Neher mit dem Titel des Stücks, »Dreigroschenoper«, beschriftet wurde.

Als Pferd des reitenden Boten, der am Ende des Stücks die Begnadigung Mackie Messers durch die Königin verkündet, sollte ein großer Apfelschimmel dienen, der aus dem oberen Teil der Orgel auf zwei Schienen auf die Bühne rutschen sollte. Hier kam es zu einem technischen

Problem, da der Winkel der Schienen falsch berechnet war. Gerade noch rechtzeitig stellte sich heraus, daß während der Aufführung Pferd und Reiter im Zuschauerraum gelandet wären. In der kurzen Zeit bis zum Vorstellungsbeginn war eine Änderung nicht mehr möglich. Brecht wollte nun die Aufführung des Stücks verbieten, wenn das Pferd nicht aufträte. Dieses hatte inzwischen vier Räder bekommen und sollte von einem Statisten auf die Bühne gezogen werden.

»Nein, wir haben hier kein Kindertheater«, sagte Aufricht bestimmt.

»Dann steht es beim Aufgehen des Vorhangs schon draußen auf der Bühne«, sagte Brecht.

»Der deus ex machina, der reitende Bote, der das Hängen verhindert, ist so im Eimer«, warf jemand ein.

Inzwischen war es beinahe sechs Uhr, und ehe die richtige Lösung für das Pferd gefunden wurde, brauchte der Maschineriedirektor die Bühne.

Aufricht blieb nichts anderes übrig, als das Schließen des eisernen Vorhangs zu veranlassen.

»Dieses Theater habe ich zum letzten Mal betreten!« rief Brecht empört. »Ich auch«, sagten Kurt Weill und Caspar Neher.

»Würden die Herren uns das schriftlich geben?« fragte Fischer.

Pünktlich zur Premiere fanden sich alle Beteiligten ein, und der reitende Bote der Königin kam zu Fuß. Er stellte sich auf ein kleines Rasenstück, das ein Statist für ihn hinlegte.

Das Publikum hatte den Zuschauerraum bereits betreten, als auf der Bühne immer noch gearbeitet wurde. Das Programmheft bestand – damals noch sehr ungewöhnlich – aus einer Sammlung von Aufsätzen über Theater und Literatur, die Heinrich Fischer herausgegeben hatte. Der

Kritiker Alfred Kerr fand gleich auf der ersten Seite zwei Gedichte seines Rivalen Karl Kraus. Durch ein Versehen saß außerdem der ihm verhaßte Kollege Herbert Ihering neben ihm, und beide erstarrten zur Salzsäule.

Endlich begann die Aufführung: Die Ouvertürenmusik in Form einer Fuge verwirrte das Publikum. Dann das erste Bild, in dem Kurt Gerron als Drehorgelmann mit einigen Schauspielern neben sich die Ballade von Mackie Messer zu singen hatte. Er drehte am Schwengel, aber keine Musik ertönte. Es war vergessen worden, die Drehorgel anzustellen. In der zweiten Strophe spielte glücklicherweise das Orchester mit. Dann zog das Ehepaar Peachum mit Tochter Polly vorbei, danach überquerte Macheath mit der blauen Schleife und schief aufgesetztem Hut mit leichtem Schritt wie ein Tiger die Bühne. Die Huren, angeführt von Lotte Lenya, schauten ihm nach. »Das war Mackie Messer«, sagte die Jenny, und das Bild war zu Ende.

Im Publikum herrschte Verwunderung, und niemand applaudierte. Auch das zweite Bild, in dem Erich Ponto zum Publikum sprach, erhielt keinen Applaus. Dann kam das Hochzeitsbild, aber auch hier reagierte das Publikum kaum, lachte nicht einmal an den komischen Stellen. Erst als die Männer den Kanonensong gesungen hatten, wurden die Zuschauer lebendig. Sie verlangten eine Wiederholung des Songs. Von jetzt an folgte das Publikum der Aufführung mit Begeisterung.

In der Pause stellte sich heraus, daß Lotte Lenya nicht im Namensverzeichnis aufgeführt war. Sie hatte gerade mit der Tango-Ballade einen riesigen Szenenapplaus geerntet. Weill schrie zornig: »Dieser Saustall! Dieser Schweinestall! Meine Frau spielt nicht weiter! Ich erlaube es nicht.«

Glücklicherweise war Lotte Lenya weniger radikal. Sie beruhigte ihren Mann, und nach der Vorstellung wurden alle Redaktionen benachrichtigt, damit Lotte Lenya in den Besprechungen Erwähnung fand.

Nach der Vorstellung gratulierte der Direktor der Volksbühne, Heinrich Neft, Aufricht, doch riet er ihm, besser bald mit einem neuen Stück herauszukommen. Dieses hier würde kaum länger als einen Monat gespielt werden.

Carola Neher gratulierte ebenfalls: »Wie lange hat die andere Vertrag? Ich muß die Polly spielen!«

Nach der Premierenfeier und einer langen Nacht, die mit einem Frühstück in Werder endete, erschienen die ersten Kritiken. »Das war ein großer Sieg«, hieß es in der *BZ am Mittag*; 500 Aufführungen werde es mindestens geben, meinte der Kritiker. Schon am nächsten Vormittag war das Stück für drei Wochen ausverkauft. Es lief so lange und so erfolgreich, daß sich der Theaterdirektor erneut nach Probenarbeit zu sehnen begann und nicht aus finanzieller Not, sondern aus purer Langeweile an neue Projekte dachte.

Die Uraufführung der *Dreigroschenoper* wurde zum größten Theatererfolg der zwanziger Jahre.

Ernst-Josef Aufricht und viele der Mitwirkenden mußten in den dreißiger Jahren Deutschland verlassen.

Der Hotelpatriot

Joseph Roth

Bei seiner Beerdigung auf dem Friedhof von Thais im Südosten von Paris am 30. Mai 1939 kam es beinahe zu einem Tumult. Menschen verschiedenster Herkunft und Couleur waren gekommen, um Abschied von dem berühmten Romancier und Journalisten zu nehmen, der im Alter von knapp fünfundvierzig Jahren im Pariser Exil gestorben war. Monarchisten und Kommunisten, Katholiken und Ostjuden strömten gemeinsam auf den Friedhof. Alle waren gleichermaßen ergriffen und trauerten um den Verlust eines wichtigen Freundes, aber sosehr sich alle dem Toten verbunden fühlten, sowenig wollten sie voneinander wissen, und so mancher genierte sich, gemeinsam mit derart Andersdenkenden an derselben Feier teilzunehmen. Otto von Habsburg, der österreichische Kronprätendent, ließ durch eine offizielle österreichische Delegation einen Kranz mit den Farben der Habsburger Monarchie niederlegen, wodurch es zu lautstarken Protesten linksintellektueller Emigranten wie Egon Erwin Kisch und Bruno Frei kam. Auch über das Zeremoniell hatte man sich im Kreise der Freunde nur schwer einigen können: Sollte die Beerdigung nach katholischem oder nach jüdischem Ritual vollzogen werden? Roth war erst spät zum Katholizismus konvertiert und jüdischen Traditionen trotz aller Skepsis stets verbunden geblieben. Seine Freunde bestellten schließlich ein christliches Begräbnis. Als der katholische Geistliche mit der Feier begann, gab es Gemurmel unter den Ostjuden aus Roths galizischer Heimat. Mehrere traten ans Grab und beteten auf hebräisch, schließlich legte noch die »Liga für das geistige Österreich« einen Kranz für »Österreichs größten Dichter« nieder.

Auf die Frage, wohin er tatsächlich gehöre, hätte Roth selbst nie eine eindeutige Antwort gegeben. Sein Leben lang hat Joseph Roth einen Schleier des Geheimnisses über seine Existenz gebreitet, sich oft explizit, aber mit widersprüchlichen Äußerungen mal zum Judentum, mal zum Katholizismus bekannt. Er stammte aus Galizien, war Sohn ostjüdischer Eltern, hatte seinen Vater, einen Kaufmann, der bald nach seiner Geburt in der Obhut eines chassidischen Wunderheilers im Nachbardorf in geistiger Umnachtung starb, nie kennengelernt, aber mit den verschiedensten Legenden umwoben. So behauptete er, sein Vater sei Österreicher und kein galizischer Jude gewesen. Solche Versuche, seine wahre Herkunft zu verbergen, haben eine ernstzunehmende Ursache. Ostjuden waren, besonders bei ihren Glaubensgenossen aus dem Westen, nicht gern gesehen. So sagte Roth einmal: »Je westlicher der Herkunftsort des Juden, desto mehr Juden gibt es, auf die er herabschaut. Der Frankfurter Jude verachtet den Berliner Juden, der Berliner Jude verachtet den Wiener Juden, der Wiener Jude verachtet den Warschauer Juden. Dann kommen noch die Juden ganz dahinten aus Galizien, auf die sie alle herabschauen, und dorther bin ich, der letzte aller Juden.« Roth distanzierte sich schon als Schüler vom Ostjudentum. Er besuchte in Brody eines von zwei deutschen Gymnasien in Galizien, kam also als Kind schon eng mit der deutschsprachigen Kultur in Berührung und bezeichnete sich schon in seiner Jugend als »Assimilanten«. Dennoch brach er nie endgültig mit dem Judentum und seinen Traditionen.

Schon früh sonderte er sich von seinen Mitschülern ab und führte das Leben eines Einzelgängers; zugleich entwickelte er einen wachen Blick für die Menschen seiner Umgebung und wurde bald zum luziden Beobachter von Personen und Ereignissen. Im Lauf der Zeit entwickelte Roth eine außerordentliche Begabung, Dinge und Geschehnisse zu beschreiben, und schon während des Ersten Weltkrieges, mit Anfang Zwanzig, veröffentlichte er in einer Kriegszeitung Berichte über das Geschehen an der Front. 1918, als Roth aus dem Krieg zurückkehrte, an dem er als Freiwilliger teilgenommen hatte, erschienen erste Reportagen und Feuilletons in der pazifistischen Zeitung *Der Friede* in Wien. Der bekannte Feuilletonist Alfred Polgar, der den Spitznamen »Marquis Prosa« trug, wurde hier zu Roths wichtigstem Lehrmeister. Roth, der bereits in Wien und Prag mit Gedichten an die Öffentlichkeit getreten war – er hatte schon als Schüler Lyriker werden wollen, seine Gedichte wurden aber von seinem Lehrer im Gegensatz zu seinen Prosatexten wenig geschätzt –, erwies sich als schriftstellerische Begabung, und es gelang ihm schon bald, 1919, sich in Wien als Journalist zu etablieren. Wenig später jedoch verließ er die Stadt, da seine Zeitung, die linksbürgerliche Tageszeitung *Der Neue Tag,* aus finanziellen Gründen eingestellt wurde und sich die allgemeine wirtschaftliche Lage in Österreich zunehmend verschlechterte. Wie viele andere Künstler aus Österreich machte sich Roth auf nach Berlin, wo er am 1. Juni 1920 eintraf. Seine Begeisterung für diese Stadt hielt sich jedoch in Grenzen.

»Kein Ostjude geht freiwillig nach Berlin. Wer in aller Welt kommt freiwillig nach Berlin?« Roth hatte allen Grund zu solchen Gedanken. Die Stadt verweigerte ihm wegen seiner Herkunft die Aufenthaltsgenehmigung, erst nach erneutem Gesuch wurde sie ihm erteilt.

Berlin erschien Roth als Moloch, als riesige, unübersichtliche Großstadt, ganz wie sie in den Werken der Expressionisten dargestellt wurde. So schrieb er: »Diese Stadt ist ein penibles Konglomerat von Plätzen, Straßen, Mietskasernen, Kirchen und Palästen. Eine ordentliche Verworrenheit, eine planmäßig exakte Willkür, eine Ziellosigkeit von zweckhaft scheinendem Aspekt. Noch nie war soviel Ordnung auf Unordnung verwandt.« Diese Beschreibung läßt erkennen, wie reserviert Roth Berlin zunächst begegnete, aber sie verrät auch sein Interesse und seine Neugier an dieser in so kurzer Zeit errichteten Großstadt, die mit der alten, organisch gewachsenen Kaiserstadt Wien so wenig gemein hatte. Trotz aller Vorbehalte ließ er sich ganz auf Berlin ein und beschrieb mit seltener Hingabe in zahlreichen Artikeln und Essays die Menschen dieser Stadt und die Bedingungen, unter denen sie lebten.

Roth betrachtete sich ein Leben lang als Außenseiter. Nicht nur seine ihn immer wieder irritierende Herkunft, auch seine eigene Unstetigkeit, seine innere Unruhe und schließlich äußere Umstände zwangen ihn immer wieder fortzugehen, wenn er sich gerade an einem Ort etabliert hatte, und so pflegte er zu sagen: »Wenn man einen großen Schmerz hat, ist es gut, seinen Aufenthaltsort zu wechseln.« An diese Devise hat sich Roth immer gehalten. Nur bis 1923 besaß er eine eigene Wohnung. Von da an verbrachte er sein gesamtes Leben in Hotelzimmern, wobei das Hotelpersonal für ihn oft zur Familie wurde.

Als Roth 1920 nach Berlin kam, suchte er zunächst nach einer festen Bleibe und setzte dazu folgende Annonce auf: »Jüngerer Schriftsteller, Schriftleiter an einem Berliner Blatt, ist, der Gegenwart entsprechend, nicht in der Lage, die abnorm hohen Preise zu bezahlen, die für Zimmer mit Niveau verlangt werden. Er sucht also unterzukommen, wo Vermieter drohenden Zwangseinquartierungen einen Menschen vorziehen, der durch gesellschaftliche Werte eventuelle Gegenleistung bringt. Der Suchende zahlt das Erforderliche pünktlich und bietet Gewähr für tadellose Umgangsformen, Ordnung und Geist. Zuschriften erbeten an . . .« Roth nutzte bereits diese Anzeige, die eigentlich ein reiner Gebrauchstext war, zu einer Kritik am Verhalten seiner Zeitgenossen in wirtschaftlich schwierigen Zeiten: Geld spielte für die Leute eine immer größere Rolle, und so forderte er sie nicht ohne Ironie auf, dem Glauben an das Geld andere Werte entgegenzusetzen. Erfolgreich war er mit seinem Angebot nicht, was er vermutlich auch kaum erwartet hatte. Schon hier ist Roth deutlich als der Moralist zu erkennen, der mit wachem, kritischem Blick Leben und Treiben seiner Umgebung beobachtet.

Roth zog ins Hotel und lebte dort, bis ihm der Schauspieler Alfred Beierle anbot, bei ihm in der Mommsenstraße in Charlottenburg zu wohnen.

In kultureller Hinsicht war das damalige Berlin ein wahres Eldorado. Das geistige Klima der Stadt war während Roths Berliner Jahren günstig wie noch nie. In der jungen Weimarer Republik wurden künstlerische Energien freigesetzt, die Stadt war ein Zentrum der Künste, des Theaters, des Kabaretts, des Films. Expressionismus, Dadaismus und Neue Sachlichkeit belebten die Kunst und rückten sie durch zahlreiche, bisher unbekannte Aktionen in den Mittelpunkt allgemeinen Interesses. Große Namen wie Alfred Kerr, Kurt Tucholsky, George Grosz, Carl Zuckmayer, Käthe Kollwitz, Heinrich Zille, Max Reinhardt, Bertolt Brecht, Erwin Piscator und zahllose andere fanden hier ihre Wirkungsstätte. Berlin zog Künstler, Musiker und Intellektuelle aus aller Welt an, die Teil der künstlerischen Avantgarde werden wollten. Besonders das neue Medium Film veränderte das Gesicht der Stadt. Überall entstanden große Filmpaläste, das »Marmorhaus«, das »Alhambra«, der »Gloriapalast« an der Gedächtniskirche. Das Kino erhob die Metropole zum Schauplatz fiktionalen Geschehens, der Film beeinflußte die Wahrnehmung der noch jungen Metropole und ihrer Menschen. Die Grenzen zwischen den verschiedenen Bereichen der Kunst wurden mit Hilfe dieses Mediums fließend. Theaterstücke wurden verfilmt, »seriöse« Autoren schrieben Filmdrehbücher.

Auch für Journalisten war das bewegte Berlin der frühen Weimarer Jahre ein begehrtes Pflaster. Hier gab es zwanzig Tageszeitungen, pro Jahr erschienen 20 000 neue Buchtitel, es gab mutige Verleger, die unbekannte und junge Autoren förderten. Auch Joseph Roth gelang es bald, sich in Berlin einen Namen zu machen. Im Juli 1920 veröffentlichte er regelmäßig Filmrezensionen in den Heften der *Freien Deutschen Bühne*, dann arbeitete er als Reporter ohne feste Anstellung erfolgreich bei der *Neuen Berliner Zeitung*, die später *12-Uhr-Blatt* hieß und am Tag der Erschießung Rosa Luxemburgs und Karl Liebknechts gegründet worden war. Roth erlebte noch die Zeit, in der die Zeitung den Durchbruch noch nicht ganz geschafft hatte, und behauptete von sich, der einzige Berliner Journalist zu sein, der seine Zeitung auch selbst auf der Straße verkaufte. Durch Vermittlung eines Freundes lernte Roth Theodor Wolff, den Chefredakteur des *Berliner Tageblatts*, kennen, der ihn zunächst als Reporter für Vermischtes beschäftigte. Im Feuilleton spielte damals der alles dominierende Theaterkritiker Alfred Kerr eine führende Rolle, aber auch hier konnte Roth bald seine Artikel plazieren. Da er mit den Ideen des Sozialismus sympathisierte, arbeitete Roth auch für die *Vorwärts*, die von Karl Liebknecht gegründete sozialdemokratische Zeitung, die damals täglich erschien. Etwa ein Jahr lang schrieb Roth für die verschiedensten Zeitungen, doch war er froh, als ihm 1921 der *Berliner Börsen Courier*, eine Wirtschaftszeitung mit einem exzellenten Feuilleton, eine feste Mitarbeit anbot. Neben Roth haben viele bekannte Autoren bei dieser Zeitung angefangen, darunter der Theaterkritiker Herbert Ihering und der spätere Lyriker Oskar Loerke. Zunächst verfaßte Roth Gerichts- und Sozialreportagen, später erschienen regelmäßig Feuilletons in der Sonntagsausgabe, in denen er sich zu den verschiedensten Themen äußerte. Roth war vielseitig und besaß eine ganz eigene Auffassung von dem, was ein Feuilleton zu sein hat. Er nannte solche Texte »wunderbare, bunte Seifenblasen«. Eine wichtige Voraussetzung zum Schreiben war für ihn seine Fremdheit in der Stadt. Als einsamer Flaneur zog er umher, betrachtete die Dinge mit dem Blick des Außenstehenden, der mehr wahrnimmt als einer, der dazugehört. Roth sagte selbst: »Das ist gewiß: daß ich ein Einsamer bin in dieser fremden Stadt und daß mich des Morgens, wenn ich durch die Straßen gehe, ein Schauder der Heimatlosigkeit überfällt inmitten so vieler Heimatlichkeit«. Was ihn besonders interessierte, waren die Menschen selbst, in deren Leben er die Weltgeschichte studieren wollte. »Jedes Ereignis von Weltgeschichtsqualität muß ich auf das Persönliche reduzieren, um seine Größe zu fühlen und seine Wirkung abzuschätzen.« In einer durch technischen Fortschritt zunehmend unwirtlicheren Welt, in der soziale Rücksicht immer weniger zählte, suchte Roth nach Humanität. »Ich lange nach diesem Begriff wie nach einem Ding, das in der Rumpelkammer pensionierter Gegenstände hängt. Sie war noch vor hundert Jahren lebendig ... wie heute noch Valuta und Psychoanalyse. Sie ist heute ... die lächerliche Hülle eines Begriffs.« Hinter dem Leben der Menschen sah Roth eine große Maschinerie am Werk, auf die kein Einfluß zu nehmen war. In diesem Zusammenhang erschienen ihm Rußland und die USA gleichermaßen fragwürdig und menschenfeindlich. Roths Sympathien für den Sozialismus waren weniger ideologischer Art, als daß er darin ein Korrektiv gegen den immer mehr um sich greifenden Egoismus und die Ausbeutung des Kapitalismus sah. In seinen Artikeln setzte er sich vorrangig mit sozialen Themen auseinander. Er beobachtete

Die Technik faszinierte Joseph Roth, doch zugleich schreckte sie ihn. Das hier im Bau befindliche Gleisdreieck war für ihn Inbegriff zivilisatorischen Fortschritts und unmenschlicher Gigantomanie.

und beschrieb Obdachlose, Kranke, entlassene Straftäter, Kriegsopfer, Frauen, die in Konflikt mit dem Abtreibungsparagraphen kamen, Flüchtlinge aus dem Osten. Er begab sich in Elendsquartiere und Kaschemmen, in freudlose Gassen und finstere Winkel. Seine Berichte zeugen von seiner großen Anteilnahme am Schicksal der Leute, sind oft mit feiner Ironie und Witz, in geschliffenen Wendungen und eindrücklichen Bildern geschrieben. Roth berichtete aber auch über Sportereignisse und die Vergnügungsindustrie, die Veränderungen der Stadt durch gigantische Bauvorhaben, über Menschen im Straßenverkehr oder beim Friseur, die Jahreszeiten in der Stadt und Restaurants, über Flüchtlinge aus dem Osten, über Ausstellungen und Streiks, über Prügeleien in Lokalen, über Hausfrauenvereine und die türkische Gemeinde Berlins. Es gab kaum einen Bereich des Lebens in der Stadt, den er ausgelassen hätte. »Von Roth habe ich das Sehen gelernt«, sagte einmal der französische Germanist Pierre Bertaux, der Roth in Berlin begegnete. »Roth war im Sehen außergewöhnlich begabt, so daß ich den Eindruck hatte, das Interesse, das er den Dingen entgegenbrachte, machte alles um ihn interessant.« Eines Tages führte Roth Pierre Bertaux zum Polizeipräsidium am Alexanderplatz. Hier gab es eine Sonderabteilung, in der über zweihundert Fotos hingen. Es seien die interessantesten Gesichter, die er kenne, sagte Roth. Es waren Bilder von Menschen, die nach ihrem Tod nicht identifiziert worden waren. Dies seien »keine Geheimräte, sondern menschliche Gesichter«, sagte Roth, »wahre Persönlichkeiten«. Für ihn waren alle Menschen interessant, auch die am Rand der Gesellschaft.

Als er eines Abends mit seinem Freund, dem Journalisten Hermann Linden, im Café saß und eine Prostituierte hereinkam, sagte Roth: »Diese Arme wollen wir entschädigen, daß sie sich jedem für zehn Mark hingeben muß.« Dann bat er die Bedienung, der Dame zwanzig Rosen zu übergeben. Sie war überrascht, daß ein Mann dies tat, ohne entsprechende Gegenleistungen zu fordern. Am nächsten Abend ließ Roth ihr eine Tafel Schokolade bringen. Sie kam zu Roth an den Tisch und forderte ihn auf, sie auf ihrem Zimmer zu besuchen. »Nur wenn der Onkel mitgehen darf«, sagte Roth und zeigte auf Linden. Zu dritt plauderten sie eine Weile auf dem Zimmer der Dame. Am nächsten Abend schenkte Roth ihr wieder etwas und setzte das Spiel noch eine Weile fort.

Durch seine originelle Art der Kommunikation und seine Aufgeschlossenheit stiftete Roth sogar eine Ehe. Bei einem Treffen mit dem Publizisten und Schriftsteller Ludwig Marcuse saß er an einem Marmortisch der Berliner Konditorei *Schneider*. Marcuse war gerade von seiner Freundin verlassen worden und klagte Roth sein Leid. Nie wieder würde er eine solche Frau finden, sagte er, worauf Roth auf eine Kellnerin wies, die gerade mit einem Getränketablett vorbeiging. »Und was hältst du von dieser lieben, kleinen Kellnerin? Sie ist genauso schön.« Marcuse sprach Erna, die Kellnerin, an, verliebte sich tatsächlich in sie, nahm sie mit nach Frankfurt, wo er als Theaterkritiker arbeitete, und lebte mit ihr. Das Mädchen verwechselte »mir« und »mich«, und so hatte Marcuse Schwierigkeiten, sich mit ihr in den gelehrten Kreisen zu zeigen, in denen er zu verkehren pflegte. Auch für dieses Problem wußte Roth Rat: »Wir machen aus Erna eine russische Prinzessin und Emigrantin und nennen sie Sascha.«

So verwandelte sich Erna in Sascha und sprach fortan mit russischem Akzent. Als Marcuse und Erna heirateten, vermuteten viele, diese Ehe sei nur ein Strohfeuer, es wurde aber eine glückliche Ehe, die erst nach über dreißig Jahren mit Ernas Tod endete.

Sosehr Roth als guter Freund anderen zu ihrem Glück verhalf oder ihnen durch Geselligkeit das Leben erleichterte – manchmal unterhielt er ganze Gesellschaften in den Cafés bis spät in die Nacht, und es gab regelmäßige Gäste, die ihn fast täglich dort aufsuchten –, so schwer war doch sein eigenes Schicksal. Er hatte nur wenige Jahre Zeiten unbeschwerter Unabhängigkeit gekannt, in denen er die Verehrung und Bewunderung vieler Frauen genoß. Die vielen Reisen, die er für seine Berichte unternahm, die häufige Abwechslung, die er sich gönnte, konnten nicht über seine Einsamkeit hinwegtäuschen. Roth war und blieb ein Außenseiter und konnte die Nähe anderer Menschen auf Dauer kaum ertragen. Deshalb hatte er lange gezögert, seine Wiener Verlobte, die schöne Friederike Reichler, zu heiraten. Friedl, die wie er aus Galizien stammte, war in Wien aufgewachsen. Dort hatte er sie auch kennengelernt. Doch als er nach Berlin ging, ließ er sie zurück und erhielt den Kontakt nur mit Briefen und gelegentlichen Besuchen aufrecht. Nur zögernd entschied er sich für diese Heirat und tat diesen Schritt erst, als er erfuhr, daß Friedl von ihren Eltern mit einem anderen verheiratet werden sollte. Roth fuhr sogleich nach Wien, und dort wurde das Paar am 5. März 1922 nach jüdisch-orthodoxem Ritual getraut. Zumindest nach außen hin waren nun seine unabhängige Existenz und sein unsteter Lebenswandel zu Ende. Als er mit Friedl nach Berlin kam, zogen sie zuerst in die Mommsenstraße zu Alfred Beierle und schließlich in eine eigene Wohnung in Schöneberg, die einzige, die sie je besitzen sollten. Die Menschen in seiner Umgebung waren überrascht, daß Roth nicht mehr im Hotel lebte. »Für kurze Zeit hatte er einmal eine Wohnung gemietet, und ich sah ihn in dem düsteren, riesigen Berliner Zimmer, die Hände in den Manteltaschen, wie in einem Wartesaal auf- und abgehen, als lauere er auf das Abfahrtszeichen seines Zuges«, erzählte der Verleger Gustav Kiepenheuer. Das Ehepaar Roth war eng mit dem linksintellektuellen Wiener Journalisten Bruno Frei, der Roth später an dessen Grab seinen Weggenossen nannte, und dessen Frau befreundet; sie trafen einander oft. Friedl Roth galt als besondere Schönheit, und Roth liebte sie offenbar sehr. In der ersten Zeit nahm er sie oft in die Berliner Gesellschaft mit, überwachte sie allerdings zugleich eifersüchtig, und gelegentlich kam es öffentlich zum Eklat. Eines Abends warf er ihr auf einer Gesellschaft vor, sie habe mit dem slawischen Geiger der Musikkapelle geschlafen. Doch machte er sich dadurch nur selbst lächerlich. Vermutlich war die kleine Affäre eher harmlos im Vergleich zu Roths eigenen Seitensprüngen. Eine Zeitlang schien ihre Ehe dennoch recht glücklich. Friedl half ihm bei der Arbeit, indem sie seine Manuskripte zur Zeitung brachte und die Honorare kassierte. Doch schon bald arbeitete Roth nicht mehr zu Hause, sondern wie gewohnt im Café. Hier nahm er auch sein unkonventionelles gesellschaftliches Leben wieder auf. Oft holte seine Frau ihn abends ab, nachdem er viele Stunden geschrieben hatte. Roth machte ihr das Leben nicht leicht und ließ sie viel allein. Jahre später, als ihre schwere psychische Krankheit ausbrach, fühlte er sich deswegen schuldig, und selbst als die Ärzte ihm attestierten, daß das Leiden genetische Ursachen habe, tat er weiterhin alles, um Friedl zu helfen, als wolle er sich von einer »Schuld« befreien. Er gab Unsummen für ihre Behandlung und Unterbringung aus, aber alle Bemühungen waren vergeblich. Mit der Erkrankung seiner Frau wurde er erneut heimatlos, und als er sie 1928 für immer in eine Anstalt bringen mußte, war seine Einsamkeit größer denn je. Hatte er schon in seiner Jugend gern Alkohol genossen, so nahm er jetzt immer mehr Zuflucht zu ihm.

Schon im September 1922 hatte Roth seine Arbeit beim *Berliner Börsen Courier* gekündigt, angeblich weil er sich nicht genug anerkannt fühlte und ihm die verlangte Gehaltserhöhung nicht bewilligt wurde. Da sich außerdem die österreichische Währung früher stabilisiert hatte als die deutsche und er bereits erste Pläne für einen Roman entworfen hatte, ging er mit Friedl nach Wien zurück und verdiente sein Brot mit Beiträgen für Wiener Zeitungen und das *Prager Tageblatt*. Noch war er nicht der berühmte Schriftsteller, der von seinen Romanen bestens leben konnte.

Bereits im Januar 1923 wurde Roth Mitarbeiter in der Berliner Redaktion der renommierten *Frankfurter Zeitung* und kehrte in die deutsche Hauptstadt zurück. Nun begann eine äußerst produktive Zeit. Im Jahr 1923 schrieb er vierzehn Beiträge für die *FZ*, 1924 sogar fünfundsechzig. Zugleich arbeitete er an seinem ersten Roman *Hotel Savoy*.

Hatte sich bereits 1920 und 1921 mit dem Kapp-Putsch und dem Mord an Walter Rathenau – über den Rathenau-Prozeß in Leipzig berichtete Roth ausführlich – rechter Terror manifestiert, so wurde Roth nun immer häufiger mit ihm konfrontiert. »Es fehlt in Deutschland an einem regulierenden Bewußtsein«, lautet ein Satz, mit dem er einen Bericht über betrunkene Gymnasiasten, welche die deutsche »Judenrepublik« beschimpften, beendete. Frühzeitig erkannte er die braune Gefahr und die mangelnde Gegenwehr der deutschen Demokraten. Der Antisemitismus, der immer weitere Kreise zog, empörte ihn. Als Albert Einstein 1920 anläßlich eines Vortrags von Berliner Studenten angepöbelt wurde, schrieb Roth: »Die deutschen Berliner Studenten riefen einem der größten Männer des Jahrhunderts, der zwar nur das Pech hat, ein Jude, aber das Unglück, ein deutscher Professor zu sein – sie riefen ihm das Wort Jud! zu. Dadurch widerlegten sie zwar nicht Einsteins Größe, wohl aber sein Recht vor deutschen Studenten vorzutragen.«

Als 1922 das Verbot der nationalsozialistischen Sturmtruppen aufgehoben wurde, standen Roth die künftigen Ereignisse klar vor Augen. In der Berliner Kneipe *Mampe-Stube* sagte er seinem Vetter Edmund Grubel: »Es ist Zeit wegzugehen. Sie werden unsere Bücher verbrennen und uns damit meinen. Wenn einer jetzt Wassermann heißt, oder Döblin oder Roth, darf er nicht länger abwarten. Wir müssen fort, damit es nur Bücher sind, die in Brand gesteckt werden.« Elf Jahre später, beim Machtantritt der Nationalsozialisten, sollte sich erweisen, daß er mehr gesehen hatte, als viele andere erkannten oder erkennen wollten. Während des Hitler-Prozesses im März 1924 warnte er früher als viele andere vor der Gefahr, die von Hitler ausging. Anläßlich des Todes von Friedrich Ebert 1925 schrieb er über Berlin: »Diese Stadt, in ihrer Hast herzlos, nüchtern durch ihren deutlichen Drang zur Zweckmäßigkeit und dort, wo sie gefühlvoll zu sein versucht, so oft an der Peripherie des Kitsches – diese Stadt bekam für einen Tag ein schmerzliches und sogar tragisches Antlitz.« Die Wahl Hindenburgs zum neuen Präsidenten des Deutschen Reiches erschreckte Roth. Er nahm sie zum Anlaß, die Berliner Redaktion der *FZ* zu verlassen, nach Paris zu gehen und sich dort vor allem dem Schreiben von Romanen zu widmen. Doch kehrte er immer wieder auf zahlreichen Reisen nach Deutschland zurück und blieb ein aufmerksamer Beobachter der politischen Verhältnisse. Daß er die Auswirkungen des Nationalsozialismus schon so früh erkannte, brachte ihm den Namen »Unglücksprophet« ein; doch was er befürchtete, stürzte ihn in tiefe Verzweiflung. »Er hat das Unglück erlitten, bevor es geschah«, sagte der Verleger und Freund Roths, Max Tau.

Roth versank dennoch nicht in Apathie, sondern äußerte sich immer wieder in deutlichen, warnenden Worten zu der Bedrohung von rechts. »Wenn das kommt, bedeutet es nicht nur für Deutschland, sondern für ganz Europa das Verderben«, schrieb Roth 1930. Für ihn stand fest, daß der Nationalsozialismus das Ende der europäischen Kultur bedeuten würde. Als er 1930 über braune Umtriebe im Harz berichtete, die pogromähnliche Formen annahmen, sprach er zum ersten Mal von »wir Juden«, solidarisierte sich mit seinen Glaubensgenossen und entwarf den Plan eines Bündnisses zwischen Vatikan und Juden, das den Vormarsch der Nationalsozialisten aufhalten sollte. Vom Kommunismus versprach er sich keine Hilfe, er schätzte ihn als ebenso gefährlich ein wie den Faschismus. Roth war, wie Freunde von ihm sagten, ein »pathologischer« Antikommunist. Seine Hinwendung zum Katholizismus und zur Monarchie, die bei einem so scharfsinnigen, modernen und sozial aufgeschlossenen Beobachter überraschen mag, ist auch dadurch zu erklären, daß er sich von der Wiederherstellung der k. u. k. Monarchie ein wirksames Mittel gegen den braunen Terror versprach. Er verherrlichte die Person Kaiser Franz Josephs, für Roth möglicherweise ein Vaterersatz, und sah im alten Österreich, in dem so viele verschiedene Gruppen nebeneinander existiert hatten, ein Gegengewicht gegen die vom Faschismus drohende Ausrottung einer Gruppe durch eine andere. Dabei vergaß er die Schwächen der Habsburger Monarchie, die er früher klar erkannt hatte. Sein Traum zerbrach 1938 mit dem Anschluß Österreichs. Niemand unter Roths Freunden und Kollegen hatte ihn je geteilt, seine Ideen hielten sie für Don-Quichotterie. Nach 1938 sah Roth keinen Ausweg mehr, den NS-Terror zu verhindern, und fiel in tiefe Resignation und Verzweiflung. Sein Alkoholismus nahm immer mehr zu, und 1939, noch vor Ausbruch des Krieges, wurde er Opfer seiner Sucht.

Nach Friedls Unterbringung in einer Heilanstalt erlebte Roth noch eine große Liebe mit Andrea Manga Bell, die in einer Villa am Stölpchensee im Süden Berlins lebte und von Roths erotischer Ausstrahlung fasziniert war. Sie war Tochter eines Kubaners und einer Hamburgerin, war mit dem Sohn eines von den Deutschen in der ehemaligen Kolonie Kamerun hingerichteten Negerfürsten, der in Hamburg Medizin studierte, verheiratet. Als ihr Mann nach Afrika zurückkehrte, blieb sie mit ihren beiden Kindern in Berlin und arbeitete als Redakteurin einer Kunstzeitschrift. Roth zog zu ihr und ihren Kindern, aber bald mußten sie Berlin verlassen und gingen gemeinsam ins Exil. Roth sorgte für ihren Unterhalt. Nach fünf Jahren zerbrach ihre Beziehung, da Roth sich zu sehr eingeengt fühlte. Er klagte über Weihnachtsfeiern mit »deutschen Tannenbäumen und arischem Sentiment«, sehnte sich nach Freiheit und Unabhängigkeit. Daß er nach der Trennung nicht weiter für Manga Bell sorgte, plagte sein Gewissen, aber seine Mittel waren inzwischen knapp geworden. Roth lebte und reiste nun gemeinsam mit der jungen Schriftstellerin Irmgard Keun, die ebenfalls ins Exil gegangen war und in ihm einen interessanten Gefährten fand, mit dem sie sich über ihre schriftstellerische Arbeit austauschen konnte. Ende 1937 trennte sich Irmgard Keun von Roth, da sie das Zusammenleben mit dem schweren Alkoholiker als äußerst belastend empfand, und ging mit einem französischen Marineoffizier nach Nizza.

Von der Stadt Berlin, zu der Roth ein so gespaltenes Verhältnis hatte, und ihren Menschen hat er zahlreiche denkwürdige Bilder gezeichnet, die nicht nur durch ihre klare und präzise Sprache, sondern auch durch ihre Themen noch heute modern wirken und viele Phänomene unserer Gegenwart zu beschreiben scheinen. In seiner immer neuen Auseinandersetzung mit der Moderne und der Technik verfaßte er das berühmte *Bekenntnis zum Gleisdreieck*, das verrät, wie sehr ihn diese gigantische Verkehrsmaschinerie faszinierte; zugleich aber sah er darin die furchterregende Vision einer immer stärker mechanisierten, inhumanen Welt. Schon 1924 schrieb Roth diesen Text, der sich zehn Jahre später als Kritik an der modernen, durchorganisierten Form des Terrors im 20. Jahrhundert lesen läßt. Inmitten des modernen Lebens suchte Roth immer wieder nach dem Prinzip des Humanen, doch räumte seine pessimistische Vision von der Zukunft diesem nur wenig Chancen ein: »So ein Gleisdreieck von machtvollen Dimensionen wird die zukünftige Welt sein. Deshalb ist alles Menschliche in diesem metallenen Bereich klein und schwächlich und verloren, reduziert auf die ihm angemessene Bedeutung eines bescheidenen Mittels zu stolzem Zweck . . . da wandelt ein uniformierter Mann mitten zwischen den verwirrenden Systemen der Geleise, winzig ist der Mensch in diesem Zusammenhang, nur wichtig als Mechanismus . . . In dieser Welt gilt jede menschliche Ausdrucksmöglichkeit weniger als die mechanische Zeichengebung . . .«

Roths aufrechte Geisteshaltung ging so weit, daß er auch persönliche Konsequenzen zog, wenn das Prinzip des Humanen verletzt wurde. So brach er während der Emigration mit all jenen, die in Deutschland blieben und sich mit dem Hitlerregime arrangierten. Auch seine Kollegen von der *Frankfurter Zeitung*, denen er ihr Mitläufertum nicht verzieh und denen er »Mangel an menschlicher Substanz« vorwarf, verschonte er nicht mit seiner Kritik.

Das Berlin der zwanziger und dreißiger Jahre verdankt Joseph Roth, dessen Leben im Exil so einsam und verzweifelt endete, eines der vielfältigsten, scharfsinnigsten und lebendigsten Porträts dieser Zeit. Wer seine Texte heute liest, wird vieles wiedererkennen, was immer noch oder wieder das Leben dieser Stadt entscheidend prägt.

»Väterchen«

Ernst Rowohlt

Seine Autoren bildeten eine Familie und nannten ihn spöttisch-zärtlich »Väterchen«. Dies hatte einen guten Grund. Wenn zu seiner Zeit ein junger, unbekannter Autor ein Buch herausbringen wollte, war nicht gleich die erste, alles entscheidende Frage, ob dem Buch ein schneller Erfolg auf dem Markt sicher sei, wie es heute zumeist der Fall ist. Ernst Rowohlt (1887–1960) gehörte zu den – heute beinahe ausgestorbenen – Verlegern, die wußten, daß nicht jeder Schriftsteller auf Anhieb ein Erfolgsautor ist, daß es manchmal einiger Zeit und Zuwendung bedarf, bis sich die Werke talentierter Schreiber auf dem Markt durchsetzen, und er hatte den Mut, mit einem Buch ein Risiko einzugehen. Oft genug stellte sich dann der Erfolg fast wie von selbst ein. In der Zeit vor und zwischen den Kriegen war es den Verlegern wichtig, daß ihre Autoren Persönlichkeiten waren, dann traute man ihnen auch das Schreiben zu. Die Frage nach Garantiesummen, Tantiemen, Auflagenhöhe stand an zweiter Stelle. Ernst Rowohlt interessierte sich für das, was in den Büchern stand, er kannte die Stoffe, war für eine Vielzahl von Themen aufgeschlossen und wußte, daß Schreiben eine Kunst ist, für die man hin und wieder einen Mentor braucht. Dabei war er kein weltfremder Träumer, sondern ein origineller Kopf, dessen kluge Ideen den Büchern seiner Autoren oft zum Durchbruch verhalfen. Die Dynamik seiner Persönlichkeit, sein Humor und seine Lebenslust haben seine Mitarbeiter beflügelt, seine Autoren motiviert und seinen Verlag – genaugenommen waren es drei – über Jahrzehnte am Leben gehalten und zu immer neuer Blüte geführt.

Ernst Rowohlt war ein Mensch, der nicht nur mit beiden Beinen im Leben stand, sondern mit Leib und Seele an allem, was es zu bieten hatte, tatkräftig teilnahm. Er brachte es zu drei Kindern und heiratete viermal. Sein erster Sohn Heinrich-Maria Ledig stammte aus der Verbindung mit der Schauspielerin Maria Ledig, die es vorzog, Ernst Rowohlt nicht zu heiraten. Heinrich-Maria wuchs bei der Mutter auf und erfuhr erst, nachdem er schon in Rowohlts Verlag eingetreten war, daß er der Sohn des Verlegers war. Seiner Vorliebe für Schauspielerinnen blieb Ernst Rowohlt im allgemeinen treu. 1912 heiratete er die Schauspielerin Emmy Reye, doch war die Ehe ein recht kurzes Abenteuer. 1921 vermählte er sich mit der lebenslustigen Lettin Hilda Pangust, die keine Künstlerin war, innerhalb von Rowohlts Freundeskreis als Außenseiterin galt und deshalb von manchen »Steppenwolf« genannt wurde. In dritter Ehe vermählte er sich mit Elli Engelhardt, der Tochter deutschbrasilianischer Viehzüchter, genannt »die Brasilianerin«, die durch Heirat mit einem Berliner Industriellen nach Europa gekommen war. 1930 wurde sie Mutter von Rowohlts einziger Tochter Anna Elisabeth, genannt »Baby«. Diese Ehe ging während des Krieges in die Brüche, da Rowohlt Ellis Abhängigkeit von ihrer Familie plagte. In den vierziger Jahren heiratete Rowohlt zum vierten Mal, diesmal wieder eine Schauspielerin, Maria Pierenkämpfer, die Mutter seines Sohnes Harry, der im Krieg, im März 1945, geboren wurde.

Als Rowohlt 1913 nach Berlin kam, hatte er sich schon in Leipzig erfolgreich als Verleger betätigt. Als sich jedoch 1912 sein Teilhaber und Geldgeber Kurt Wolff von ihm trennte, verkaufte er ihm den Verlag für 15 000 Mark und verlor wichtige Autoren, darunter Johannes R. Becher, Max Brod, Georg Heym, Franz Kafka, Arnold Zweig. Auch sein Verlagsname war im Kaufvertrag für drei Jahre gesperrt worden. Rowohlt aber war Optimist, und so beschloß er, in Berlin zunächst in einem anderen Verlagshaus zu arbeiten. Der damals schon berühmte Samuel Fischer, bei dem Autoren wie Gerhart Hauptmann, Henrik Ibsen, August Strindberg und Thomas Mann erschienen, hatte Interesse an einer Mitarbeit Ernst Rowohlts und machte ihn nach einer kurzen Feuertaufe – Rowohlt mußte einige Wochen lang Fischers Markthelfer kontrollieren und ihnen zu diesem Zweck auf der Straße nachgehen – zum Prokuristen. Er war nun als Werbechef (damals Propagandaleiter genannt) tätig und für die Herstellung zuständig. Er stattete die Novelle *Tod in Venedig* von Thomas Mann aus, und daraus wurde ein besonders schöner Band. Den Verleger Samuel Fischer verehrte Rowohlt sehr.

Sein Privatleben ließ Rowohlt bei aller Arbeit nicht zu kurz kommen. Um diese Zeit fand am Kurfürstendamm gerade eine Kunstausstellung der Sezessionisten statt, an der Lovis Corinth und Max Liebermann teilnahmen. Wilhelm II. verunglimpfte ihre Werke als Rinnsteinkunst, wie er es auch später im Zusammenhang mit der *Brücke* und dem *Blauen Reiter* tat. Ein Soldat, der die Ausstellung besuchen wollte, tat dies besser in Zivilkleidung. Rowohlt war von der neuen Kunstrichtung begeistert und wählte sogar sein Domizil in Charlottenburg in der Nähe des Ausstellungsortes. Seine Frau Emmy war kaum zu Hause und führte ein unabhängiges Leben, aber auch er selbst verbrachte die Tage im Verlag und die Nächte im Café. Erst eine Stunde bevor morgens seine Haushälterin eintraf, kam er selbst nach Hause. Sie weckte ihn mit Tee und der Zeitung, und er stürzte sich dann in ein kaltes Bad. Rowohlt kam mit wenig Schlaf aus und war immer früh im Verlag. Seine gesamte Wohnung war reichlich mit Chaiselongues ausgestattet, die er en gros besonders günstig erstanden hatte und auf denen er gern auch in Gesellschaft zu liegen pflegte. Sein Freund, der Wiener Journalist Stefan Großmann, der Feuilletonredakteur der *Vossischen Zeitung* war, erzählt: »Dann und wann begegnete ich dem blonden, jungen Mann. Meistens in leicht verwundetem Zustand. Mit Schrammen und frischen Narben an der Stirn und auf den Wangen. Selten einmal war er unversehrt ... Er wohnte damals am Lietzensee und verlobte sich meistens. In seiner Wohnung, die parterre gelegen und durchs Fenster zu betreten war, standen mehrere Ottomanen. Manchmal hat er sich auf jeder Ottomane an einem Abend zwei- oder dreimal verlobt. Am schlimmsten war der Revolutionsball 1914, der Wilhelm II. so peinlich war. Am Morgen dieses Balls kam der rotblonde junge Mann mit zwei Damen auf mich zu und erklärte mit der unbeirrbaren Bestimmtheit, die ihn auszeichnet: ›Ich habe mich verlobt!‹

›Rowohlt‹, erwiderte ich mit jener väterlichen Ruhe, die mich auszeichnet, ›jetzt ist es aber genug. Du hast dich heute schon viermal verlobt.‹«

Rowohlt war ein begeisterter Kaffeehausbesucher und hielt sich oft im *Café des Westens* auf, dem sogenannten *Café Größenwahn*, in dem auch Herwarth Walden und Else Lasker-Schüler verkehrten. Aufsehen erregte er unter anderem durch die Kunst des Glasfressens. Niemand verstand es wie er, in ein Glas zu beißen, es mit knirschendem, mahlendem Geräusch ganz zu zerkauen und dann zu schlucken. Auf einem Festessen griff er, den Erwartungen der Anwesenden entsprechend, nach einem feinen Champagnerglas, biß ein Stück heraus und zerkaute es. Plötzlich ahmte ihn zu seinem größten Erstaunen sein Gegenüber nach. Es herrschte gespannte Erwartung, wie Rowohlt mit dem ungewohnten Herausforderer wohl umgehen würde. Mit lauten Knirschgeräuschen bearbeiteten beide Herren ihre Glasstücke und schluckten wacker das feinzerkaute Glas. Sonst war es ganz still im Raum, und alle beobachteten den Wettkampf der Glasfresser. Als der andere den Kelch abgefressen hatte und den Stiel auf den Tisch stellte, griff Rowohlt danach und sagte: »Und das lassen Sie stehen, Mensch? Das ist doch das Beste!«

Während seiner Zeit bei S. Fischer lernte Rowohlt neben vielen anderen auch Walther Rathenau kennen, der damals schon ein bekannter Schriftsteller war und sich mit wirtschaftlichen und sozialen Problemen aus kulturkritischer und philosophischer Perspektive beschäftigte. Wenig später sollte Rathenau als Nachfolger seines Vaters Präsident der AEG werden. Rathenau war ein typischer Bildungsbürger, besaß aber zugleich Geschäftssinn und wurde damit für Rowohlt als Verleger ein wichtiges Vorbild. Rathenau machte Rowohlt auch mit Max Reinhardt, dem Direktor des Deutschen Theaters, bekannt. Oft speisten sie gemeinsam bei *Hiller* Unter den Linden oder bei *Borchardt* in der Französischen Straße, wo auch der Kronprinz zu frühstükken pflegte.

Länger als ein Jahr blieb Rowohlt nicht beim Fischer-Verlag, obwohl Samuel Fischer ihn gern zu seinem Nachfolger gemacht hätte. Der Konflikt der Generationen machte sich zu sehr bemerkbar. So konnten sie sich zum Beispiel nicht in Fragen der Buchwerbung, die für Rowohlt eine wichtige Rolle spielte, einigen, auch tat Fischer Rowohlts Ideen oft als Träumereien ab. Rowohlt erkannte, daß er bei Samuel Fischer nie frei würde arbeiten können, da dieser eine zu große Konkurrenz in ihm sah. Da stürzte er sich lieber in ein neues Abenteuer, bis er nach Ablauf der Dreijahresfrist wieder seinen eigenen Verlag eröffnen konnte. Zu einem echten Zerwürfnis zwischen Fischer und Rowohlt kam es nicht, und nach einigen Monaten der Mißstimmung wurden sie beste Freunde.

Für ein Jahr, vom Herbst 1913 bis August 1914, leitete Ernst Rowohlt den Hyperion-Verlag. Hier lernte er den Lyriker Paul Mayer kennen, der später sein Lektor wurde. Mayer hatte eine Lyriksammlung mit dem Titel *Masken und Martern* eingesandt, Rowohlt hatte ihm ein Telegramm mit dem Wortlaut geschickt: »Bin hingerissen. Stop. Vertrag folgt. Stop. Für Hyperion-Verlag. Stop. Rowohlt.« Als Paul Mayer im Dezember 1912 seinen neuen Verlag am Landwehrkanal nahe der Möckernbrücke besuchte, betrat er einen Raum voll blauer Rauchwolken. Rowohlt und Dr. Schröder, der Inhaber des Hyperion-Verlags, empfingen ihn in bester Stimmung. Vor ihnen standen zwölf Flaschen Wein, von denen sie bereits sechs getrunken hatten. Man unterhielt sich in bestem Einvernehmen über tausend Dinge und schließlich auch über die Ausstattung des Buches, das dann im folgenden Frühjahr erschien. »Es ist das beste Pferd aus der Frühjahrsproduktion, und dabei ist es doch ein Lyrikbuch«, sagte Rowohlt jedesmal, wenn er Paul Mayer irgendwo begegnete. Mayer fühlte sich daraufhin zwar aufgemuntert, hatte aber den Eindruck, daß auch Rowohlt selbst Ermutigung brauchte.

Im Sommer 1914 wurde Rowohlts Verlagsarbeit bei Hyperion jäh unterbochen. Dabei war es ein besonders schöner Sommer, niemand ahnte etwas von dem bevorstehenden Krieg. Die Olympiade von 1916 sollte in Berlin stattfinden, und die ersten Sportstätten wurden fertiggestellt. Besonders reizvoll war die Wassersportanlage in Grünau. Die Bäder an Wannsee und Müggelsee standen beiden Geschlechtern offen – für damalige Zeiten eine Sensation. Gern besuchten die Menschen die Grunewaldbahn, das westliche Pendant zur Pferderennbahn in Hoppegarten. Hier zeigten sich der Kronprinz und die Prinzessin, Gardeoffiziere und Diplomaten, hier begegneten sich der Hof und das Volk. Massensportarten wie Fußball spielten damals noch eine unbedeutende Rolle und fanden weit draußen in den Vororten statt, Pferderennen waren der attraktivste Sport. Der damaligen Mode folgend trugen die Männer »Kreissägen«, blaue Jacketts und weiße Hosen, die Damen wadenlange Kleider, Hüte und aufgestecktes Haar. Nur ganz wenige schnitten sich die Haare kurz wie Claire Waldorff, was aber als blaustrumpfig und allzu »emanzipiert« galt. Die Menschen amüsierten sich, die Theater florierten, die soziale Not hielt sich noch in Grenzen, wenn auch schon damals in den Obdachlosenasylen der Stadt dreitausend Menschen übernachteten. Dreißig Theater, drei große Varietés, zehn Rummelplätze boten den Berlinern ausreichend Unterhaltung. Mit Ausbruch des Ersten Weltkriegs mitten in diesem idyllischen Sommer ging die farbenfrohe Welt unter.

Nach der Kriegserklärung wurde auf den Straßen die Mobilmachung verkündet, der Kaiser hielt vom Balkon des Schlosses eine Rede an sein Volk. Rowohlt, der die Rede im Lustgarten gemeinsam mit Schröder anhörte, war einer von vielen jungen Kriegsbegeisterten, die sich freiwillig meldeten. Nur nach heftigem Widerstand der Truppenärzte und durch Fürsprache Dritter wurde der Bewerber in das König. Sächs. Artillerie-Regiment, das Lieblingsregiment der Leipziger Buchhändler, aufgenommen. Was Rowohlt am Krieg gefiel, war das Abenteuer: »Das militärische Leben gefiel mir, besonders wenn es eine große Schlacht gab. Man lebte in einer besonders angespannten Erwartung und oft in einer gehobenen Stimmung, die durch den Alkohol noch erhöht wurde«, bekannte er nach Ende des Krieges. Dabei war er sich über die Aussichtslosigkeit der Kampfhandlungen schon bald nach Kriegsbeginn im klaren. Silvester 1914/15 verbrachte er auf Urlaub im Hotel *Elephant* in Weimar mit Martin Buber, den Lyrikern Walter Hasenclever und Paul Zech und anderen Autoren. Hier war er in seinem Element, und so wurde ihm der Krieg danach recht lang, und er sehnte sich nach seinem Verlegerdasein. Noch hatte er beinahe drei Kriegsjahre vor sich. In Frankfurt an der Oder wurde er zum Flieger ausgebildet. Eines Tages legte er sich beim Aufstieg einer Maschine auf die Tragfläche, anstatt sich neben den Piloten zu setzen, eine waghalsige Aktion, an der zu erkennen ist, wie gleichgültig ihm alles geworden und daß seine anfängliche Begeisterung in Resignation umgeschlagen war.

Im November 1918 kehrte Rowohlt so gut wie mittellos nach Berlin zurück. Seine Wohnung hatte er aufgegeben, seine Bibliothek verkauft, um Spielschulden zu bezahlen. Er zog in das billige Hotel Koschel in der Motzstraße, die Miete bezahlten seine Freunde Stefan Großmann und Walter Hasenclever für ihn.

Auch seine Arbeitsstelle war verschwunden. Schröder hatte inzwischen den Hyperion-Verlag an Kurt Wolff verkauft. Da die Sperrfrist für den Verlagsnamen Rowohlt abgelaufen war, gründete Rowohlt nun seinen Verlag erneut. Diesmal waren dem Unternehmen zwanzig Jahre Dauer beschieden. Rowohlt fand glücklicherweise bald einen Mäzen, Hans Thieme, der aus einer berühmten Leipziger Verlegerfamilie stammte und aus freien Stücken den Rowohlt Verlag mit einer Viertelmillion unterstützte. Er ermutigte Rowohlt und sagte ihm baldige Gewinne voraus. Auch der Inhaber zahlreicher Bahnhofsbuchhandlungen in Sachsen, Kommerzienrat Bettenhausen, beteiligte sich mit einer Summe von 60 000 Mark am Verlag.

Im Februar 1919 zog der Verlag in das Eckhaus an der Potsdamer Brücke, gleich am Landwehrkanal. Auch Rowohlts Wohnung befand sich hier. Das neue Haus wurde mit einem rauschenden Fest eingeweiht.

Als Lektor stellte Rowohlt Paul Mayer ein, außerdem die

Sekretärin Ploschitzky. Beide waren jüdischer Abstammung, aber dem kam damals keinerlei Bedeutung zu.

Seit der Arbeit bei Hyperion war eine neue Zeit angebrochen. Deutschland war zur Republik geworden. Rowohlt wollte mit seinem Programm die neue Entwicklung kritisch begleiten. Er hatte die Revolution und den Sturz des Kaisers mit einiger Skepsis gegenüber dem Dilettantismus der Revolutionäre erlebt und ließ nun eine Reihe von Flugschriften mit dem Titel *Umsturz und Aufbau* zu Fragen der Zeit erscheinen. Kurt Pinthus, ein hervorragender Lyrikkenner, mit dem Rowohlt schon in seinem ersten Verlag in Leipzig seit 1909 zusammengearbeitet hatte, hatte ihm nicht nur den Mäzen Bettenhausen vermittelt, sondern steuerte auch kreative Ideen zum neuen Verlagsprogramm bei. 1920 erschien *Menschheitsdämmerung*, eine von Pinthus herausgegebene Gedichtsammlung, die einem großen Leserkreis expressionistische Lyrik vermitteln sollte. Das Buch erlebte vier Auflagen und wurde zwanzigtausendmal verkauft. Ein weiteres wichtiges Projekt rief Rowohlt zusammen mit Stefan Großmann ins Leben, der zu diesem Zweck seine Stelle als Redakteur bei der *Vossischen Zeitung* aufgab. Sie gründeten die Zeitschrift *Tagebuch*, deren erstes Heft im Januar 1920 erschien. Die Zeitschrift war überparteilich, richtete sich an ein deutsches Publikum, kümmerte sich aber auch um die Belange Europas und Amerikas. Sie enthielt Reportagen, Kommentare und Glossen, informierte über politische und kulturelle Vorgänge, wollte ihre Leser in die Lage versetzen, selbst kritisch und eigenständig zu urteilen. Mitarbeiter waren neben vielen anderen Hugo v. Hofmannsthal, Walter Hasenclever, Richard Dehmel, Walther Rathenau und Josef Roth.

Nährboden von Rowohlts Verlagsarbeit war wie bereits vor dem Krieg die Begegnung mit Intellektuellen und Künstlern in Cafés, Kneipen und Salons. Das *Café des We-*

stens existierte nicht mehr, das *Romanische Café* an der Gedächtniskirche hatte seine Nachfolge angetreten, und die Berliner Boheme kam nun hier zusammen. Rowohlts gesellschaftliche Kontakte reichten jedoch weiter. Er beschränkte sich nicht auf die Kreise der Kulturschaffenden, sondern traf sich auch mit anderen Berufsgruppen wie Rechtsanwälten und Ärzten, besonders am berühmten Stammtisch im Brauhaus *Pschorr.* Eine zentrale Figur dieser Runde war Dr. Carl Ludwig Schleich, ein Pionier der medizinischen Forschung. Schleich war der Erfinder der Lokalanästhesie, hatte aber eine bittere Niederlage erlitten, als er seine Erfindung 1892 in Berlin vor dem Chirurgenkongreß vorführte. Er wurde ausgelacht, obwohl er aus jahrelanger Praxis über schmerzlose Operationen mit örtlicher Betäubung berichtete. Er hatte Knochenbehandlungen, sogar Schädeltrepanationen vorgenommen, bauchchirurgische Eingriffe und Operationen verschiedenster Art durchgefürt. Zahlreiche ausländische Kollegen hatten bei ihm gelernt. Nur hatte er nie darüber publiziert, sondern im stillen agiert und stieß nun bei den Kollegen auf taube Ohren.

Rowohlt freundete sich mit Schleich an und war von seiner Lebensgeschichte fasziniert. Um ihn als Memoirenautor zu gewinnen, veröffentlichte er regelmäßig kleinere Artikel von ihm in seinen Zeitschriften, und als er dem Chirurgen vorschlug, seine Erinnerungen kapitelweise im *Tagebuch* erscheinen zu lassen und sie ihm, wenn sie als Buch veröffentlicht würden, noch einmal zu honorieren, willigte Schleich ein, nicht zuletzt, weil er sich ständig in Geldschwierigkeiten befand. *Besonnte Vergangenheit. Lebenserinnerungen 1859–1919* erschien 1921, wurde Rowohlts erster Bestseller und erreichte eine Millionenauflage – für den Autor eine Genugtuung nach seiner tiefen Demütigung durch den Chirurgenkongreß, für den Verleger die Rettung in Zeiten der Inflation.

Im Jahr 1922 gelang Rowohlt wieder ein Bestseller, diesmal in einem gänzlich anderen, dem humoristischen Genre. Leo Slezak war Sänger an der Wiener Staatsoper und war von der Idee, daß ein Tenor ein Buch schreibt, angetan. Nun konnte er das Vorurteil über die Dummheit der Tenöre widerlegen. Damit er seine Schreibtischphobie überwand, stellte ihm Rowohlt eine Sekretärin zur Verfügung, die zu ihm ins Hotel kam und seine Geschichten aufschrieb. Sein erstes Buch trug den Titel *Meine sämtlichen Werke*, es wurde zu einem großen Erfolg, und ein paar Jahre schrieb er das ebenfalls gelungene Buch *Der Wortbruch*, das sich ebenso gut verkaufte. Daß Slezak zum Schriftsteller wurde, ist zum großen Teil Ernst Rowohlts Fürsorge und Phantasie zu verdanken, denn ohne die geschickt als Medium eingesetzte Sekretärin wäre Slezak nie zum Erzähler geworden.

Im Frühjahr 1921 begegnete Rowohlt einem seiner wichtigsten Autoren, Emil Ludwig, mit dem er einen neuen Buchtypus entwickelte. Ludwig war auf der Suche nach einem vernünftigen Verleger, hatte aber bisher kein Glück gehabt. Rowohlts Erscheinung auf der Buchausstellung beschreibt er so: »Ich gewahrte hinter einem kleinen Verkaufstisch in einer Ecke einen massiven blonden Menschen von etwa 30 Jahren, leicht vorgebeugt, als geniere er sich, so groß zu sein, die Arme herunterhängend wie vor einem Match; der gutmütige, etwas robbenhafte Kopf schien zunächst von Marzipan, wenn man aber näher zusah, war er schlauer, als er tat. Dieser Mann war hier der einzige Verleger, der selber den ganzen Tag an seinem Ladentisch stand, um über seine Ware Auskunft zu geben; er hatte auch seine Kommis, aber er dachte wohl, es ist besser, ich mache das selber. Das gefiel mir: Sofort entschied ich mich im Kopfe für den Mann, der sich nicht zu großartig vorkam, um seine Ware selber feilzuhalten. In der Illusion, als könnte ich mir jeden von diesen zum Teil mächtigen

Verlegern nach Gefallen aussuchen, wählte ich mir unter den Jüngsten diesen, machte mich bekannt und fragte im Tone des Käufers auf dem Markte:

›Und was haben Sie Schönes zu verkaufen?‹

Er sah mich mit seinem hellblauen Blicke an, ließ die Arme baumeln und fragte zurück:

›Nicht viel, und Sie?‹

Am nächsten Tage legte ich Rowohlt mein Projekt vor und sah, wie rasch er begriff und zugriff.«

Rowohlt hoffte, mit Emil Ludwig fortsetzen zu können, was er mit Carl Ludwig Schleich begonnen hatte, eine Reihe von Büchern über Tatsachen mit zeitgeschichtlicher Dimension. Was er damals »Tatsachenbuch« nannte, ist uns heute als Sachbuch geläufig, es war seine Erfindung. Rowohlt plante unter anderem Biographien von Figuren, die den gegenwärtigen Leser interessierten. Von Ludwig erschienen diverse Titel über Rembrandt, Shakespeare und andere Themen, 1925 gelang dann der Durchbruch mit Biographien des letzten Kaisers, *Wilhelm der Zweite*, und Napoleons, die beide internationale Anerkennung fanden; in Deutschland war besonders das Buch über Wilhelm II. erfolgreich; Napoleon wurde in verschiedene Sprachen übersetzt und erreichte im Ausland hohe Auflagen. Obwohl Ludwig extrem hohe Honorare erhielt, gelang Rowohlt mit ihm der große Durchbruch. Sein Verlag wurde nun einem breiten Publikum bekannt, das ihm wirtschaftlichen Erfolg sicherte und ihm die Möglichkeit gab, das Programm immer mehr auszuweiten. Viele der wichtigsten Autoren der zwanziger Jahre erschienen in seinem Verlag.

Seit Rowohlt als junger Mann in Paris als Volontär gearbeitet hatte, hegte er den Wunsch, in Deutschland eine erschwingliche Balzac-Ausgabe herauszubringen; er verlegte sie in 44 Bänden, die er alle neu übersetzen ließ. Dieses Unternehmen war so erfolgreich, daß sich später, wenn Fe-

Die besten Ideen hatte der Verleger Ernst Rowohlt, wenn er am wenigsten an Arbeit dachte. Einen seiner wichtigsten Autoren, Sinclair Lewis, lernte er beim Baden im Schwielowsee kennen. Über ihn erfuhr er auch von Thomas Wolfe.

ste gefeiert wurden, der Slogan »Balzac bezahlt alles« einbürgerte.

Zu den Balzac-Übersetzern gehörte auch Franz Hessel, der lange in Paris gelebt hatte und vor allem durch seine Feuilletons bekannt war. Von ihm erschienen bei Rowohlt reine Feuilleton-Bände; Sigismund von Radecki, Walther

Kiaulehn und Alfred Polgar, lauter berühmte Feuilletonisten, kamen hinzu. Solche Texte zu sammeln und als Bücher zu veröffentlichen, war eine neue, in die Zukunft weisende Idee.

Um die Literatur dem Leser näherzubringen, gründete Rowohlt eine Literaturzeitschrift, *Die literarische Welt*, die ab 1925 herauskam. Erst 1933 wurde ihr von den NS-Behörden der Garaus gemacht.

Das breite Spektrum des Rowohlt-Verlags mit seinen sehr unterschiedlichen Autoren und Buchthemen suchte seinesgleichen. Wenn die Lektoren Rowohlt ein Projekt vortrugen, fragte er gewöhnlich: »Paßt das zu mir? Dann her damit!« Und es paßte sehr oft. Wie kein anderer war Ernst Rowohlt mit seinen Autoren befreundet, und oft genug machte er wie im Fall Carl Schleicher Freunde, die gar keine Bücher schreiben wollten, zu Autoren. In den zwanziger Jahren verlegte Rowohlt an die 200 Autoren, darunter Ernest Hemingway, Sinclair Lewis und Thomas Wolfe. Von Hemingway erfuhr Rowohlt über den befreundeten Journalisten E. A. Mowrer, der 1926 zu ihm sagte: »Ich habe da einen tollen, vitalen jungen amerikanischen Schriftsteller für dich! Lies mal seinen Roman *The Sun Also Rises* – und du wirst staunen, wieviel Whisky da auf jeder Seite getrunken wird.« Rowohlt verließ sich meist auf das Urteil seiner Freunde. Und so kaufte er die Übersetzungsrechte, und schon vor allen anderen Sprachen erschien *Fiesta* auf deutsch. Den zweiten wichtigen amerikanischen Autor, Sinclair Lewis, lernte Rowohlt beim Schwimmen im Schwielowsee südlich von Potsdam kennen. 1930 erhielt er den Nobelpreis und erwähnte in seiner Rede einen jungen amerikanischen Schriftsteller, der den Preis eher verdient hätte als er selbst. Rowohlt, der die Rede gelesen hatte, fragte bei Sinclair Lewis nach, telegraphierte dem jungen Autor – es handelte sich um Thomas Wolfe – und machte ihm sogleich ein Angebot für die Rechte an all seinen Büchern. So kam auch der berühmte Entwicklungsroman *Schau heimwärts, Engel* in den Verlag.

Der bis heute bekannte und beliebte Schriftsteller Hans Fallada wäre ohne Ernst Rowohlt wohl nie zu einem Verlag gekommen. Fallada, eigentlich Rudolf Ditzen, war Sohn eines hohen Richters am Reichsgericht, aber gegen die psychischen Störungen, unter denen er litt, konnte auch seine Familie nichts ausrichten. Im Gymnasium schlug er einem Freund, einem jungen Adeligen, vor, um die Wette ein Theaterstück zu schreiben und beide Produkte einem bekannten Autor vorzulegen. Derjenige, der verlor, sollte sich umbringen. Der Freund lehnte aus religiösen Gründen den Suizid ab, und man einigte sich auf ein Duell. Es fand tatsächlich statt, Ditzen erschoß den Kameraden und versuchte, auch sich selbst zu töten. Da dies mißlang, kam er ins Gefängnis, wurde des Mordes angeklagt und wegen Unzurechnungsfähigkeit in die Psychiatrie eingewiesen. Vor dem Untergang rettete ihn seine Tante Ada, die in Rom lebte und aus der Zeitung von der Geschichte erfuhr. Sie nahm Quartier in der Nähe der Anstalt und gab ihrem Neffen Sprachunterricht in Englisch, Französisch und Italienisch. Bereits nach zwei Jahren war er ein recht guter Übersetzer und darin erfolgreicher als in seinen unscheinbaren literarischen Versuchen.

Da Ditzen in der Anstalt mit Vergnügen als Gärtner gearbeitet hatte, wurde er nach seiner Entlassung als Landwirt tätig. Zu seinem Unglück wurde er morphiumsüchtig und beschaffte sich das notwendige Geld durch Diebstahl, Betrug und Unterschlagung als Gutsinspektor. So kam er erneut ins Gefängnis. Um sich aus dem Käfig seiner eigenen Lügen zu befreien und ein neues Leben anzufangen, begann Ditzen wieder zu schreiben. Als Pseudonym legte er sich »Fallada« zu, nach dem wahrheitsliebenden Pferd aus dem Märchen *Die Gänsemagd* der Brüder Grimm.

Ernst Rowohlt publizierte zwei Romane von Fallada,

Der junge Goedeschal sowie *Anton und Gerda*. Beide zeugten von einem gewissen schriftstellerischen Talent, weshalb Rowohlt gerne mehr von Fallada gelesen hätte. Inzwischen aber war der Autor erneut ins Gefängnis gekommen, wo er längere Zeit saß. Dann landete er in einer norddeutschen Kleinstadt und wurde Adressenschreiber und Lokalredakteur bei einer Zeitung.

Nur durch Zufall begegneten Verleger und Autor einander wieder, im Sommer 1929 auf der Insel Sylt. Mit Fallada war es inzwischen bergab gegangen, und Rowohlt begriff sofort, daß er sich, sollte je wieder ein Schriftsteller aus Fallada werden, intensiv um ihn kümmern mußte. Er schlug ihm vor, die Kleinstadt zu verlassen und bei ihm in Berlin Arbeiten im Verlag zu übernehmen. Fallada folgte der Einladung und zog 1930 mit Frau und Kind in die Hauptstadt – sinnigerweise in die Nähe des Kriminalgerichts Moabit. Er arbeitete bei Rowohlt in der Presseabteilung und schrieb einen Roman über Bombenattentate norddeutscher Bauern mit dem Titel *Bauern, Bomben und Bonzen*, den Rowohlt dem Roman gab. Es war das Buch, das Rowohlt in all den Jahren von Fallada erhofft hatte. Wenig später erschien *Kleiner Mann – was nun?*, ein Titel, der international bekannt und auch verfilmt wurde. Als Rowohlt im Dezember 1931 um die Vorabdruckrechte mit der *Vossischen Zeitung* verhandelte, traf er den Verhandlungspartner im Gloria-Kino, weil sich Rowohlt dort einen Film ansehen mußte, zu dem man ihm die Buchrechte angeboten hatte. Es war kurz vor Weihnachten, und Rowohlt traf im Taxi in Begleitung Falladas und eines riesigen Tannenbaums ein. Der Mann am Einlaß wollte dem Tannenbaum keinen Zutritt gewähren. »Ich wünsche eine Loge zu vier Plätzen«, sagte Rowohlt, »drei für uns und einen für den Baum. Haben Sie etwas dagegen?«

»Wenn der Baum bezahlt, kann er natürlich in der Loge Platz nehmen«, sagte der Mann.

Der Film, den sie zu sehen bekamen, war schlecht, und so verhandelte Rowohlt schon während der Vorführung mit dem Mann von der Zeitung um die Vorabdruckrechte.

Fallada kam nun zu einigem Vermögen, kaufte sich ein Haus in Berlin und ein Domizil auf dem Land in Mecklenburg. Seine Karriere als Krimineller war zu Ende, doch war er nach wie vor von Tabak, Alkohol und Morphium abhängig. Auch hier kam ihm Rowohlt zu Hilfe und brachte ihn zu seinem Freund, dem Psychiater Burlage, der ihn in regelmäßigen Abständen in seiner Klinik wiederherstellte. Auch nach 1933 konnte Fallada drei wichtige Bücher veröffentlichen, darunter den berühmten Roman *Wer einmal aus dem Blechnapf frißt.* Im Krieg nahm seine Rauschgiftsucht zu, der Nervenarzt kam bei einem Bombenangriff um, Rowohlt befand sich im Exil, und so starb Fallada ohne ärztlichen Beistand 1947 an den Folgen seiner Sucht.

Die Gesamtauflage von Falladas Werken betrug 2414450 Exemplare.

Um seine Verlagsfamilie zusammenzuhalten – die verschiedenen Autoren verstanden sich untereinander nicht immer so gut wie Rowohlt sich mit den meisten von ihnen –, veranstaltete er viermal jährlich einen Autorenabend mit etwa hundert Gästen im Verlag. Zu diesem Zweck wurde alles beiseite geräumt, was an Arbeit erinnerte, und im Berliner Zimmer wurde ein riesiges Buffet von *Schlichter* mit bunten Salaten, mächtigen Braten und Schinken aufgebaut. Daneben stand ein riesiges Faß mit Pilsener Bier, Unmengen von Gläsern, Stapeln von Tellern. Außer den Autoren waren noch andere Gäste geladen, Maler, Bildhauer, Musiker, Journalisten, Geschäftsleute, Kollegen aus anderen Verlagen. Damen wurden nur zugelassen, wenn sie sich als besonders trinkfest erwiesen hatten. Bis Mitternacht gab es Bier und Schnaps, es wurde heftig diskutiert und gestritten, und danach trank man nach Rowohlts lautstarker Ankündigung »Ich habe da ein Möselchen!« bis zum frühen Morgen Moselwein.

An einem dieser Feste Ende der zwanziger Jahre stritten zu vorgerückter Stunde der stellvertretende Chefredakteur des *Berliner Tageblatts* Rudolf Olden, dessen Vater jüdischer Herkunft war und Oppenheimer geheißen hatte, und der aus Wien stammende Autor Arnolt Bronnen, der ebenfalls Jude war und ursprünglich Bronner geheißen hatte, heftig um Politik, und Bronnen ließ Sympathien für die Nationalsozialisten erkennen. Sie nannten sich gegenseitig »Bronner« und »Oppenheimer«. In die Auseinandersetzung wurden immer mehr alkoholbeseelte Leute hineingezogen. Rowohlt grölte laut Trinklieder, goß allen immer wieder Wein nach, bis sich die Kontrahenten wieder versöhnten.

Erst wenn es hell wurde, endeten die Feste. Dann zerrte Rowohlt alle, die noch nicht gegangen waren, aus den Sesseln, Zimmerecken und sogar aus seinem eigenen Bett und verfrachtete sie in Taxen. Solche Feiern trugen erheblich zur Konsolidierung des Verlags und zur Verbesserung der Kontakte zu Presse und Öffentlichkeit bei.

Arnolt Bronnen war ursprünglich mit Brecht befreundet gewesen, wegen Bronnens rechter Neigungen aber hatten sie sich entzweit. Bronnen war ein Freund Ernst von Salomons, der am Rathenau-Mord beteiligt gewesen war und deswegen im Zuchthaus gesessen hatte. Trotz heftiger Bedenken seiner Lektoren Franz Hessel und Paul Mayer machte Rowohlt auch Ernst von Salomon und damit einen Mitschuldigen an der Ermordung seines Freundes Rathenau 1930 zu seinem Autor. Da Salomons schriftstellerische Begabung allgemein anerkannt wurde, gehörte er bald zur Autorenfamilie. Arnolt Bronnen hingegen, dessen rechtsradikale Gesinnung immer stärker wurde, so daß er schließlich sogar mit einem SA-Sturmtrupp eine Rede von Thomas Mann im Berliner Konzertsaal störte, wurde von anderen Autoren in der Presse bekämpft, namentlich von Kurt Tucholsky, der seit 1925 einer von Rowohlts wichtigsten Autoren war.

Hier kündigte sich schon eine Entwicklung an, die in den folgenden Jahren Rowohlt und seine Mitarbeiter in große Schwierigkeiten bringen sollte.

Den Dichter Joachim Ringelnatz, der eigentlich Hans Bötticher hieß, lernte Rowohlt 1923 auf einer Ausstellung kennen, die der bekannte Berliner Kunsthändler Flechtheim von Ringelnatz' Bildern gemacht hatte. Rowohlt kaufte Ringelnatz' im impressionistischen Stil gemaltes Bild *Frühlicht*, auf dem ein Mann mit Hund am Meer zu sehen ist. Ringelnatz war vielseitig begabt und trat mit seinen Gedichten, die von den Abenteuern des Seemanns Kuttel Daddeldu berichteten, im literarischen Kabarett auf. Dem begnadeten Dichter und Schriftsteller verhalf Rowohlt dadurch zu großer Berühmtheit, daß er ihm eine besonders schön ausgestattete Edition seiner Werke gewährte, die viel Anerkennung bei Publikum und Kritik fand. Ringelnatz verließ München und zog in Berlin an den Sachsenplatz.

Manchmal erschien Ringelnatz im Verlag, ließ sich eine saure Gurke bringen, die im Delikatessengeschäft gekauft wurde, sämtliche Mitarbeiter hörten mit der Arbeit auf, und Ringelnatz packte aus einer großen Tasche alle möglichen selbstgebastelten Spielsachen aus, fliegende Fische, quakende Frösche, sprechende Puppen, schnelle Raketen, und erheiterte damit die Runde. Heute, wo in den Verlagen die Leistungen der Mitarbeiter präziser betriebswirtschaftlicher Kontrolle unterliegen, kann man sich solche Szenen kaum noch vorstellen.

Ringelnatz lebte nur vier Jahre in Berlin, denn er starb 1934 mit erst 51 Jahren. Da er nach dem Machtantritt der Nationalsozialisten im Münchner Kabarett über die Regierung gespottet hatte, durfte er nicht mehr im Kabarett auftreten und wurde in Leipzig sogar von der Bühne geholt; seine Leseabende wurden verboten.

Ein mit Ringelnatz befreundeter Gastronom, in dessen Haus neben Künstlern und Diplomaten auch der große NS-Ideologe Alfred Rosenberg verkehrte, setzte sich bei ihm für Ringelnatz ein und arrangierte ein Treffen. Nach einigem Zögern sagte Ringelnatz zu und begab sich am nächsten Abend in das Gasthaus. Als er auf Rosenberg zuging, der in einem hinteren Raum auf ihn wartete, blieb er nur wenige Schritte vor ihm stehen, sah Rosenberg ein paar Sekunden an, sagte laut und vernehmlich »nein«, wandte sich um und ging.

Zu Ringelnatz' 50. Geburtstag im August 1933 lud Rowohlt ihn mit einigen Freunden, darunter die Schauspielerin Asta Nielsen, in den Berliner *Kaiserhof* am Wilhelmplatz ein und stellte auch Bilder und Zeichnungen von ihm aus. Ringelnatz trug zum Dank Gedichte vor. Es war sein letzter öffentlicher Auftritt. Schon im folgenden Jahr wurde er auf dem Waldfriedhof unter den Klängen von *La Paloma* zu Grabe getragen.

Nach zehn erfolgreichen Verlagsjahren wurde auch Rowohlt von der Wirtschaftskrise Ende der zwanziger Jahre in Mitleidenschaft gezogen. Er geriet vor allem durch Emil Ludwig in Schwierigkeiten, der unendliche Honorarforderungen stellte und dessen letztes Werk, die Jesus-Biographie *Der Menschensohn*, ein Mißerfolg wurde. So gründete man eine Auffanggesellschaft, in der das Haus Ullstein die Mehrheit besaß. Nun besaß Ullstein ein Mitspracherecht in allen Verlagsangelegenheiten. Im allgemeinen ließ der Beauftragte die Dinge geschehen, wehrte sich aber gegen eine Veröffentlichung von Robert Musils *Mann ohne Eigenschaften*. Rowohlt hatte eine recht großzügige Unterstützung des Autors eingeplant und ihm viel Zeit zum

Schreiben gewährt. Mit schnellen Einkünften aus dem Roman war daher nicht zu rechnen.

Paul Mayer setzte sich beim Finanzdirektor für Musil ein: »Für den Rowohlt Verlag ist der *Mann ohne Eigenschaften* einfach eine Existenzfrage.«

»Bitte erklären Sie mir, warum der Verlag einen so ungeheuren Wert auf Robert Musil und auf dieses Buch legt.«

»Der Cotta-Verlag hatte seinen Goethe, und wir haben unseren Musil; wir wollen ihn einfach haben!«

Nach ein paar Tagen gab der Finanzdirektor seine Zustimmung. »Die Besessenheit, mit der Rowohlt und Sie an Ihrem Autor hängen, imponiert mir.« Heute würde jemand in so einer Position nur schwer zu solcher Einsicht kommen. Damals aber wurde das Projekt gerade durch ihn gerettet.

Musil war der einzige Autor des Rowohlt-Verlags, der höchsten literarischen Weltruhm erlangte. Der *Mann ohne Eigenschaften*, für dessen ersten Band Musil sieben Jahre brauchte, wurde nur durch Rowohlts Beharrlichkeit fertig, denn der Verleger riß dem Autor jede Seite einzeln aus den Händen. 1938 mußte Musil emigrieren, und seine Bücher wurden in Deutschland verboten. Erst nach 1952 erlebten sie eine Neuauflage.

Obwohl viele seiner Freunde in die Emigration gingen, hatte Rowohlt nie die Absicht gehabt, Deutschland zu verlassen. Er wollte seinen Verlag weiter betreiben. Eines Tages jedoch sagte er: »Wenn ich hundertfünfzig Mark im Monat sicher hätte, würde ich nur noch Hühner züchten!« Dieser resignative Satz hatte einen Grund. Tags zuvor war die Gestapo im Verlag erschienen, um den Roman *Babbitt* von Sinclair Lewis zu beschlagnahmen. Rowohlt wies die Herren darauf hin, daß die Bücher bestenfalls in der Druckerei oder bei der Auslieferung, aber nicht im Verlag zu finden seien. Außerdem sei der Roman nicht in seinem

Haus erschienen. Es gab andere Werke des Autors bei Rowohlt, *Babbitt* war jedoch erst für das folgende Jahr vorgesehen, und damit war der Kelch an Ernst Rowohlt erst einmal vorübergegangen.

Dann aber mischte sich der Staatsapparat immer mehr ein. Nun sollten die Verlagslektoren beim Propagandaministerium angemeldet werden, Paul Mayer und Franz Hessel, die beide jüdischer Herkunft waren. Außerdem brauchten sämtliche jüdischen Autoren, damit ihre Werke erscheinen durften, zwei Bürgen, als die Rowohlt und Ernst von Salomon fungierten, meistens ohne Erfolg. Die jüdischen Autoren wurden verboten. Die jetzt im Verlag eingehenden Manuskripte waren von minderer Qualität, immer mehr gute Autoren waren ins Exil gegangen.

Durch die Bekanntschaft mit einem Artilleriegeneral, dem Rowohlt im Ersten Weltkrieg positiv aufgefallen war, wurde Rowohlt auf die Idee gebracht, Militärbücher zu verlegen, die ihm das Oberkommando der Wehrmacht empfohlen hatte. Eine Weile ließen die Nazibehörden ihn deshalb in Ruhe. Als man aber 1938 die Entlassung von Paul Mayer verlangte, konnte er nichts dagegen tun, und Mayer mußte emigrieren. Franz Hessel konnte noch eine Weile weiterbeschäftigt werden, weil er an einem Projekt mitarbeitete, das vom Auswärtigen Amt gefördert wurde; er übersetzte den Roman *Die guten Willens sind* von Jules Romains. Der Autor hatte sich Hessel ausdrücklich als Übersetzer gewünscht. Hessel fuhr 1939 nach Paris und war noch dort, als der Krieg ausbrach. Nach der Besetzung durch die Deutschen 1940 sollte Hessel auf Weisung der französischen Regierung ins KZ gebracht werden. Jules Romains konnte es verhindern, und Hessel floh nach Sanary-sur-Mer in die freie Zone im Süden, wo sich viele andere deutsche Emigranten aufhielten. Hessel starb dort kurze Zeit später.

Rowohlts Geschicklichkeit im Taktieren mit den Nazibehörden fand bald ein Ende. Er galt bei den Stellen als »unbelehrbar«, da er nicht bereit war, sich rassistischen Kriterien zu unterwerfen. Ihn interessierte allein, ob seine Autoren schreiben konnten. So verlegte er noch 1933 Mascha Kalékos *Lyrisches Stenogrammheft* und 1935 einen weiteren Band, obwohl sie Jüdin war. Lange aber konnte der Verlag nicht mehr existieren, weil nur noch wenige seiner Autoren erscheinen durften. Die Reichsschrifttumskammer quälte Rowohlt zunehmend mit Repressalien, und die Schikanen häuften sich. Als 1936 ein Buch über Adalbert Stifter erschien, fragten sie bei Rowohlt an, warum Adalbert Stifter nicht Mitglied in der Kammer sei. Rowohlt erklärte ihnen daraufhin, der Dichter sei schon lange tot. Daraufhin fragten sie, warum Rowohlt nicht mitgeteilt habe, daß Urban Roedl, der Autor der Biographie, eigentlich Bruno Adler heiße und Jude sei. Rowohlt erklärte, daß er den Autor nicht persönlich, sondern nur vom Telefon her kenne. Er müsse doch an der Stimme gehört haben, daß er mit einem Juden telefonierte, hieß es daraufhin. Er antwortete mit einem scharfen: »Nein, das habe ich nicht erkannt«, und auf die Frage, warum nicht, entgegnete er: »Wahrscheinlich hatte er Kreide gefressen wie der böse Wolf.«

Mit solchen brüsken humoristischen Antworten konnte man die Nazi-Bürokraten mitunter eine Weile zum Schweigen bringen. Bald aber gab es neue Angriffe. Das antisemitische Hetzblatt *Der Stürmer* griff Leo Slezak an. Rowohlt führte einen monatelangen Streit mit den Verantwortlichen.

Zum Eklat kam es, als die Reichsschrifttumskammer die Entlassung der Sekretärin Fräulein Ploschitzky wegen ihrer jüdischen Herkunft verlangte. Rowohlt weigerte sich. Man stellte ihn vor die Wahl, die Sekretärin zu entlassen oder aus der Reichsschrifttumskammer ausgeschlossen zu werden. Rowohlt behielt die Sekretärin.

Nun konnte er in Deutschand nicht mehr sicher sein und begab sich offiziell auf Reisen, um dem Verlag nicht zu schaden. In Wahrheit aber emigrierte er mit seiner Frau Elli, der »Brasilianerin«, nach Brasilien. Sein Sohn Heinrich-Maria Ledig-Rowohlt, der schon seit längerer Zeit aktiv im Verlag tätig war, übernahm die Leitung. Die Auffanggesellschaft legte den Rowohlt Verlag mit der Deutschen Verlags-Anstalt zusammen und siedelte den Verlag nach Stuttgart um.

In Brasilien wünschte sich Rowohlt nichts sehnlicher, als möglichst bald seinen Verlag wieder zu übernehmen. Er kehrte noch während des Krieges zurück, mußte aber das Kriegsende abwarten, bis er sein drittes und letztes Unternehmen in Hamburg gründen konnte.

Wie humorvoll, kritisch und realistisch dieser »Verlagsvater« gegenüber seiner Arbeit eingestellt war, läßt sich an seinen eigenen Worten ablesen. Ende der zwanziger Jahre veröffentlichte er den kleinen Aufsatz »Fingerzeige im Umgang mit Autoren« in der Kunstzeitschrift *Querschnitt*, in dem es unter anderem heißt:

»Setz deinen Autor in einen bequemen Sessel, der niedriger ist als dein Stuhl, dann wirst du am besten mit ihm verhandeln können.

Reiche ihm etwas zu rauchen hinunter.

Setz eine leichtgefärbte Brille auf, damit er das Spiel deiner Augen nicht beobachten kann. Setz dich möglichst in den Schatten und ihn in möglichst helles Licht.

Selbstverständlich ist es, daß dich dein Schreibtisch wie ein Festungswall umgibt.

Überlaß den Autor ungehemmt seinem Redefluß, wenn er dir von seinem Manuskript oder von seinem geplanten Buch erzählt. Geht ihm der Atem aus, so fange schüchtern an zu sprechen . . .

Selbst die längste Besprechung darf nicht länger als eine halbe Stunde dauern. Davon hast du nur fünf Minuten Redezeit, in der dreimal das Wort Wirtschaftskrise vorkommen darf.

Der Autor, der dir am meisten mit seinen praktischen Kenntnissen vom Buchhandel im allgemeinen und im besonderen imponieren will, versteht sicherlich gar nichts davon. Hüte dich aber vor denen, die behaupten, sie seien keine Geschäftsleute und verstünden nicht das geringste von derartigen Dingen; sie sind gefährlich.

Gewonnenes Spiel hast du aber, wenn der Autor dir erzählt, er wolle seinen Anwalt befragen; mit diesem wirst du dann in fünf Minuten spielend fertig.

Wenn dir ein Autor erklärt, daß sich mehrere andere Verleger um ihn reißen, lehne das Angebot ab, ohne ihn weiter anzuhören . . .

Kein Autor wird dich selbst im Wesen richtig erkennen. Entweder bist du für ihn ein pfiffiger Kaufmann oder ein freundlicher Mäzen; du bist aber keins von beiden, du hast den blödesten Beruf der Welt ergriffen. Der Handel mit Häuten und Fellen ist eine klare Sache, der Handel mit Geistesprodukten wird immer ein Mittelding zwischen deinem persönlichen Geschmack und deiner Leidenschaft einerseits und deinem Gefühl für eine gute Konjunktur andererseits sein.Wenn du zwanzig Jahre dies Geschäft, das kein Geschäft ist, betrieben hast, kannst du selbst nicht mehr unterscheiden, welcher Instinkt dich leitet, der künstlerische oder der geschäftliche; du bist ein Zwitter geworden . . .

Wundere dich nicht, wenn sich dein Autor in den Tagen des Erscheinens seines Buches wie eine schwangere Frau benimmt und der Meinung ist, daß mit dem Stichtag des Erscheinens eine neue Zeitrechnung beginnt. Stärke ihn lieber in diesem Glauben und laß dich von seinem Fieber anstecken. Je mehr Leuten du erzählst, daß du das beste

Buch des Jahres herausgebracht habest, desto besser wird das Buch gehen.

Sei dir darüber klar, daß du Tag und Nacht für deinen Autor telefonisch zur Verfügung stehen mußt ...

Oberster Leitsatz:

Laß dem Autor die Überzeugung, daß ihr beide Kulturfaktoren seid, aber sei dir selber darüber klar, daß auch der Lumpenhändler, den du ja in Form von Makulatur reich belieferst, die gleiche Daseinsberechtigung hat wie du und dein Autor.«

Der Prinz von Theben

Else Lasker-Schüler

»Das Geknatter auf den Straßen von den Autos sind meine Adern, darauf ich dichte.« Der Lärm der Großstadt, der hektische Alltag einer Stadt, in der die Menschen betriebsam umherliefen, die auch nachts nicht zur Ruhe kam, das war das schöpferische Umfeld für die Dichterin Else Lasker-Schüler. »Ich pass doch eigentlich nur für die große Stadt – schon des Abenteuerlichen wegen.« Die Metropole Berlin, Deutschlands größte und lebendigste Stadt, war der geeignete Ort, an dem sich die künstlerisch begabte Frau entfalten konnte. Hier führte sie ihr exzentrisches Leben jenseits aller bürgerlichen Moral- und Wertvorstellungen. Ein beschaulicheres Dasein am Rande der Stadt lehnte sie kategorisch ab: Sie empfand dies als »ekelhaft, kleinbürgerlich und langweilig und idyllisch«.

Else Lasker-Schüler war fünfundzwanzig Jahre alt, als sie 1894 jung verheiratet mit ihrem Mann aus der Kleinstadt Elberfeld nach Berlin kam. Zwar ist über ihre gemeinsamen Berliner Jahre nur wenig bekannt, sicher aber ist, daß die Ehe mit Berthold Lasker bereits in den Anfängen einen unglücklichen Verlauf nahm. Ob sich die angehende Künstlerin nicht ernst genommen und in der häuslichen Enge ihres bürgerlichen Lebens wie eine Gefangene fühlte? Über die Probleme des ungleichen Paares kann man nur Vermutungen anstellen. In ihrem Atelier in der Brückenallee 22 im Tiergartenviertel, in dem sie dichtete, zeichnete und fotografierte, konnte sie jedenfalls Zuflucht nehmen und schöpferische Ruhepausen von ihrem Eheall-tag einlegen. Vielleicht ermöglichte ja sogar gerade das Scheitern dieser Ehe ihre Existenz als freie und ungebundene Künstlerin. Denn mit der Trennung von ihrem Mann nahm Else Lasker-Schüler gleichsam Abschied von einem Leben innerhalb geordneter bürgerlicher Vorstellungen. Ein Gedicht mit dem Titel *Dir* mag einen Einblick gewähren in ihre traurige, hoffnungslose Stimmung jener Jahre:

Drum wein' ich,
Dass bei Deinem Kuss
Ich so nichts empfinde
Und ins Leere versinken muss.
Tausend Abgründe
Sind nicht so tief,
Wie diese grosse Leere.
Ich sinne im engsten Dunkel der Nacht,
Wie ich Dir's ganz leise sage,
Doch ich habe nicht den Mut.
Ich wollte, es käme ein Südwind,
Der Dir's herüber trage,
Damit es nicht gar voll Kälte kläng'
Und er Dir's warm an die Seele säng'
Kaum merklich durch dein Blut.

Am 24. August 1899 kam ihr Sohn Paul auf die Welt. Die Identität seines Vaters ließ Else Lasker-Schüler geheimnisvoll im dunkeln. Mal war es ein Grieche namens Alkibiades de Rouan, mal ein spanischer Prinz, die Jahre später in mystischer Verklärung für eine Vaterschaft genannt wurden. Da sie weder von dem getrennt lebenden Ehemann noch von ihrem damaligen Geliebten Geld annahm, mußte sie ihren Sohn unter überaus widrigen und ernüchternden Umständen zur Welt bringen. An deutschen Universitätskliniken gab es für unverheiratete, mittellose Frauen die Möglichkeit, einige Wochen vor der Niederkunft als Küchen- oder Stationshilfe zu arbeiten. Dafür konnten sie unentgeltlich unter den Augen von Medizinstudenten entbunden werden. Ob Else Lasker-Schüler in der Königlichen Frauenklinik in der Artilleriestraße gearbeitet hat, ist unbekannt. Wie aus der Korrespondenz an die Schwester und an die Nichte hervorgeht, war die Geburt von Paul allerdings eine solche Demonstrationsgeburt. Else Lasker-Schüler zog mit ihrem Sohn in einen Kellerverschlag für 75 Pfennig im Monat; dort begann ihr in allen Bereichen unkonventionelles Leben. Paul, ihr »Meinlingchen«, geliebt und verzärtelt, war in seinen ersten Lebensjahren häufig in der Obhut der Tante, Elses Schwester Anna, zusammen mit deren Töchtern Edda und Erika. »Vor einem Häuschen bei der Stadt wollte ich mich von Petrus ... trennen – dort wohnte meine Schwester. Aber er trat durch das Zauntor in den Garten. Und es kamen uns zwei niedliche Mädchen entgegen. Das Bübchen in ihrer Mitte war mein Bübchen. ... meine Schwester war sehr nachdenklich ... und sie erfaßte sorgenvoll meine Hände: ›willst Du nicht bei uns bleiben?‹ ... meine Schwester senkte betrübt den Kopf; ich riß mich los ... und ging dem Herrlichen nach.« Was Else Lasker-Schüler in ihrem *Peter-Hille-Buch* skizzierte, sind die realen Bezüge zu ihrer damaligen Situation. Man kann durchaus verstehen, daß die Schwester sich besorgt zeigte. Der Weg, den die jüngere Else einschlug, führte sie in immer größere Entfernung zu der beschützenden Enge der bürgerlichen Welt. Das neugewählte Leben lag fern jeglicher Normen und Verhaltensregeln, es war exzentrisch, wild, ungehemmt und schrankenlos: Es war das Leben der Berliner Boheme um die Jahrhundertwende.

Der »Herrliche«, mit dem sie in den Jahren 1898 bis 1903 eng verbunden war, war Peter Hille. Der heute in Vergessenheit geratene Dichter reiste wie ein Vagabund durch viele Länder und hatte auch in Berlin keine feste Bleibe. Er schrieb Gedichte, Aphorismen und Dramen auf jegliches Papier, das ihm zwischen die Finger kam – seien es Tüten, Servietten, Briefumschläge oder Hefte. Auf einer Bank im Bahnhof Zehlendorf brach er zusammen und starb kurze Zeit später in einem Lichterfelder Krankenhaus. Peter Hille erkannte in Else Lasker-Schüler die überaus begabte Dichterin und gab ihr die entscheidenden Impulse, sich als expressionistische Lyrikerin erstmals zu entfalten und ihr eigenes Persönlichkeitsprofil zu entwikkeln. Ihr erster Gedichtband *Styx* erschien 1902 bei Axel Juncker in Berlin. Umgekehrt wurde Peter Hille von der erheblich jüngeren Else Lasker-Schüler zum Idol erhoben und über alle Maßen verehrt und angebetet. In mythischer altertümlicher Verklärung stilisierte sie ihn zu einem Apostel, nannte ihn den »Herrlichen«, »Petrus« oder den »Felsen«. Gerhart Hauptmann, der mit beiden befreundet war, beschreibt in dem Roman *Der Narr in Christo Emanuel Quint* das ungewöhnliche Paar: »Ihr gegenüber saß, neben einem nicht sehr großen, einem russischen Bauern ähnelnden Menschen, ein junges Weib, das immer wieder schmachtend und abhängig nach den kleinen, unter Bart-, Haupt- und Wimpernhaar fast verborgenen . . . Schweinsäuglein ihres Nachbars blickte. Dieser Nachbar, der ein fast immer subsistenz- und obdachloser Dichter war, zog zuweilen ein Blättchen heraus, auf das er mit Bleistift Notizen machte . . . Auch Annette von Rhyn, die überall neben ihm herlief . . . war vollkommen durch ihn und er durch sie in dieses brodelnde Märchen eingeschlossen.« Else Lasker-Schüler lebte mit Peter Hille in der Künstlerkolonie Die Neue Gemeinschaft, von der im Kapitel *Aufwärts zu den Sonnen* bereits die Rede war. Für eine verheiratete Frau

(Else war noch nicht geschieden) und junge Mutter eines unehelichen Kindes war diese Lebensform mehr als avantgardistisch, es war geradezu skandalös. Die Nächte wurden zum Tag, es wurde Opium geraucht, Rauschmittel aller Art wurden konsumiert, alles war wild und zügellos.

In den Berliner Künstlerkreisen wurde Else Lasker-Schüler bald zu einer bekannten Größe und anerkannten Dichterin. Sie selbst hatte ein dichtes Geflecht freundschaftlicher Beziehungen zu beinahe allen kulturellen und literarischen Größen dieser Zeit, denen viele ihrer Widmungen galten. Sie hatte Umgang mit Franz Marc, Georg Trakl, Gerhart Hauptmann, Paul Zech, Richard Dehmel, Peter Baum, Franz Werfel und sogar zu dem bedeutendsten Kritiker der Zeit, zu Karl Kraus. Die Freundschaft zu letzterem fand jedoch durch ein unumstößliches Zerwürfnis ein abruptes Ende. Sie konnte ihm niemals verzeihen, daß er sich abschätzig über ihren heißgeliebten Sohn äußerte und den damals in Wien lebenden Paul nicht zu sich kommen ließ. Karl Kraus schrieb: »Er ist ja gar nicht raffiniert, er ist ja keine Spur intelligent, er ist ganz künstlerisch.« Else Lasker-Schüler, die ihren Sohn als ein Zeichengenie verehrte, war tief gekränkt und beendete die Verbindung zu Kraus, von ihr »Dalai-Lama« genannt, mit den Worten: »Ich aber sage Ihnen: was wären Sie, wenn Sie inniger wären.«

Die Berliner Künstleravantgarde traf sich regelmäßig im Casino am Nollendorfplatz in dem sogenannten *Klub der Kommenden*. Auch Else Lasker-Schüler hatte dort häufige Auftritte und las aus ihren Gedichten. Ihre Vorträge wurden zu legendären Veranstaltungen, über die viele Zeitgenossen berichteten. Ein Rezensent schrieb einmal über eine Lesung: »Und nun las sie; ihr eigentümlich monoton in gleicher Tonhöhe schwebendes Organ füllte den nur halb besetzten Saal. Grelle Verzückungslaute durchschnitten hier und da diesen eintönigen Fluß ihrer Rede, und oft mündete er in einem schrillen Trompetenstoß, der ein Gedicht jäh und unerwartet abschloß.« Sie liebte es, ihre Auftritte schauspielerisch in Szene zu setzten, und sorgte für ein entsprechendes Ambiente. Sie las bei Kerzenlicht und untermalte ihre Worte durch Pochen, Schellengeläut und Rasseln. Ihre Veranstaltungen waren alles andere als nüchterne Dichterlesungen. Sie selbst erschien in extravaganter Aufmachung, trug lange, schwarze, pluderige Tafthosen, rauchte Zigaretten mit Spitze, hatte Glöckchen an den Schuhen; Hals, Arme und Finger waren über und über mit billigem Modeschmuck behangen, der bei jeder Bewegung klirrte und schepperte. Man soll nicht annehmen, daß Else Lasker-Schüler nur anläßlich dieser literarischen Abende sich derart karnevalistisch verkleidete. Im Gegenteil, es war ihr alltäglicher Aufzug. Ihre Garderobe war auffallend und für so manchen ihrer Freunde peinlich, wenn er mit ihr in der Öffentlichkeit gesehen wurde. Vor allem stieß nicht wenige das leicht Schmuddelige und Heruntergekommene ihres Aufzuges ab. »Man konnte weder damals noch später mit ihr über die Straße gehen, ohne daß alle Welt stillstand und ihr nachsah: extravagante weite Röcke oder Hosen, unmögliche Obergewänder, Hals und Arme behängt mit auffallendem, unechtem Schmuck . . .«, schreibt sogar ihr zeitweiliger Geliebter Gottfried Benn. Else Lasker-Schüler war arm, eine reichbestückte Garderobe konnte sie sich nicht leisten. Nicht selten übernachtete sie auf Parkbänken und gesellte sich zu Prostituierten und Bettlern. Sie setzte sich dazu und bettelte mit, wenn sie selbst wieder vollkommen abgebrannt war.

Else Lasker-Schüler verblüffte durch ihre unangepaßte Lebensform nicht nur ihre Zeitgenossen, sie erstaunt in ihrem radikalen Anderssein auch noch heute. Sie gestaltete sich selbst zu einem lebenden Kunstwerk, denn die Kunst und das Leben sollten eins sein: ». . . aber mich ärgern ebenso sehr die unkünstlerischen, wie die künstleri-

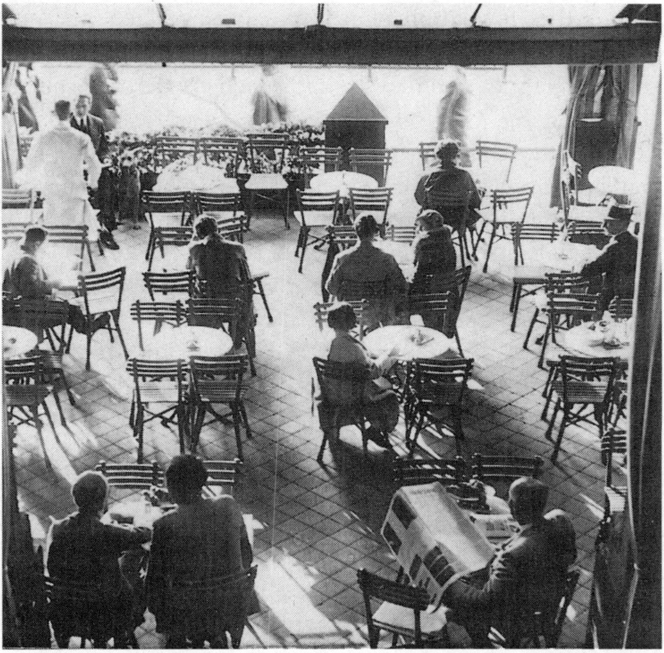

Ohne sie fehlte dem berühmten Künstlertreff die Seele: Else Lasker-Schüler war eine der zentralen Figuren im Romanischen Café *an der Gedächtniskirche.*

schen Vorgänge mich im Leben erfreuen.« Die Dichterin setzte ihr Leben in Szene, formte ihre Persönlichkeit und veränderte sogar ihre reale Lebensgeschichte in einer ihr passenden Weise. Herkunft und Alter wurden von ihr in recht eigenwilliger Weise umgeschrieben. Ihre ureigene Identität sollte sich auch in ihren besonderen Namen widerspiegeln: Sie verstand sich nicht als die jüdische Bankkaufmannstochter aus Elberfeld namens Else Schüler, sondern als Tino von Bagdad, Prinz Jussuf, der Prinz von Theben etc.

Nach der Scheidung von ihrem ersten Mann im April 1903 heiratete Else Lasker-Schüler am 30. November des gleichen Jahres erneut. Sie hatte sich in den um einige Jahre jüngeren Georg Levin verliebt. Er war erst 22 Jahre alt, sie dagegen mittlerweile 31. Sie nannte ihn Herwarth Walden; unter diesem Namen wurde er als Komponist, Schriftsteller und Herausgeber der bedeutenden expressionistischen Zeitschrift *Der Sturm* berühmt. Auch der Name dieser Künstlerzeitschrift stammt von Else Lasker-Schüler. Erstmals nach Jahren bezog sie eine gemeinsame Wohnung in der Katharinenstraße 5 in Halensee, in der auch ihr Sohn wieder bei ihr leben konnte. Wenn auch die äußeren Gegebenheiten wieder einen bürgerlichen Rahmen annahmen, so blieb ihre Lebensführung weiterhin der ungezügelte überspannte Alltag eines Bohemiens. Zusammen mit Herwarth Walden verbrachte sie Stunden über Stunden in den berühmt-berüchtigten Berliner Cafés. Hier war die Sammelstelle der Berliner Avantgarde, hier war der Platz, wo talentierte und untalentierte Künstler sich Tag und Nacht trafen und stundenlang über »einer Schale schwarzen Cafés« saßen. Hier sprach man miteinander und übereinander; das Café war der Ort, an dem man Förderer und Verleger treffen konnte. »Das ist unsere Börse, dort muß man hin, dort schließt man ab.« Im *Café des Westens* am Kurfürstendamm waren Else Lasker-Schüler und Herwarth Walden stets anzutreffen. Da sie kein Geld hatten, bezahlten ihnen Freunde oftmals die ausstehenden Rechnungen, während, so wird berichtet, »der kleine Paul Kuchen stiehlt, wenn der Kellner – vielleicht absichtlich – nicht hinsieht«. Die Kellner hatten ein offenes Herz für die armen und mittellosen Künstler und ließen sie anschreiben, wenn sie ihnen nicht selten sogar ganz ihre Ausstände erließen. Dieser großzügige Umgang änderte sich jedoch 1913 schlagartig mit dem Besitzerwechsel im *Café des Westens.* Verärgert und enttäuscht kehrte die Künstlerboheme ihrem Stammcafé den Rücken und wechselte vorübergehend in das *Café Josty*. Ab 1916 ging man dann in das berühmte *Romanische Café* gegenüber der Gedächtniskirche.

Else Lasker-Schüler war süchtig nach dem Café. Wenn sie längere Zeit diesem geselligen Ort fernblieb, fühlte sie sich regelrecht krank. »Ich bin nun zwei Abende nicht im Café gewesen, ich fühle mich etwas unwohl am Herzen. Dr. Döblin vom Urban kam mit seiner lieblichen Braut, um eine Diagnose zu stellen. Er meint, ich leide an der Schilddrüse, aber in Wirklichkeit hatte ich Sehnsucht nach dem Café.« Sie brauchte diesen Treffpunkt sämtlicher »Bazarbuntheiten«, dort konnte sie sich selbst präsentieren und, was noch wichtiger war, die Anerkennung von ihren Kollegen finden. Das Café war gleichsam eine strenge Kontrollinstanz, hier wurde entschieden, ob Künstler und Kunst von Wert und Rang waren. »Aber es gibt ja nichts Objektiveres wie das Café, nachdem man in seiner Literatur am Schreibtisch zu Haus die Hauptrolle gespielt hat.« Das Café spielte eine zentrale Rolle in dem Bohemeleben dieser Dichterin, ihm fernzubleiben wäre einer mit Selbstdisziplin verbundenen Enthaltsamkeit und Askese gleichgekommen. »Heimlich halten wir alle das Café für den Teufel, aber ohne den Teufel ist doch nun mal nichts.« Else Lasker-Schüler berichtet, wie sie sich sogar einmal entscheiden sollte zwischen dem Geliebten und dem Café. Der Liebhaber bittet und drängt, sie möge nicht mehr dorthin gehen. Eine Forderung, die die Dichterin vor eine existentielle Entscheidung stellt: »Ich habe nur ihn. Aber ich bin so begierig, wie es meiner Bleibe und meiner Sterbe geht, dem Café des Westens? Es ist genau so, als ob ich einen Ohrring verloren hab, ich beginne, mich nicht mehr zu fühlen. Ein Säufer muß in seine Kneipe, ein Spieler in seine Hölle, nur ich bin abnorm.« Wenn sie einmal ein anderes Café aufsuchte, löste das sogleich ein schlechtes Gewissen aus; es war Betrug an dem Geliebten. »Was ist das?

Wart ihr schon dort, Ecke Kurfürstendamm und Wilmersdorferstraße, im Café Kurfürstendamm? Ich bin zum Donnerwetter dem Café des Westens untreu geworden; wie einem Herzallerliebsten hab ich das Caféhaus verlassen, dem ich ewige Treue versprach. Das Café Kurfürstendamm ist eine Frau, eine orientalische Tänzerin. Sie zerstreut mich, sie tröstet mich, sie entzückt mich durch die vielen süßerlei Farben ihres Gewands.«

Sieben Jahre nach der Heirat zerbrach auch die zweite Ehe. Der jüngere Herwarth Walden verliebte sich in eine attraktive blonde Norwegerin, Nell Rosslund, dem Äußeren nach das komplette Gegenteil seiner Ehefrau. Die Verschmähte nannte ihre Rivalin verbittert »Lockenundame«. Unter der Trennung hat Else Lasker-Schüler sehr gelitten, war doch bereits das Scheitern der ersten Ehe nicht spurlos an ihr vorübergegangen. In Briefen klagte sie häufig über schlimme Krankheiten und über wochenlanges Opiumdelirium. So schreibt sie an Paul Zech, Lyriker und Herausgeber der Zeitschrift *Neues Pathos*: »Ich war sehr krank, bin sozusagen mit Opium 5 Wochen ernährt worden.« Möglich, daß die Verlassene vor lauter Kummer ein wenig übertrieben hat, dennoch hatte sie die Abwendung ihres Geliebten nur schwer verwinden können. Sie verließ das gemeinsame Zuhause, um fortan nie wieder in einer eigenen Wohnung zu leben. Dunkle, billige Zimmer oder preiswerte Hoteletablissements waren künftig ihre Bleiben. Zunächst zog sie in ein möbliertes Zimmer in Halensee, später lebte sie in einem Dachzimmerchen des Hotel *Koschel* in der Motzstraße 78 für 5,50 Mark im Monat.

Verarmt und seelisch angeschlagen zog Else Lasker-Schüler durch die Stadt. An ihren Ex-Mann gerichtet schreibt sie: »Ich habe diese Nacht wieder verbummelt geträumt. Ich schlenderte über den Kurfürstendamm wie ein Strolch angezogen, in zerlumpten Hosen und grünlich abgetragenen Rock, ich dachte nur stumpfe Dinge, auch war ich angetrunken – aus Traurigkeit. – Der Wind heulte meine rote Nase an. Du kennst doch so einen Zustand – gemildert – bei mir, wenn Du verreist warst und wiederkamst, und mich hier oben am Henriettenplatz trafst, als ob ich obdachlos sei.« In dieser Zeit zweifelt sie auch an Berlin und fragt sich, warum sie in dieser Stadt, in der sie kein Glück erfährt, überhaupt bleiben soll. »Auch ist Berlin so langweilig, es ist weder interessant zu leben, noch zu sterben . . .« Obwohl sie nach wie vor ungemindert an dem gesellschaftlichen Caféhaus-Leben teilnimmt und in engem Kontakt zu der Künstlerelite steht, glaubt sie sich von Berlin nicht mehr inspiriert und künstlerisch beflügelt. »Berlin ist eine kleine Stadt, täglich schrumpft sie mehr und mehr ein. Groß ist eine Stadt nur, wenn man von ihr aus groß blicken kann. Berlin hat nur ein Guckloch, einen Flaschenhals, und der ist auch meist verkorkt, selbst die Phantasie erstickt. Gute Nacht!«

Doch noch einmal, 1912/13 erlebte Else Lasker-Schüler eine einjährige Liebesromanze, die sie zu einer ganzen Reihe von Gedichten anregte. Die dreiundvierzig Jahre alte Dichterin verliebte sich in den erheblich jüngeren Gottfried Benn. Er war damals erst sechsundzwanzig und hatte gerade seinen ersten Gedichtband *Morgue* veröffentlicht, auf den Else Lasker-Schüler eine begeisterte Würdigung schrieb. Verfolgt man ihre Gedichtsammlung »Gottfried Benn« an Giselheer – so nannte sie den Geliebten –, erkennt man sogleich, daß sie es war, die um seine Liebe gerungen hat, die ihn immer wieder bettelnd bedrängte, ihre entbrannten Gefühle zu erwidern:

Immer bettle ich vor deiner Seele;
Weißt du das? aus: *Giselheer dem Heiden*

Liebe dich so!
Du mich auch?
Sag es doch--- aus: *Giselheer dem König*

Wie kann ich dich mehr noch lieben?
Ich sehe den Tieren und Blumen
Bei der Liebe zu. aus: *Das Leid des Spielprinzen*

Über seine abwehrende Haltung machte sie sich keine Illusionen; sie spürte, daß er ihrem Liebesansturm nur vorübergehend gewachsen war:

Aber deine Lippen sind schwer,
Meine Wunder erlösen sie nicht.
. . .
Aber dein Herz läßt keine Meere mehr ein.
O du! aus: *Dem Barbaren*

Die vielen unerfüllten Beziehungen und zahllosen Versuche, durch Verliebtsein über größere Enttäuschungen hinwegzukommen, haben Else Lasker-Schüler tiefe Wunden zugefügt und sie mit den Jahren verbittern lassen. An den westfälischen Schriftsteller Adolf von Hatzfeld schreibt sie: »Jeder Mensch hat mit mir gespielt aus Neugierde aus Amusement aus Berechnung aus Zeitvertreib ... Ich weine oft, ich bin müde, ich bin ohne Strand, ich bin haltlos, verkommen in meinem Herzen – verwirrt, verdorben und lange schon gestorben.« In ihrer rastlosen Suche nach Liebe und Geborgenheit hat die impulsive Dichterin mit ihrer extremen Lebensführung die Menschen, insbesondere die Männer, überfordert, wenn nicht sogar abgeschreckt.

Noch einen großen Schicksalsschlag hielt das Leben für sie bereit: den qualvollen Tod ihres Sohnes Paul. Als abzusehen war, daß die Aufenthalte in verschiedenen Lungen-Sanatorien die zunehmende Verschlechterung seines Zustandes nicht mehr bremsen konnten, mietete Else Lasker-Schüler das Atelier des befreundeten Bildhauers Jussuf Abbu. Tag und Nacht wachte sie nun an dem Bett ihres todkranken Kindes. Als Paul am 14. Dezember 1927 starb, durfte sie ihm nicht einmal die Hand halten. Er wollte allein sein beim Sterben und ließ die verzweifelte Mutter hinter dem Vorhang seinen Tod abwarten. Else Lasker-Schüler, in tiefer Seelennot, kehrte in ihr Hotelzimmerchen in der Motzstraße zurück – »geprügelt an Leib und Seele«. Niemandem aus der Künstlerszene entging ihre schlechte Lage, und sie erhielt Zuwendungen und Trost von vielen Seiten. Thomas Mann sprach sein Mitgefühl aus; Paul Zech und Gottfried Benn widmeten der leidenden Dichterin Werke.

Anfang der dreißiger Jahre fühlte sich Else Lasker-Schüler in Deutschland nicht mehr sicher. Die Jüdin und Dichterin als »entartet« betrachteter Verse war nicht mehr willkommen. Nachdem sie von SA-Männern am Nollendorfplatz brutal zusammengeschlagen worden war, verließ sie am 19. April 1933 fluchtartig das Land und rettete sich in die Schweiz. Freiwillig hätte Else Lasker-Schüler Berlin sicherlich nicht verlassen.

Charlottengrad

Russen in Berlin

Ob Deutschland ein Einwanderungsland sei oder nicht, war damals keine Frage. An vielen Orten des Landes ließen sich nach der russischen Oktoberrevolution russische Emigranten verschiedenster Herkunft nieder. Besonders Berlin wurde für ein paar Jahre zu einem Zentrum russischen Lebens, zum Medium, über das russische Avantgardekunst nach Westen gelangte. Die Berliner waren gastfreundlich, weltoffen und tolerant, eine Bevölkerung von 3,8 Millionen, die es nicht störte, daß 1919 bereits 70 000 Russen in Berlin lebten und 1923 schon 300 000. Daß man allenthalben Russisch sprechen hörte, mißfiel niemandem. In den Straßen entstanden russische Läden, Cafés, Kabaretts, in vielen Schaufenstern stand in russischer Sprache »Wir sprechen Russisch«, an den Kiosken hingen Zeitungen in kyrillischer Schrift aus. In den russischen Restaurants wurde Balalaika- und Zigeunermusik gespielt, und um Zoo und Gedächtniskirche, am Prager Platz, um den Nollendorfplatz und an vielen anderen Orten ließen sich Russen nieder. Ihnen Schutz zu gewähren war selbstverständlich. Die Berliner reagierten auf ihre neuen Mitbewohner mit dem legendären Berliner Humor. Charlottenburg nannten sie Charlottengrad, den Bus, der den Kurfürstendamm in Richtung Halensee hinauffuhr, Russenschaukel. Man fragte sich, ob sich in Charlottenburg bald eine russische Emigrantenrepublik formiere und ob man den Kurfürstendamm vielleicht in Kurfürsten-Prospekt umbenennen sollte.

In Deutschland herrschte Inflation, noch hatte sich die Weimarer Republik nicht fest etabliert, Angriffe von rechts und Auseinandersetzungen zwischen Kommunisten und Sozialdemokraten erschütterten die junge Demokratie, die wirtschaftliche Lage und die Zukunft waren ungewiß. Trotz all dieser Schwierigkeiten war das Zusammenleben von Deutschen und Russen harmonisch. In Windeseile hatten die Emigranten unter dem Druck der Verhältnisse 30 Berufsverbände gegründet, Ständevereinigungen und Hilfswerke ins Leben gerufen. Unternehmer, Wissenschaftler, Kaufleute, Juristen und Offiziere suchten ein Auskommen. Frühere Hofdamen arbeiteten als Platzanweiserinnen in Kinos, Haushaltshilfen oder Serviererinnen. Es gab sechs russische Banken, 87 Verlage, 20 Buchläden, drei Tages- und fünf Wochenzeitungen, eine Flüchtlingshilfe mit Notunterkünften, Armenspeisungen, Sozialdienste, russische Schulen und das »Russische Wissenschaftliche Institut«, an dem aus Sowjetrußland ausgewiesene Wissenschaftler lehrten. In kürzester Zeit hatten sich die Russen ein Universum geschaffen, das ihnen das verlorene Vaterland so gut wie möglich ersetzte und ihnen die bittere Erfahrung der Emigration ein wenig versüßte. Berlin hatte schon aus der Zeit vor 1905 russische Emigranten kennengelernt, und so gewährte es auch jetzt allen, die von dort kamen, Aufnahme, ganz gleich, welcher Herkunft und politischer Couleur.

Die Emigranten gehörten den verschiedensten Richtungen an: Monarchisten und konstitutionelle Demokraten, Menschewiki, Sozialrevolutionäre waren in Berlin versammelt. Sie suchten Kontakt zu entsprechenden Gruppen in Deutschland. So pflegten die Menschewiki regen Austausch mit den deutschen Sozialdemokraten, die Zeitung der Demokraten, *Rul*, »Ruder«, erschien im Ullstein-Verlag, die Sozialrevolutionäre hatten Verbindungen zum Fischer-Verlag und deutschen Übersetzern.

Die politischen Erwartungen an das Gastland waren unterschiedlich. Emigranten, die auf einen Sturz des neuen Regimes hofften, wünschten sich keine Annäherung Deutschlands an die junge Sowjetrepublik, wieder andere sahen in der Revolution eine große Chance der Erneuerung für Rußland. Alle diese Fragen diskutierten die Russen in Berlin in den verschiedensten Zirkeln.

Die politische Entwicklung lief auf eine Anerkennung der Sowjetrepublik durch die Weimarer Republik hinaus. Im Rapallovertrag vom April 1922, den die beiden Länder miteinander schlossen, erkannten sie sich gegenseitig als gleichberechtigte Partner an und verzichteten beiderseits auf Forderungen und Ansprüche der früheren Weltkriegsgegner. Der Friedensvertrag von Brest-Litowsk wurde aufgehoben, man nahm wieder diplomatische und konsularische Beziehungen auf. Die junge Sowjetmacht hatte nach der Gründung der Kommunistischen Internationale 1918, nach dem Sieg über die Interventionsmächte 1920 zunehmend Selbstbewußtsein gezeigt und war aus ihrer Isolation herausgekommen. 1925 wurde das Vertragswerk mit Abkommen über Wirtschaft, Eisenbahn, Seeschiffahrt, Steuern, Schiedsgericht und gewerblichen Rechtsschutz ausgeweitet.

Für viele Emigranten war diese Annäherung ein Grund, Deutschland in Richtung Prag oder Paris zu verlassen. Hinzu kam das Ende der Inflation, das die Mark stärkte und die Kaufkraft des Rubels schwächte. Manche kehrten auch in ihre Heimat zurück. Damals war von dem stalinistischen Terror der dreißiger Jahre, dem viele von ihnen nach ihrer freiwilligen Rückkehr zum Opfer fallen sollten, noch wenig zu spüren.

Die Zeit der engen Koexistenz zwischen Russen und Deutschen, besonders die der Künstler und Literaten, war für die russische und deutsche Kultur außerordentlich fruchtbar. Verbindungen zwischen ihnen hatten schon längere Zeit bestanden. Bereits um die Jahrhundertwende gab es einen regen Kulturaustausch. Das deutsche Geistesleben spielte eine wichtige Rolle für die Entwicklung des russischen Symbolismus in der Literatur, die Suche nach Orientierung im Sinn von Faust war ein zentrales Motiv ihrer Texte. 1900 war in Moskau eine Ausstellung deutscher Künstler veranstaltet worden, die großen Widerhall fand, 1906 wurde in Berlin eine Russische Kunstausstellung gezeigt. Von nun an rissen die Verbindungen zwischen deutschen und russischen Künstlern nicht mehr ab, russische Maler wurden korrespondierende Mitglieder der Berliner Sezession, Jawlensky und Kandinsky spielten in München eine wichtige Rolle bei der Entstehung des Expressionismus. Im Jugendstil entwickelte sich schließlich eine Art gesamteuropäischer Kunstrichtung, die überall in Europa ihre Spuren hinterließ. Auch durch gegenseitige Gastspiele des Deutschen Theaters in Moskau und des Moskauer Künstlertheaters in Berlin waren Russen und Deutsche mit den wichtigsten Theaterereignissen des anderen Landes vertraut. Das Deutsche Theater führte in Moskau unter anderem Gerhart Hauptmanns *Fuhrmann Henschel* auf, später zeigte Max Reinhardt den von Hofmannsthal bearbeiteten *König Ödipus* von Sophokles in einer Moskauer Zirkusarena, das Moskauer Künstlertheater spielte in Berlin Gorkis *Nachtasyl*, *Onkel Wanja* und *Die drei Schwestern* von Tschechow. So beeinflußten sich beide Länder gegenseitig, wobei die Kunstrichtungen des Konstruktivismus und der Neuen Sachlichkeit hüben und drüben zur Erneuerung des Theaters beitrugen.

Bereits 1899 war Rainer Maria Rilke nach Rußland gereist, um Lew Tolstoi kennenzulernen; das Land und seine

Kultur bestätigten ihn in seiner Berufung als Dichter. Er nannte Rußland »unvergeßliches heimliches Märchen« und sah in der schöpferischen Kraft des russischen Volkes eine wertvolle Ergänzung zum rationalistischen Westen. Auch russische Dichter brachten Rilke große Verehrung entgegen, vor allem Boris Pasternak und seine Freundin, die große Lyrikerin Marina Zwetajewa. Für sie alle war Dichtung grenzüberschreitend, sie war, wie Pasternak es ausdrückte, das unsterbliche schöpferische Element, das auf ewig »in der Dichtung enthalten ist und durch die Zeiten verschiedene Namen führt«. Die drei schrieben einen gemeinsamen lyrischen Briefroman, trafen jedoch nie zusammen. 1919 hatte die Zwetajewa in einem Tagebucheintrag auf geradezu schwärmerische Weise ihre enge Verbundenheit mit Deutschland dokumentiert: »Frankreich ist mir zu leicht, Rußland ist mir zu schwer, Deutschland mir angemessen. – Der alte Stamm: die Eiche, heilige Eiche (Goethe! Zeus!). Deutschland ist die passende Hülle für meinen Geist, Deutschland – mein Leib: seine Ströme – meine Hände, seine Haine – mein Haar, es ist ganz mein, und ich bin ganz – sein!« Neben solch romantischen, einer Lyrikerin durchaus angemessenen Neigungen gab es andere Richtungen, die stärker auf die politisch-soziale Wirklichkeit abzielten.

1918 hatten die russischen Avantgarde-Künstler einen Aufruf an ihre deutschen Kollegen gesandt, in dem sie auf die Gemeinsamkeit ihrer Ziele hinwiesen und an ihre Kollegen appellierten, mit ihnen zusammen für die Zukunft von Kunst und Leben aktiv zu werden. Darin hieß es:

»Die neue russische Regierung hat alle jungen schöpferischen Kräfte zur Gründung eines neuen Lebens herangezogen und die staatliche Leitung in Sachen der Kunst den neuen Strömungen anvertraut. Denn nur das neue Schaffen, das kurz vor den Welterschütterungen entstanden ist, kann mit dem Rhythmus des sich neu bildenden Lebens im Einklang stehen.

Es ist endlich Aussicht auf eine gemeinschaftliche schöpferische Arbeit, die das engere nationale Bewußtsein überschreiten und einem internationalen Verkehr dienen wird.

Die russischen Künstler wenden sich zuerst an ihre nächsten Nachbarn, ihre deutschen Kollegen, und fordern sie zu Beratungen und Austausch von Nachrichten im Rahmen des künstlerisch Erreichbaren auf. Als praktische Maßregel zur Verwirklichung solcher Beziehungen schlagen wir einen Kongreß der Vertreter der deutschen und russischen Künstlerschaft vor, der den Anfang einer späteren Weltkonferenz der Kunst bilden würde und der sofort einen Verkehr der beiden Völker auf künstlerischem Gebiet im Sinne umfassender Aufgaben, auch des Ausstellungswesens, des Verlagswesens, des Theaters und der Musik, anbahnen soll . . .«

Der Optimismus, der aus diesem Appell spricht, ist bezeichnend für die Aufbruchstimmung, von der auch viele der nach Berlin emigrierten Schriftsteller trotz der einfachen Verhältnisse, in denen sie leben mußten, beseelt waren. Schon vor der Jahrhundertwende hatten sich neue Richtungen und Stilformen in der Literatur gezeigt, die Revolution hatte viele von ihnen ermutigt und ihrer Schaffenskraft neuen Aufschwung gegeben. Dabei wichen die Auffassungen bisweilen entschieden voneinander ab. Marina Zwetajewa, stark von slawophilem Denken geprägt, sah in der Revolution die Chance einer Rückkehr in eine von westeuropäischen Einflüssen freie Welt. Zugleich trauerte sie um die in der Revolution ermordeten Aristokraten und war nach den Erfahrungen der Umwälzungen und Wirren und dem Sterben in den ersten Jahren nach dem großen Ereignis ernüchtert. Maxim Gorki hingegen begrüßte die Revolution als großen Fortschritt, übte aber schon bald heftige Kritik an der Terror- und Gewaltpolitik Lenins und versuchte, die Zerstörung der russischen Kultur aufzuhalten. 1921 ging auch er ins Exil. Gorki fand viele Freunde unter deutschen Schriftstellern: Gerhart Hauptmann, Johannes R. Becher, Stefan Zweig und vor allem Thomas Mann, der von der »besonderen geistigen Bedeutung« Gorkis für Deutschland überzeugt war. Da Gorki der Oktoberrevolution auch kritisch gegenüberstand und sie nicht blind guthieß, wurde er als Gewährsmann der Revolution in Deutschland anerkannt. Er hatte sich noch in Petrograd für den Schutz von Wissenschaftlern und Schriftstellern eingesetzt, hatte sich um Hungerhilfe bemüht und im Moskauer Prozeß gegen die Sozialrevolutionäre Stellung bezogen. Gorki war glaubwürdig und wurde zur Integrationsfigur für alle Anhänger der Revolution. Er pflegte einen umfassenden Briefwechsel mit internationalen Autoren, empfing in seinem Haus in Bad Saarow und auch in Heringsdorf an der Ostsee zahlreiche Schriftsteller und Künstler und belebte ihren Dialog.

Tradition hatte auch der Austausch von Musikern. Der Dirigent Arthur Nikisch förderte die russische Musik und gehörte seit 1895 zu den beliebtesten Gästen aus dem Westen. Er führte im Westen Rimski-Korsakow, Borodin und Skrjabin auf, am Bolschoj-Theater in Moskau wurden Opern von Wagner aufgeführt. Die Berliner Kroll-Oper im Tiergarten war ein Zentrum der Musik-Avantgarde, hier wurde *Oedipus Rex* von Strawinsky erstaufgeführt.

Im Bereich aller Künste war bereits vor der nachrevolutionären Emigrationswelle der Nährboden für eine gegenseitige kulturelle Durchdringung gelegt.

Für die russischen Künstler und Schriftsteller wurde Berlin in den frühen zwanziger Jahren zum Forum der Verbreitung ihrer Ideen und Vorstellungen. Diese waren von größter Vielfalt und Diversität und gaben zu ständigen Diskussionen Anlaß. So trafen sich die Schriftsteller regelmäßig und diskutierten über das Schicksal Rußlands und über die Zukunft der Literatur. Zu ihrem Glück hielten sich zahlreiche engagierte russische Verleger in Berlin auf, die ihre Bücher herausbrachten, aber auch deutsche Verlage publizierten russische Autoren, so Wieland Herzfelde im Malik-Verlag.

Die russischen Literaten kamen an den verschiedensten Orten zusammen. Wie andere Künstler besuchten sie das *Romanische Café* an der Gedächtniskirche, das Ilja Ehrenburg aufgrund der vielen dort versammelten Nationalitäten einen »Generalstab der Weltrevolution« nannte. Es gab andere Orte mit weniger internationalem und vor allem russischem Publikum; einer davon war die *Prager Diele* am Prager Platz. Ilja Ehrenburg, der in einer Pension in der Prager Straße 21 wohnte, hatte diesen Begegnungsort von Autoren und Verlegern etabliert. Dichter und Schriftsteller, die in der Heimat nie Gelegenheit gehabt hatten, einander kennenzulernen, trafen sich hier.

Kaum jemand zog so sehr die Aufmerksamkeit der russischen Gemeinde in Berlin auf sich wie der renommierte Schriftsteller Andrej Bely. Über niemanden gibt es so viele Augenzeugenberichte aus der Zeit der Russen in Berlin. Bely, eigentlich Boris Nikolajewitsch Bugajew, der von 1880–1934 lebte, war als Lyriker stark am russischen Symbolismus, besonders an Alexander Blok orientiert. Bis 1905 schrieb er experimentelle Gedichte. Seinen Künstlernamen, der »Andreas der Weiße« bedeutet, hatte er in erster Linie angenommen, um sich von seinem Vater, einem Mathematikprofessor, und dessen Positivismus abzuwenden. Dieser Name symbolisiert eine Hinwendung zum Religiösen, wie sie auch in Belys Werk zum Ausdruck kommt. Bely erwartete den Anbruch eines neuen Zeitalters und war tief enttäuscht, daß es nicht eintrat. 1918 setzte er die Revolution von 1917 noch mit der Erlösung der Welt durch Christus gleich und hoffte auf eine geistige und religiöse Erneuerung Rußlands im nachrevolutionären Zeitalter. Bely begeisterte sich für die Anthroposophie. Zur

Zeit seiner Emigration war er in Rußland ein berühmter Mann. Seine literarisch bedeutenden Romane *Petersburg* (1913–14) und *Kotik Letajew. Erster Teil des Romans »Mein Leben«* (1916) hatten ihn weithin bekannt gemacht. Es sind Werke von einer besonderen Sprache, einer bis dahin nie verwendeten rhythmischen, bilderreichen und von Wortschöpfungen durchsetzten Prosa, in denen er eine vollendete Bewußtseinsstromtechnik verwendete, ohne je von Joyce gehört zu haben.

Auch als Person faszinierte Bely seine Umgebung. Während seiner Zeit in Berlin wurde er, der vor dem Krieg in Dornach gewesen war und dort am Goetheanum mitgebaut hatte, von seinem verehrten Lehrer Rudolf Steiner tief enttäuscht. Die Erkenntnis über die geistigen Möglichkeiten des Menschen, die er sich von Steiner versprochen hatte, wurde ihm nicht zuteil. Sehr bald kam er auch zu der Einsicht, daß die von der Oktoberrevolution erhoffte Revolution des Geistes, von der er sich eine Erfüllung der Sehnsucht nach unbeschränkter Selbsterkenntnis versprach, nicht eintraf. In seinem persönlichen Leben erging es ihm kaum besser. Seine Frau Asja Turgenjewa trennte sich von ihm. Hierdurch kehrte die viele Jahre zurückliegende enttäuschte Liebe zu Ljubow Blok, der Frau des Dichters, so heftig in seine Erinnerung zurück, daß er jedem, dem er begegnete, davon erzählte und ihm die Zeit raubte. Den Dichter Chodassewitsch trieb er mit seinen Erzählungen sogar in eine Ohnmacht.

Bely lebte nach seiner Ankunft in Berlin zunächst in der *Pension Krampe*, die von einer humorlosen und fast kahlköpfigen alten Jungfer geführt wurde. Hier lebten auch der Schriftsteller Nikolai Nikitin, der im KaDeWe Socken und Krawatten kaufte und sich ab und zu ein Mädchen von der Motzstraße mit aufs Zimmer nahm, und die Witwe eines Vizegouverneurs, die immer Schwarz trug, aus Trauer um Rasputin, der ihr Freund gewesen war. Beim Essen

Russische Autoren und ihre Verleger trafen sich am liebsten in der Prager Diele *am Prager Platz in Schöneberg. Hier begegneten sich auch russische Dichter, die sich zu Hause nie kennengelernt hatten.*

pflegte sie die jüngeren Schriftsteller verbittert zu fragen, was Proletkult sei, ob sie darin ausgebildet seien und ob sie nicht zurückkehren wollten, um die Aufnahmeprüfung in den Komsomol zu bestehen.

Ilja Ehrenburg porträtierte Bely so: »Riesengroße, weitaufgerissene Augen: lodernde Feuerzungen auf dem bleichen, erschöpften Gesicht. Eine übermäßig hohe Stirn mit einer Insel zu Berge stehender Haare. Sein Versvortrag gleicht dem Raunen der Sibylle. Dabei wirbeln seine Arme: er pointiert den Rhythmus – nicht der Gedichte, sondern seiner geheimen Gedanken; das ist fast komisch. Und zuweilen wirkt Bely wie ein erstklassiger Clown. Aber wenn er neben ihnen steht, empfinden die Umstehenden eine große Unruhe und das Gefühl elementaren Unbehagens. Er ist ein irrender Geist, der sein Fleisch nicht findet, ein Strom ohne Ufer.«

Andrej Bely hatte die Eigenschaft, alles um sich herum

zu verändern, sobald er sich nur eine kleine Weile irgendwo aufgehalten hatte. Bely hatte große, strahlende, mitunter ein wenig bedrohlich und fanatisch dreinblikkende Augen. Wenn er Jazzmusik hörte, tanzte er wie wild und verschreckte in den Tanzlokalen die Mädchen. Er trank viel; an manchen Abenden schien er ganz in Trance zu fallen. So spielte er auf dem alten Pensionsklavier den *Karneval* von Schumann, aber am nächsten Tag, als die Dichterin Nina Berberowa, Chodassewitschs Frau, ihm ein Kompliment für sein Spiel machen wollte, wußte er nichts mehr davon. Silvester 1922/23 verbrachte Bely in Bad Saarow, wo Gorki mit seiner Familie lebte. Er las dort neue Texte vor, von denen die anderen begeistert waren. Trotz seiner oft wilden Auftritte war Bely sehr beliebt. Er war ein genialer und anregender Unterhalter. Chodassewitsch hat den Heimweg von einem nächtlichen Kneipenausflug mit Bely und seiner Frau Nina Berberowa in einem Gedicht festgehalten:

Der Mond taucht in eine Straße von Berlin,
In einer Straße von Berlin werden die Schatten länger.
Dämonen gleich tauchen Häuser auf aus der Nacht,
Durch ihre Reihen pfeift der Wind auf der Flucht.
Geister des Tages, fort mit Euch, verschwindet
Tagesgedanken, weicht zurück, hinweg!
Auf den dunklen Kreuzungen kommen wir heraus
Aus unseren Höhlen wie drei hagere Hexen.
Unmenschlich unsere Worte und unser Atem
Auf unseren Buckeln wachsen Hundeköpfe,
Tief in unseren Blicken beäugt uns der grüne Mond,
Erregt in uns wilden, nüchternen Wahn.
Auf dem Asphalt leuchtet der fahle Schein knisternder Funken,
Wenn über unseren Köpfen elektrische Drähte zischen.

In der *Prager Diele* sorgte Bely immer wieder für Aufsehen. Eines Abends, es war bereits spät, stritten er und der Philosoph Lew Isaakowitsch Schestow, der sich mit dem Thema des Absurden befaßte, über ein existentialphilosophisches Problem, den Zerfall der Person. Da sie in gewählter Fachsprache redeten, verstand ihre Umgebung nur wenig von dem Gesagten. Einigen konnten sich die beiden Gesprächspartner nicht. Als die Polizeistunde kam, redeten sie noch immer. Die Lichter im Café erloschen. Als sie sich in der Drehtür am Ausgang befanden, standen sie in zwei Vierteln der Tür und schrieen aufeinander ein, dabei drehten sie sich weiter im Kreis, ohne hinauszugehen. Schestow fuchtelte mit seinem Stock, Bely mit den Armen. Da wies einer der Kellner auf den Dichter und sagte: »Dieser Russe ist sicher ein berühmter Mann.«

Es gab Emigranten, die Bely nicht mochten, da er sich einerseits mit Gegnern der Revolution verstand, andererseits 1922 in Berlin den provokanten Satz geäußert hatte, die wahre Kultur befände sich in Sowjetrußland, und die vor der Revolution Geflohenen strömten Leichengeruch aus. Begreiflicherweise machte er sich mit solchen Ideen nicht beliebt. Er trug aber am Ende dazu bei, viele Emigranten wieder mit ihrem Heimatland auszusöhnen und zur Rückkehr zu bewegen. 1924 erschien sein Buch *Eine Wohnung im Schattenreich,* ein Buch über Berlin, in dem er die Vision vom Untergang der europäischen Kultur entwickelte, die in der »Gnadenlosigkeit organisierten Rowdytums«, womit er auf den Faschismus anspielte, vernichtet würde. Seine grundlegende Kritik an Zeit und Gesellschaft galt einem viel wichtigeren, bis heute gültigen und gefährlichen Phänomen: dem Positivismus und Utilitarismus. Er zweifelte daran, daß die Naturwissenschaftler die Verantwortung für ihre Wissenschaft übernahmen, und unterstellte ihnen Verrat an der Menschheit. Ziel ihrer Arbeit war in seinen Augen die Perfektionierung der Katastrophe und des Todes. Schon 1919 hatte Bely die Atombombe vorausgesehen und bewegte sich damit in Dimensionen, die weit über das hinausgingen, was gemeinhin diskutiert wurde und etwas Visionäres hatten.

Im Grunde war Bely, obwohl er seine Umgebung durch seine Konversation bezauberte und durch sein Verhalten verwirrte, sehr einsam. Immer wieder aber begegnete er auch Menschen, die ihm sein Leben erleichterten. Zu ihnen gehörte Marina Zwetajewa, die er 1922 in der *Prager Diele* traf. Marina Zwetajewa war eine häufige Besucherin des Cafés. Sie wohnte in einer Pension ganz in der Nähe, in der Trautenaustraße 9, mit ihrer neunjährigen Tochter Adriana. Ihre zweite Tochter Irina war 1920 an Unterernährung gestorben. Marina Zwetajewa war aus Moskau fortgegangen und hoffte, in Berlin ihren Mann Sergej Efron wiederzutreffen, der für die weißen Truppen gekämpft hatte und nach ihrer Niederlage nach Prag geflohen war. Hier studierte er an der Universität. Zwetajewa verließ ihr Land nicht als verfolgte Dichterin. Ihre Werke waren nicht verboten, eine Veröffentlichung neuer Gedichte stand bevor, und sie hatte bereits Geld dafür erhalten. Sie emigrierte allein aus Liebe zu ihrem Mann. Aus demselben Grund sollte sie in den vierziger Jahren nach Hause zurückkehren, was ihr zum Verhängnis wurde.

An Ehrenburgs Tisch, an dem verschiedene Autoren und Verleger saßen und über Manuskripte und Honorare sprachen, saß auch die Zwetajewa, als plötzlich Bely ihr beide Hände entgegenstreckte. »Sie hier? Ich bin glücklich! Schon lange da? Für immmer da? . . .« In seiner Begeisterung stellte er gleich eine Menge Gemeinsamkeiten zwischen ihnen fest, darunter die ähnliche Herkunft – beide waren Professorenkinder. Am nächsten Tag erhielt sie einen enthusiastischen Brief, in dem er ihre in Berlin entstandene Gedichtsammlung *Trennungen* pries, die er von ihrem Verleger erhalten und über Nacht gelesen hatte.

Bely setzte sich für die Publikation anderer Werke der Zwetajewa ein – was ihm in eigener Sache nie gelang. Inzwischen war er um der größeren Ruhe willen nach Zossen im Süden Berlins gezogen und verpaßte nachts oft den letzten Zug. Dann übernachtete er bei ihr. Er litt unter Unruhe und Schlaflosigkeit, die Gegenwart Marinas beruhigte ihn und gab ihm ein Gefühl inneren Friedens. Auf seine Anfälle von Verzweiflung reagierte sie verständnisvoll, sprach mit ihm ausführlich über seine Probleme und hörte ihm geduldig zu. Dabei lebte sie selbst in ständiger Sorge um ihren Mann. Sie besuchte Bely mit ihrer Tochter Ariana oft in Zossen, räumte seinen chaotischen Haushalt auf und führte mit ihm auf ausgedehnten Spaziergängen stundenlange Gespräche über ihre schriftstellerische Arbeit.

Belys Schicksal nahm 1923 eine Wendung zum Besseren. Zwar brannte das Goetheanum in Dornach ab, und er verlor eine Art geistiger Heimat. Im selben Jahr aber kam die stille und zurückhaltende Klawdia Nikolajewna Wassiljewna nach Berlin, die Bely aus dem Moskauer Anthroposophenkreis kannte. Damit endete seine quälende Einsamkeit. Später wurde Klawdia Nikolajewna seine Frau.

Seinen Grabspruch hatte Bely schon 1907 gedichtet: »Glaubte an den goldenen Glanz und starb durch Sonnenpfeile, maß mit den Gedanken die Jahrhunderte und konnte sein Leben nicht leben.« 1934 starb Bely in Moskau.

Für Marina Zwetajewa wurde die Entdeckung des von Pasternak zwischen Februaraufstand und Oktoberrevolution verfaßten Gedichtbands *Meine Schwester das Leben* zu einem wichtigen Erlebnis. In diesen Gedichten fand er als

Lyriker zu seiner eigentlichen Sprache. Das Lyrische Ich tritt darin auf originelle Weise hinter handelnden und fühlenden Dingen zurück. »Der umzäunte Vorgarten verlor bei ermüdender Arbeit seine Brille auf dem Rasen« oder: »Der Donner zog die Mütze und machte des Nachts hundert Blitzlichtphotos zur Erinnerung.« Mensch und Natur, Innen und Außen werden hier Teil einer umfassenden Größe, die er Leben nannte. Die Zwetajewa erkannte nach dem Lesen dieser Gedichte in Pasternak einen ebenbürtigen Dichter, und so begann ihre Freundschaft. Sie verfaßte den Essay *Lichtregen* über die Lyrik Pasternaks, an dem zu erkennen war, wie sehr sie von ihr berührt war und wie gut sie sie verstand: »Pasternak – das ist ein Ganz-Geöffnetsein: Augen, Nüstern,Ohren, Lippen. Arme. Vor ihm war nichts. Alle Türen aus den Angeln; ins LEBEN! Und doch muß man ihn wie keinen anderen *öffnen* . . . Du verstehst also Pasternak trotz Pasternak – auf einer frischen – der frischesten! – Spur. Blitzschnell – wird er für alle Beladenen zur Erfahrung der Himmel.«

Zur selben Zeit fiel in Moskau Pasternak Zwetajewas Band *Werstpfähle* in die Hand, in dem sie ihr Erleben der Stadt Moskau und ihre Freundschaft mit dem Dichter Ossip Mandelstam zu einem autobiographischen Liebesverhältnis stilisiert. Pasternak schrieb ihr, wie sehr ihn die Erfahrung dieser Lektüre verändert habe. Mit diesem Brief begann der bereits erwähnte Briefwechsel, in den dann auch Rilke einbezogen wurde und der ihr die Jahre des Exils entschieden leichter machte. Sie nannte Pasternak in einem ihrer Briefe »Bruder in der fünften Jahreszeit, im sechsten Sinn und in der vierten Dimension«.

Der Stadt Berlin widmete die Zwetajewa am 10. Juli 1922 ein Gedicht:

An Berlin

Der Regen lindert den Schmerz.
Ich schlafe bei rollenden Läden.
Den zuckenden Asphalt entlang
Hufe – wie Beifallsfontänen.

Gut gelebt – und hingeschmolzen.
In morgenroter Verlassenheit
Erbarmet ihr euch, Kasernen
Der märchenhaftesten Waisen!

Auch Isaak Babel, den Maxim Gorki entdeckt und gefördert hatte, hielt sich während seiner Rückkehr vom Pariser Exil nach Moskau in Berlin auf. Der Malik-Verlag hatte seine Bücher *Reiterarmee* und *Geschichten aus Odessa* verlegt. Ihm begegnete der noch unbekannte Wiener Student Elias Canetti im bekannten Künstlerlokal *Schwanecke*, in dem es von Berühmtheiten wimmelte. Babel hatte wenig Interesse an der Begegnung mit Prominenz und beschäftigte sich lieber mit den Menschen, die man auf der Straße sieht. Oft kam er zu *Schwanecke* oder *Schlichter*, und wenn er dort Canetti fand, forderte er ihn auf, mit ihm zu *Aschinger* zu kommen. Dort aß er so langsam wie möglich seine Erbsensuppe, um möglichst viel beobachten zu können. In seiner Abneigung gegenüber allem Glamour und der oft hektischen, oberflächlichen Künstlerszene kam Babel dem jungen Canetti, der seine Werke kannte, aber nie wagte, ihn darauf anzusprechen, entgegen: »Ich weiß, daß Berlin mich wie eine Lauge zerfressen hätte, wenn ich ihm nicht begegnet wäre.«

So unterschiedlich die einzelnen Figuren waren, die alle durch das Schicksal nach Berlin gelangt waren, so gab es doch bestimmte Belange, die sie alle betrafen. Was würde aus ihrer Kultur, was aus ihrem Vaterland werden? Solche

Fragen diskutierten die russischen Künstler an einem eigens hierfür geschaffenen Ort.

Das Haus der Künste

Kulturelle Veranstaltungen, Lesungen und Diskussionen fanden jeden Freitag im Haus der Künste statt. Ilja Ehrenburg nannte es eine Art »Arche Noah« für die russischen Schriftsteller, in der sie sich mit ihrer Kultur auseinandersetzen und nach neuer Orientierung suchen konnten. Es war am 29. November 1921 eröffnet worden, hatte 58 ordentliche und 83 assoziierte Mitglieder in den Sektionen Literatur, bildende Kunst und Musik. Ursprünglich sollte es für alle politischen Gruppierungen zur Verfügung stehen, als es sich aber als unmöglich herausstellte, Kunst und Politik zu trennen, wurde 1922 aus Protest gegen eine zu starke Politisierung noch als besondere Abteilung der Schriftstellerklub gegründet. In beiden Häusern fanden bis 1923 neunzig Veranstaltungen statt. Hier wurden in Lesungen und Diskussionen die diversesten künstlerischen Bestrebungen ausführlich vorgestellt. Vorbild der Einrichtung war das Haus gleichen Namens, das Maxim Gorki zwischen Februaraufstand und Oktoberrevolution in Petrograd gegründet hatte.

Da sich in Berlin kein fester Ort fand, traf man sich im *Café Landgraf* in der Kurfürstenstraße 75, im *Logenhaus* in der Kleiststraße 10, in dem am 20. März 1922 Thomas Mann über »Goethe und Tolstoi« sprach und seine Erzählung *Das Eisenbahnunglück* las. Das letzte Lokal des Schriftstellerklubs war das *Café Leon* am Nollendorfplatz. Es gab Lesungen und Abende von Bely, Majakowski, Jessenin, Pasternak, Marina Zwetajewa, Boris Pilnjak und vielen anderen. Man veranstaltete Gedenkfeiern für Gorkis 30. Schriftstellerjubiläum, gedachte des liberalen Politikers Vladimir Nabokov, des Vaters des später weltberühmten Autors, der durch rechten Terror umgekommen war.

Man diskutierte über die Zukunft von Kunst und Literatur in einer durch die Revolution veränderten Welt und stellte die Frage, ob die bisher gebräuchlichen Gattungen Roman, Theaterstück, Gedicht jetzt noch adäquat seien. Ein Problem, das immer wieder im Mittelpunkt der Diskussionen stand, war, ob es außerhalb Rußlands russische Kunst geben könne oder nicht. Manche vertraten die Auffassung, Kunst sei grenzüberschreitend, und deswegen sei auch die russische Kunst nicht bedroht. Als gesamteuropäische Phänomene sah man zum Beispiel den Konstruktivismus und den Reportageroman, den Ilja Ehrenburg in Berlin entwickelte.

Zwetajewa und Chodassewitsch vertraten die Auffassung, die Poesie sei dort, wo der Dichter sich aufhalte, und könne deshalb überall leben. Nicht alle teilten diese Auffassung von einer autonomen Kunst außerhalb Rußlands. Viele betonten die Besonderheit russischer Kultur und die Einzigartigkeit der Folgen der Oktoberrevolution, die außerhalb des Landes und auf dem Hintergrund westeuropäischer Traditionen nicht verstanden werden könnten. Die Rettung und Erneuerung der Kultur könne nur von einem Volk kommen, das einen so grundlegenden Neuanfang aufzuweisen habe wie das russische. »Die Emigration kann jeden Schriftsteller in zwei, drei Jahren töten«, war die Überzeugung von Alexej Tolstoi, der auf eine baldige Rückkehr hoffte. Wie er ertrugen viele der russischen Autoren die Emigration nur sehr schwer. Nachdem Lenin 1921 nach den katastrophalen Folgen der radikalen Verstaatlichungspolitik die Neue Ökonomische Politik einführte, eine eingeschränkte Liberalisierung, durch die sich eine Besserung der Lebensverhältnisse abzeichnete, entstand in Paris die Bewegung *Smena wech*, Richtungswechsel, die bereit war, aus nationalen Gründen die Sowjetmacht zu unterstützen. Sie veranlaßte zahlreiche Emigranten zur Rückkehr in ihre Heimat.

Der Blaue Vogel
Einer größeren Öffentlichkeit wurde die russische Kunst auf populäre und besonders ansprechende Weise vermittelt, und zwar in dem kleinen Theater *Der Blaue Vogel* in der Goltzstraße. Sein Direktor J. Jushny wirkte zugleich als Conférencier und war durch sein herzliches und liebenswürdiges Auftreten, das sich von der etwas rauhen Art seiner Berliner Kollegen unterschied, äußerst beliebt. Dieses Theater war besonders hübsch und bunt und kunstvoll ausgestattet, mit kleinen Stühlen, schmalen Tischen und winzigen Logen. Auch die Bühne war winzig. Wenn man den Raum betrat, glaubte man in eine Märchenwelt zu gelangen. Hier vergaß man die trübe Realität, die Melancholie des Emigrantenschicksals war für eine Weile aufgehoben. Hier konnten selbst Erwachsene sich amüsieren wie glückliche Kinder. Das originelle Dekor hatten russische Avantgardekünstler entworfen.

Gespielt wurde deutsch-russisches Kabarett, eine abwechslungsreiche Mischung von Revuen, russischen Liedern, Märchenszenen. Lieder wie *Die Wolgaschiffer* und *Der König rief seinen Tambour* wechselten ab mit Mondscheinpolka, Parodien wie *Time is money* oder *Mister Ford – Großexport, Deutsche Kneipe* oder *Her mit der Kultur.* Die Darbietungen waren künstlerisch perfekt, elegant und anmutig. Zoten gab es hier nicht. Die Malerin Natalja Gontscharowa nannte es »vornehmes Kabarett«.

Das kleine Theater ermöglichte ungezwungene Begegnungen zwischen Russen und Deutschen, was den Theaterkritiker Monty Jakobs zu der Äußerung veranlaßte: »Rapallo mag unumgänglich gewesen sein. Aber der wahre deutsch-russische Staatsvertrag wird Abend für Abend im *Blauen Vogel* abgeschlossen.«

Welche Bedeutung der *Blaue Vogel* auch in deutschen Künstlerkreisen hatte, geht aus der Hommage Else Lasker-

Schülers hervor, die den Zauber des kleinen Theaters in einem Brief so würdigte:

»Hochzuverehrender Herr Conferencier Jushny!

Man kann so etwas nicht träumen! Die Specie Ihres blauenVogels kam bis jetzt hierzulande nicht vor. Ich spreche zu allen Menschen von Ihrem blauen Vogel; jeden Abend käme ich am liebsten in den bunten Gottesdienst; er beseeligt. Ich sagte es Ihnen schon selbst, Herr Conferencier, Ihr Cabaret sei das erste, das keine Zote als Violinschlüssel trage. Sie sind der Zauberer, der Papier in Seide, der ein Gemälde in Fleisch und Blut verwandelt . . . Ich danke Ihnen für jede Minute in Ihrem Cabaret, dem unvergleichlichen blauen Vogel.«

Die vielen, einander oft widersprechenden, aber letztlich ein vielfältiges Kulturgeflecht bildenden geistigen und künstlerischen Strömungen Rußlands wurden in der Zeit des Berliner Exils gepflegt und weiterentwickelt. Ein paar Jahre lang war Berlin Gastgeberin eines immensen kulturellen Reichtums, der die Stadt belebte und ihr Gesicht mitprägte. Mit Aufkommen des Faschismus sind wichtige Ansätze einer kulturellen Kooperation von Russen und Deutschen zerstört worden. Viele der Künstler und Schriftsteller, die Berlin eine Zeitlang zur Kulturmetropole machten, haben den stalinistischen Terror nicht überlebt. Der Totalitarismus unseres Jahrhunderts war ein Feind der mit dem Aufbruch der Revolution beginnenden neuen Strömungen in Kunst und Literatur.

Emils Vater

Erich Kästner

Gegen seinen Willen verschlug es den jungen Kästner nach Berlin. Er wuchs in Dresden auf, studierte in Leipzig Germanistik, Theatergeschichte, Philosophie und Geschichte. Schon als Student schrieb er Theaterkritiken, Feuilletons, politische Glossen und Gedichte und war Kulturredakteur bei der *Neuen Leipziger Zeitung*. Nach einem Skandal um ein satirisches erotisches Gedicht wurde er im September 1927 als Theaterkritiker nach Berlin geschickt.

Kästners Freund Erich Ohser, bekannt unter dem Pseudonym e. o. plauen und Schöpfer der unvergeßlichen Vater-und-Sohn-Bildgeschichten, hatte das umstrittene Gedicht illustriert und war deshalb ebenfalls entlassen worden. Er zog mit nach Berlin. Schon bald entpuppte sich der unfreiwillige Umzug als »Fußtritt Fortunas«. Hier genossen die beiden Freunde das Leben, zogen durch Cafés, Bars, Nachtclubs und Stripteaselokale und besuchten die unzähligen Theater und Kabaretts. »Berlin war damals die interessanteste Großstadt der Welt, und wir bereuten den Tausch keine Stunde. Wir entdeckten Berlin auf unsere Weise und berichteten davon in illustrierten Reportagen, die uns die Provinzpresse abkaufte. Wir saßen stundenlang in unserem Café am Nürnberger Platz und erfanden politische und unpolitische Witze.«

Berlin war genau der richtige Ort, an dem sich das Talent des jungen Lyrikers, Schriftstellers und Journalisten Kästner entfalten konnte. Schon bald hatte er Kontakt zur Theater- und Filmwelt und zu den Schriftstellerkollegen seiner Zeit, zu Egon Erwin Kisch, Kurt Tucholsky, Roda Roda, Robert Musil, Alfred Polgar oder Carl von Ossietzky. Das *Carlton* am Nürnberger Platz wurde zu seinem Stammcafé. Es lag unweit der Prager Straße, in der er für achtzig Mark im Monat zur Untermiete wohnte. Das Café wurde sein eigentlicher Arbeitsplatz, bis tief in die Nacht saß er oft bei Champagner und arbeitete an seinen Texten. Er schrieb für die verschiedensten Zeitungen wie die *Weltbühne*, die *Vossische Zeitung* und das *Berliner Tageblatt*; dem *Montag Morgen* lieferte er jede Woche ein Gedicht. Außerdem verfaßte er Texte fürs Kabarett, Chansons, Sketche, Drehbücher, Gedichte, Romane und Kinderbücher. Kästners Berliner Jahre von 1927 bis 1933, in denen er frei veröffentlichen konnte, waren die produktivsten und erfolgreichsten seines Lebens.

Kurz nach seiner Ankunft in Berlin lernte er Edith Jacobsohn, die Witwe des *Weltbühnen*-Herausgebers Siegfried Jacobsohn, kennen, die einen Kinderbuchverlag besaß. Sie schlug Kästner vor, ein Buch für Kinder zu schreiben. Es war sein erster Versuch auf diesem Gebiet. Doch mit welchem Erfolg! 1928 erschien *Emil und die Detektive,* das eine Riesenauflage erlebte und in zahlreiche Sprachen übersetzt wurde. 1930 wurde es als Theaterstück uraufgeführt, 1932 von Gerhard Lamprecht nach einem Drehbuch von Billy Wilder verfilmt. Der Film war so beliebt, daß er noch in den Kinos lief, als Kästners Bücher und Schriften von den Nationalsozialisten schon längst verboten und aus allen Buchhandlungen und Bibliotheken verbannt waren.

Die Geschichte von Emil, der aus der Provinz nach Berlin zu seiner Großmutter fährt, im Zug bestohlen wird und dann in Berlin mit Hilfe einer ganzen Bande von Berliner Gören den Dieb verfolgt und dingfest macht, faszinierte die kleinen Leser. Bis dahin hatte es vorwiegend brave und gehorsame Kinder als Buchhelden gegeben. Mit diesem Buch, in das Kästner viele autobiographische Erlebnisse eingeflochten hat, offenbarte der junge Dresdner seine Doppelbegabung als Erwachsenen- und Kinderbuchautor. Seine späteren Kinderbücher wurden nicht weniger berühmt und sind bis heute weltweite Klassiker. In Japan und den USA lernen die Kinder mit »Emil« Deutsch.

Zum Reiz von Kästners Kinderbüchern trugen auch die Illustrationen von Walter Trier bei, einem engen Freund Kästners. Edith Jacobsohn hatte die beiden zusammengebracht. Über Ländergrenzen hinweg, als Trier aufgrund seiner jüdischen Abstammung schon längst emigriert war, arbeiteten die beiden, der Autor und der Zeichner, immer noch zusammen. Bis zu seinem Tod 1951 im kanadischen Exil illustrierte Trier sämtliche Kinderbücher von Kästner.

Der Erfolg und das große Arbeitspensum, das Kästner täglich bewältigte, zwangen ihn dazu, eine Sekretärin zu beschäftigen. Dabei hatte er eine glückliche Hand: Er stellte die junge Elfriede Mechnig ein, die lieber für einen Schriftsteller arbeitete, denn als »Tippse« im Handelskontor zu enden. Beim Vorstellungsgespräch fragte Kästner sie: »Wollen Sie mir helfen, berühmt zu werden?« Fünfundvierzig Jahre lang waren die beiden, Kästner & Co., ein gutes Arbeitsteam. All die Jahre hindurch nannte Kästner seine Sekretärin »& Co.«, selbst in Briefen redete er sie mit »Liebe & Co.« an.

1929 verdiente er endlich genügend Geld, um sich eine richtige Wohnung in Berlin zu leisten, und zog in die Roscherstraße 16, eine Seitenstraße des Kurfürstendamms, ganz in der Nähe vom Lehniner Platz.

1930 brachte Kästner seinen dritten Gedichtband *Ein Mann gibt Auskunft* heraus. Im folgenden Jahr erschien sein großer, literarisch ambitionierter Roman *Fabian. Die Geschichte eines Moralisten.* Es ist eine bittere, zuweilen zynische Großstadtsatire auf Berliner Verhältnisse Ende der zwanziger Jahre, zur Zeit der großen Weltwirtschaftskrise. In stark überzeichneten Bildern entwirft Kästner hier das Bild eines Sündenbabels.

Der eigentliche Titel des Romans, der vom Verleger abgelehnt wurde, lautete »Der Gang vor die Hunde«. Hier war nicht vom Scheitern eines einzelnen, sondern dem Untergang einer ganzen Gesellschaft die Rede. Kästner wollte mit seiner Großstadtsatire vor der sich deutlich abzeichnenden Katastrophe warnen.

Für das Buch, das kurz nach seinem Erscheinen schon vergriffen war, erntete der Autor gleichermaßen Lob und Kritik. »Ein unmoralisches Buch von höchster Moral« wurde es im *Berliner Tageblatt* genannt. Hans Fallada schrieb anerkennend: »Kästner kennt Berlin, was er da zeichnet, ist so sauber und klar hingesetzt . . . jedes Detail stimmt. Es ist eine Hölle, aber in dieser Hölle leben noch viele Menschen, die an etwas glauben, Idylliker meinethalben . . . Tut, was ihr wollt, sagt Fabian Kästner, wir werden nicht auf die Anständigkeit verzichten.«

Von rechts wurde Kästner heftig angefeindet, man warf ihm Pornographie und Unmoral vor, verleumdete ihn als »Schund- und Schmutzschreiber«.

Zwei Jahre blieben Kästner noch, in denen er als Schriftsteller frei arbeiten und unzensiert veröffentlichen konnte. Bereits im Januar 1932 schrieb Kästner an seine Mutter in Dresden über die Frage, ob er seinen vierten Gedichtband jetzt oder später herausbringen solle: »Aber was hat Warten für Zweck, wo man damit rechnen muß, daß das Schreiben bald nur noch unter ganz strenger Zensur möglich sein wird.«

Kästner hatte die drohende Zensur vorausgesehen, aber nicht geahnt, mit welcher Härte sie ihn treffen würde: 1933 erhielt er Schreibverbot, nur im Ausland konnten seine Bücher noch erscheinen. Am 6. Mai 1933 erging ein Rundschreiben an alle Buchhandlungen: »Der Kampfausschuß ersucht Sie hiermit, aus Ihrer Leihbücherei und aus dem Vertrieb all die Literatur zu entfernen, die Sie auf der anliegenden ›Schwarzen Liste‹ vermerkt finden . . . damit diese Bücher am 10. Mai auf dem Opernplatz öffentlich verbrannt werden können. Wir behalten uns vor, jene Büchereien, die unseren Kampf in der erbetenen Weise unterstützen, in einer besonderen Aktion als im völkischen Sinn zuverlässig und empfehlenswert bekanntzugeben.« Auf der Liste standen neben vielen anderen: Bertolt Brecht, Alfred Döblin, Sigmund Freud, Ernst Glaeser, Maxim Gorki, Ernest Hemingway, Erich Kästner, Jack London, Heinrich und Thomas Mann, Erich Maria Remarque und Kurt Tucholsky.

Am 10. Mai 1933 wurden auf dem Opernplatz in Berlin, direkt gegenüber der Universität, der altehrwürdigen Stätte des Geistes, 20 000 Bücher dem Feuer übergeben. Von den deutschen Autoren, deren Bücher in jener Nacht verbrannt wurden, war Kästner der einzige, der diese gespenstische Szene als Augenzeuge miterlebte: »Ich stand vor der Universität, eingekeilt zwischen Studenten in SA-Uniform, den Blüten der Nation, sah unsere Bücher in zuckenden Flammen fliegen und hörte die schmalzigen Tiraden des kleinen abgefeimten Lügners. Begräbniswetter hing über der Stadt. Der Kopf einer zerschlagenen Büste Magnus Hirschfelds stak auf einer langen Stange, die, hoch über der stummen Menschenmenge, hin und her schwankte. Es war widerlich.«

Kästner mußte mitansehen, wie ein Student seinen Roman *Fabian* und seine vier Gedichtbände auf den Scheiterhaufen warf mit den Worten: »Gegen Dekadenz und mo-

Dieses berühmte Geschichte vom beherzten Emil und der mutigen Schar seiner Anhänger schrieb Erich Kästner Ende der zwanziger Jahre. Damit begann seine Karriere als einer der erfolgreichsten Kinderbuchautoren.

ralischen Zerfall! Für Zucht und Sitte in Familie und Staat! Ich übergebe den Flammen die Schriften von Heinrich Mann, Ernst Glaeser und Erich Kästner!«

Schon der Reichstagsbrand am 27. Februar 1933 mit den anschließenden Verhaftungen war für viele Intellektuelle, so auch für die Verlegerin Edith Jacobsohn, das letzte Signal zur Flucht gewesen. Freunde rieten Kästner, der sich an jenem Tag zufällig in Zürich aufhielt, dringend zur Emigration. Er aber entschied sich zur Rückkehr nach Berlin. Als er in Zürich in den Zug nach Berlin stieg, fuhr auf dem Nebengleis ein Zug aus Deutschland ein, dem viele geflohene Bekannte und Schriftstellerkollegen Kästners entstiegen. Er kehrte dennoch zurück. Auch in den zwölf folgenden Jahren der NS-Diktatur nutzte Kästner keine der zahlreichen Auslandsreisen zur Flucht. Er wollte die Vorgänge selbst beobachten und bezeugen.

»Ich bin ein Deutscher aus Dresden in Sachsen,
Mich läßt die Heimat nicht fort,
Ich bin wie ein Baum, der, in Deutschland gewachsen,
wenn's sein muß, in Deutschland verdorrt.«

Kästner blieb nicht nur, er bemühte sich auch, andere von der Flucht abzuhalten. »Ein Schriftsteller will und muß erleben, wie das Volk, zu dem er gehört, in schlimmen Zeiten sein Schicksal erträgt. Gerade dann ins Ausland zu gehen, rechtfertigt sich nur durch akute Lebensgefahr. Im übrigen ist es seine Berufspflicht, in jedes Risiko zu laufen, wenn er dadurch Augenzeuge bleiben und eines Tages Zeugnis ablegen kann.« Keinen einzigen von denen, die zur Flucht entschlossen waren, konnte er umstimmen. Hierüber war er nach dem Ende der Nazi-Diktatur sehr erleichtert. Wie schuldig hätte er sich gefühlt, wenn jemand auf sein Anraten hin geblieben wäre und dafür mit dem Leben hätte bezahlen müssen!

Neben allen politischen Erwägungen hat auch die tiefe und innige Beziehung zu seiner Mutter für Kästners Verhalten eine Rolle gespielt. Er war das einzige Kind seiner

Eltern, stand immer in engem Kontakt zu seiner Mutter, sie schrieben und besuchten einander häufig, und sie war über sein privates und berufliches Leben bestens informiert. Erich war ihr »ein und alles«. Ständig wanderten Wäschepakete zwischen Berlin und Dresden hin und her, noch als Kästner sich längst einen anderen Wäschedienst leisten konnte. Nie hätte er seine geliebte Mutter allein in Deutschland zurückgelassen.

Obwohl seine Bücher im neugegründeten Schweizer Atrium-Verlag und nicht in Deutschland erschienen, wußte er, daß jede Zeile von ihm im Propagandaministerium mit Argusaugen gelesen wurde. Aus der Not heraus schrieb er leichte Unterhaltungsromane wie *Drei Männer im Schnee* oder *Die verschwundene Miniatur*.

1934 und 1937 wurde Kästner von der Gestapo verhaftet, verhört und wieder freigelassen. Die Angst vor einer erneuten und dann vielleicht endgültigen Verhaftung ließ ihn von nun an nicht mehr los. Er wurde vorsichtig. Ahnte er eine drohende Verhaftungswelle in Berlin, verließ er die Stadt und fuhr zu den Eltern nach Dresden.

Von 1935 bis 1939 war Kästner mit der jungen Schauspielerin Herti Kirchner befreundet. Sie trat im Kabarett *Tingel-Tangel* auf, das von der jüdischen Schauspielerin Trude Kolman geleitet wurde. Das *Tingel-Tangel* und das von Werner Finck geleitete Kabarett *Katakombe* wurden im Mai 1935 wegen regimekritischer Haltung geschlossen. Trude Kolman emigrierte, Werner Finck und andere Schauspieler des *Tingel-Tangel* und der *Katakombe* wurden verhaftet und für mehrere Wochen ins Konzentrationslager gebracht. Kästners Freundin Herti Kirchner blieb auf freiem Fuß. Vier Jahre später kam sie bei einem Autounfall ums Leben, für Kästner ein schwerer Schicksalsschlag.

In der Nacht vom 9. auf den 10. November 1938 fuhr Kästner zufällig morgens um drei im Taxi den Tauentzien hinauf. So wurde er Augenzeuge des Pogroms gegen jüdische Geschäfte und Gotteshäuser. »Es war, als bestünde die ganze Stadt aus nichts wie krachendem Glas. Es war eine Fahrt wie quer durch den Traum eines Wahnsinnigen.« Zweimal wollte er aussteigen, wurde aber daran gehindert und zur Weiterfahrt gezwungen.

Während des Krieges schrumpften Kästners Einnahmen in dem Maße, in dem sich Deutschland ausdehnte. In jedem besetzten Land wurden seine Bücher aus den Buchhandlungen und Büchereien entfernt. Rückblickend schrieb er: »Es ist ein merkwürdiges Gefühl, ein verbotener Schriftsteller zu sein und seine Bücher nie mehr in den Regalen und Schaufenstern der Buchläden zu sehen. In keiner Stadt des Vaterlands. Nicht einmal in der Heimatstadt. Nicht einmal zu Weihnachten, wenn die Deutschen durch die verschneiten Straßen eilen, um Geschenke zu besorgen. Zwölf Weihnachten lang! Man ist ein lebender Leichnam.«

Im Januar 1940 hielt Kästner in zwei an sich gerichteten Briefen Zwiesprache mit sich selbst. In diesen bewegenden Briefen kommt seine tiefe Einsamkeit zum Ausdruck. »Wer Sie flüchtig kennt, wird nicht vermuten, daß Sie einsam sind; denn er wird Sie oft genug mit Frauen und Freunden sehen. Diese Freunde und Frauen freilich wissen es schon besser, da sie immer wieder empfinden, wie fremd Sie ihnen trotz allem bleiben . . . Sie haben Freunde und Feinde in Fülle und sind, dessen ungeachtet, allein wie der erste Mensch!« Zuweilen hatte Kästner das Gefühl, sich selber fremd geworden zu sein. Neben seiner Einsamkeit spricht aus den »Briefen an mich selber« eine tiefe Resignation über die Unverbesserlichkeit der Menschen. Jahrelang hatte Kästner als überzeugter Moralist Bücher in der Absicht geschrieben, »der Mitwelt zu erzählen, Kriege seien verwerflich, das Leben habe einen höheren Sinn als etwa den, einander zu ärgern, zu betrügen und den Kragen umzudrehen . . .« Nun, nach sieben Jahren NS-Diktatur und angesichts des Krieges kam Kästner zu der Einsicht: »Es ist eine Anmaßung, die Welt, und eine Zumutung, die Menschen veredeln zu wollen. Das Quadrat will kein Kreis werden: auch dann nicht, wenn man es davon überzeugen könnte, daß der Kreis die vollkommenere Figur sei.«

1942 erhielt Kästner ein überraschendes Angebot: Man fragte ihn, ob er das Drehbuch für den Jubiläumsfilm zum fünfundzwanzigjährigen Bestehen der Ufa schreiben wolle. Kästner willigte ein. Es gab allerdings nur eine mündliche Absprache und keine schriftlichen Verträge. So verfaßte er das Drehbuch für den *Münchhausen*, den Josef von Baky mit dem Publikumsliebling Hans Albers drehte. Das Projekt verschlang mitten im Krieg die ungeheure Summe von sieben Millionen Mark. Bei der Produktion wurde an nichts gespart. Kästner schrieb unter dem Pseudonym Bertold Bürger. Als Hitler sich vorab Szenen aus dem Film zeigen ließ und erfuhr, daß Erich Kästner der Drehbuchautor war, geriet er außer sich: Kästner erhielt absolutes Schreibverbot, selbst im Ausland durfte er nicht mehr veröffentlichen. Der Zensur zum Trotz hatte er es geschafft, kleine Spitzen in den Film einzubauen. So ließ er den gealterten Casanova zu Prinzessin Isabella sagen: »Die Staatsinquisition hat zehntausend Augen und Arme. Und sie hat die Macht, recht und unrecht zu tun.« Der Film wurde im März 1943 im Ufa-Palast am Zoo uraufgeführt, aber Kästners Pseudonym erschien im Vorspann nicht.

Kästners Stammkneipe war damals eine winzige Bar in der Schlüterstraße/Ecke Kurfürstendamm, das *Bardinet*. Dort traf er sich mit den wenigen Freunden, die geblieben waren. Manchmal ging es dort dem Krieg zum Trotz so lustig zu, daß man im Gelächter nicht den Bombenalarm hörte, die anschließende Entwarnung für den eigentlichen Alarm hielt und dann mit dem Notkoffer in der Hand auf die Straße stürzte, um in den Luftschutzkeller zu laufen. Im Februar 1944 wurde Kästners Wohnung in der Roscherstraße völlig ausgebombt, er verlor seine viertausend Bücher und seine ganze Habe. Lange noch trug er die Schlüssel zu seiner Wohnung, die es nicht mehr gab, mit sich herum. Er zog in die Sybelstraße zu seiner Freundin Luiselotte Enderle, einer Dramaturgin bei der Ufa.

Kästners Freund Erich Ohser wurde ein Opfer der Nazis. Im Luftschutzkeller hatten er und sein Freund, der Journalist Erich Knauf, einander politische Witze erzählt. Ihre Gespräche wurden von einem Hauptmann der Reserve täglich protokolliert, schließlich denunzierte er die beiden wegen »defätistischer Äußerungen« bei der Gestapo. Am 6. April 1944 wurde Knauf vom obersten Nazirichter Freisler zum Tode verurteilt und am 3. Mai hingerichtet. Die Henkerskosten mußte seine Witwe dem Staat innerhalb einer Woche nach der Hinrichtung erstatten. Ohser erhängte sich in der Nacht vor der Verhandlung in seiner Zelle.

Auf Einladung eines wohlhabenden Tuchhändlers verbrachten Kästner und seine Freundin Lotte gelegentlich ein paar Tage und manchen Abend auf dem Land. Der Industrielle besaß bei Potsdam eine Villa an der Havel. Selbst kurz vor Kriegsende, im Februar 1945, richtete er große Feste aus. Butter, Kaffee und Kognak, weiße Semmeln und Würste, Sekt und Wein und Schweinebraten, all dies wurde nach Anbruch der Dunkelheit ins Haus geschleppt, zu einer Zeit, da Lebensmittel streng rationiert waren und man sie nur auf Bezugsschein erhalten konnte. »Man lacht und tafelt in einem Landhaus an der Havel, und die russischen Panzer stehen, bei Frankfurt und Küstrin, an der Oder. Man trinkt Sekt und tanzt, und noch gestern saßen wir, in Charlottenburg und Wilmersdorf, im Keller, während zwölfhundert Flugzeuge ihre Bomben ausklinkten . . . und nicht weit von hier, in Brandenburg und Oranienburg, beginnen die Häftlinge zu hoffen und die Lagerkommandanten zu zittern.«

Es war der Tanz vor dem Untergang. Manchmal traten die Gäste nachts mit dem Glas in der Hand ins Freie und betrachteten von weitem die Luftangriffe auf Berlin, sie sahen das bizarre Schauspiel der »langsam und lautlos sinkenden feindlichen Leuchtkugeln und glitzernden Christbäume«. Es war, als seien sie selbst davon nicht betroffen. Kästner war sich der makabren Absurdität dieser Feste bewußt. Er konnte nicht mit ganzem Herzen daran teilnehmen. Als sie eines Tages nach Berlin zurückfuhren, begegneten ihnen Flüchtlingstrecks. »Einmal zogen zwei der traurigen Kolonnen in entgegengesetzter Richtung aneinander vorbei! Das wirkte unheimlich. Man hatte den aberwitzigen Eindruck, jede der beiden Gruppen suche in den brennenden Gehöften der anderen ihre Zuflucht. Der Anschein wurde zur Allegorie.«

Kästner hat nach dem Krieg nie, wie eigentlich geplant, seinen großen Roman über die zwölf braunen Jahre geschrieben. Aber sein Tagebuch *Notabene 45* aus den letzten drei Kriegsmonaten und den ersten Nachkriegsmonaten ist höchst aufschlußreich. Kästners Talent, die scharfe Beobachtungsgabe, kommt hier ganz zur Geltung. Es sind die vielen kleinen Detailbeobachtungen, die Einblick in das Leben kurz vor Kriegsende geben, als Stromsperren, nächtliche Luftangriffe, plötzlicher Verlust der Wohnung, Lebensmittelrationierung, Durchhaltepropaganda, Gerüchte über die Schrecken und die Flüchtlingstrecks im Osten, Panzersperren und Aufstellung des Volkssturms zum Alltag gehörten. Dieses Tagebuch schließt mit der Wiedergabe des erschütternden Berichts eines Überlebenden von Auschwitz, der in aller Kürze die Grausamkeit und den Irrsinn der Konzentrationslager beschreibt.

Am 13. Februar 1945 wurde Dresden zerstört. Über kurz oder lang würden die Russen Berlin erobern. So suchte jeder verzweifelt nach einer Möglichkeit, aus der Stadt herauszukommen. Dies war nur mit offiziellem Passierschein möglich. Kästner gelang es, durch den befreundeten Ufa-Herstellungsgruppenleiter Eberhard Schmidt eine gefälschte Genehmigung, die aber auf seinen wahren Namen lautete, zu bekommen. Schmidt schlug Kästner vor, sich einer Filmexpedition ins Zillertal anzuschließen. Dem Propagandaministerium hatte Schmidt erklärt – so, als glaube er an dessen Lügen –, daß man im Falle des deutschen Endsiegs auch weiter deutsche Filme benötige. Die Gefährdung der Schauspieler durch die Bombenangriffe auf Berlin sei groß, so daß man daher einen Film mit Außenaufnahmen im Zillertal drehen müsse. Die Drehgenehmigung wurde erteilt, und so konnte Kästner mit der Truppe von Schauspielern, Maskenbildnern und Kameraleuten aus Berlin nach Mayrhofen ins Zillertal fliehen.

In Mayrhofen, das von Flüchtlingen schon überfüllt war, waren die Berliner Filmleute höchst unwillkommen. Die Einheimischen, denen die Hiobsbotschaften ihrer gefallenen Söhne überbracht wurden, sahen mit blankem Unverständnis, wie die Berliner Filmtruppe Tag für Tag in Kostümen ins Freie zog und einen Film drehte. Die Leute konnten nicht wissen, daß es sich bei diesem Spektakel um eine verkappte Evakuierungsmaßnahme handelte und daß mit leerer Kamera gedreht wurde.

In Mayrhofen erlebte Kästner das Kriegsende. Danach zog er nicht nach Berlin zurück, sondern ging nach München, wo er am Wiederaufbau des Zeitungs- und Theaterlebens mitwirkte.

Im September 1946, also nach anderthalbjähriger Abwesenheit, sah er Berlin zum ersten Mal wieder. »Diese Stadt ist zwar nicht meine Heimat. Doch ich habe die schönsten und die schlimmsten Jahre darin verbracht. Sie ist sozusagen meine Busenfreundin. Ich will den etwas heiklen Vergleich nicht tothetzen, sondern nur bemerken, daß man sich mit solchen Freundinnen manchmal besser versteht als mit der eigenen Frau.« Auf langen Spaziergängen zog Kästner durch die zertrümmerte Stadt. »Die Innenstadt ist ein menschenleeres, säuberlich aufgeräumtes Pompeji. Man haust in Randstädten wie Charlottenburg, Neukölln, Zehlendorf und Tempelhof.« Ausländische Journalisten versicherten dem Schriftsteller, Berlin sei zur Zeit die interessanteste Stadt der Welt. Kästner bewunderte die Energie und den Aufbauwillen der Berliner. »Die Berliner . . . sind fleißig, tapfer, zuversichtlich und keß wie je zuvor. Wer mit ihnen in den Luftschutzkellern gesessen hat, wer dann durch die brennenden Straßen ging und hörte, wie sie sofort wieder am Werke waren, wie sie sägten und hämmerten, daß sich die Göttin der Nacht die Ohren zuhielt, der weiß Bescheid. Und wer, wie ich, zufällig neben dem Mann stand, der im Flammensturm zum Himmel hoch sah und sagte: ›Wenn die Tommies so weitermachen, dann müssense sich nächstens die Häuser selber mitbringen‹, der weiß, daß die Berliner außer ihrer sagenhaften großen Schnauze noch andere Eigenschaften besitzen. Ob es ihnen gelingen wird, Berlin wieder hochzureißen, hängt nicht nur von ihnen ab. Aber eins kann man getrost schon heute sagen: ›Wenn es den Berlinern nicht gelingen sollte, dann ist es überhaupt nicht möglich.‹«

Fenster zum Hof

Gottfried Benn

»Ja, ich bin seit 1904 in Berlin ansässig und bin immer hier gewesen mit Ausnahme der Kriegszeiten ... Berlin ist natürlich die Stadt, die mich geprägt hat und in der ich gelernt habe und was geworden bin.« Geworden ist Gottfried Benn Arzt und einer der bedeutendsten modernen Lyriker Deutschlands. Es war kein leichter Weg, der den damals Neunzehnjährigen in die Reichshauptstadt führte, denn nach dem Willen des Vaters sollte er Nachfolger in dem Selliner Pfarrhaus in der Neumark werden. Vier Semester hielt er das ungeliebte Studium der Theologie und Philologie in Marburg und Berlin aus. Dann endlich konnte er sich seinen Herzenswunsch erfüllen und an der Kaiser-Wilhelm-Akademie für das militärärztliche Bildungswesen, der sogenannten Pépinière, Medizin studieren.

Innerhalb der geschlossenen Welt des preußischen Offiziertums, deren Regeln er zumindest äußerlich mit tadellosen Manieren zu entsprechen hatte, blieb dem jungen Benn das brodelnde Leben Berlins noch fremd. Erst ab 1910, nach Abschluß des Studiums, als er im Rahmen der Ausbildung seine ärztliche Tätigkeit aufnahm, begann die »kreisende Weltfabrik« auf ihn zu wirken. »Dr. Benn steigt in die Gewölbe seines Krankenhauses und schneidet die Toten auf« (Else Lasker-Schüler). Was er während eines Sektionskurses im Moabiter Krankenhaus erlebte, verwirrte, erregte und faszinierte den angehenden Arzt. Die Leichen ermordeter Prostituierter, verunglückter Obdachloser, überrollter Bierkutscher – die Ärmsten der Armen gerieten unter sein Messer. Diese quälenden Erfahrungen, extreme Eindrücke, die ihn tief anrührten, fanden ihre expressive Umsetzung in Benns erstem Gedichtzyklus *Morgue*, was übersetzt Leichenschauhaus heißt: »Als ich die ›Morgue‹ schrieb, mit der ich begann und die später in so viele Sprachen übersetzt wurde, war es abends, ich wohnte im Nordwesten von Berlin und hatte im Moabiter Krankenhaus einen Sektionskurs gehabt. Es war ein Zyklus von sechs Gedichten, die alle in der gleichen Stunde aufstiegen, sich herauswarfen, dawaren, vorher war nichts von ihnen da; als der Dämmerzustand endete, war ich leer, hungernd, taumelnd und stieg schwierig hervor aus dem großen Verfall.«

Die *Morgue* erschien 1912 im Verlag A. R. Meyer, Berlin-Wilmersdorf, und wurde ein explodierender Skandal – kaum eine Zeitung inner- und außerhalb Berlins, die nicht in ein zeterndes »Pfui Teufel!« ausbrach. Doch so vehement die Ablehnung auf der einen Seite auch war, mit seinem lyrischen Debüt schrieb Benn sich gleichsam in die Herzen der Berliner Boheme und Künstler-Avantgarde. Hier war der »infernalische Snob«, der »typische Kaffeehausliterat« geradezu willkommen. Vor allem ein Herz hatte der Jung-Star Gottfried Benn tief getroffen, das der Lyrikerin Else Lasker-Schüler. Sie pries seine Gedichte als »grauenvolle Kunstwunder, Todesträumerei, die Kontur annahm . . . Jeder seiner Verse ein Leopardenbiß, ein Wildtiersprung. Der Knochen ist sein Griffel, mit dem er das Wort auferweckt«.

Die um etliche Jahre ältere Dichterkollegin war es dann

auch, die ihn in das flimmernde Berlin der Künstler und Literaten einführte. Nunmehr war er im Herzen der Stadt, »in der City, nur in ihr, schwärmen und klagen die Musen«. Gottfried Benn begab sich in die Cafés, mischte sich unter die kreativen Köpfe Berlins und schrieb Gedichte. Es war Else Lasker-Schüler, die die große Begabung des jungen Poeten erkannte und die einflußreichen Förderer und Zeitschriftenherausgeber auf ihn aufmerksam machte: »In einem Restaurant in der Friedrichstraße saß unser Doktor, Herwarth. Ich wollte dort nur telephonieren, aber da ich ihn bemerkte, schlich ich auf die Galerie und betrachtete ihn aus der Vogelperspektive. Er war allein, sonst nur abgedeckte Tische. Drum begann er zu summen, und es war seine Stimme, die bald an die Säulen des Saals brandete ... Des Doktors Stimme ist stellenweise noch ungeheftet, ich konnte manche von den schwarzen Perlen in die Hand nehmen ... die Meeresstimme des Doktors wäre auf Taue zu reihen.« Und sie bedrängte ihren Mann Herwarth Walden, von dem sie im Jahr 1912 schon getrennt lebte, die Gedichte des neuen Talents in die Zeitschrift *Sturm* aufzunehmen.

Aus den flüchtigen Begegnungen an zentralen Treffpunkten der jungen Kunstszene, in Cafés oder Galerien, entbrannte eine heftige Liebesbeziehung, an der sämtliche Literatur-Interessierte Anteil haben konnten. In einem Dialog der Liebe schrieben sich Gottfried Benn und Else Lasker-Schüler in der Zeitschrift *Aktion* gegenseitig Gedichte, die an Deutlichkeit und Offenherzigkeit nichts ausließen. Hier umwirbt der junge Poet vor aller Augen die erfahrene Dichterin:

Mein königlicher Becher!
Meine schweifende Hyäne!
Komm in meine Höhle. Wir wollen helle Haut sein.
Bis der Zedernschatten über die kleine Eidechse lief:
Du – Glück –

Auch die Angebetete dichtete plastisch sinnliche Bilder an ihren geliebten »Giselheer«:

Im Zwielicht schmachte ich
Gebunden am Buxbaumstamm –

Ich kann nicht mehr sein
Ohne das Skalpspiel.

Rote Küsse malen Deine Messer
Auf meine Brust –

Bis mein Haar an deinem Gürtel flattert.

Für die Zeit ihrer Liebe im Jahr 1912/13 erliegt der junge Gottfried Benn den Verlockungen des avantgardistischen Künstlerlebens und läßt sich von der großen Lyrikerin, die in den Kreisen der Berliner Boheme bereits bestens bekannt ist, in den Bann ziehen. Als »Prinz Jussuf« und »Giselheer« ziehen sie durch die Cafés und lassen sich durch das nächtliche Berlin treiben. Kurz taucht Benn in das abgründige Leben der schillernden Persönlichkeit Lasker-Schülers ein. Er betritt ihre Dachkammern und Absteigen, die sie ihr Zuhause nennt, und sieht das materielle Elend der exzentrischen Künstler-Elite, die ihre Tage und Nächte zumeist auf Pump im *Café des Westens* und in den literarischen Zirkeln verbringen.

Gegensätzlicher kann man sich die Welten, zwischen denen sich Benn in dieser Zeit bewegte, nicht vorstellen. Als Absolvent der Friedrich-Wilhelm-Akademie hätte er für einige Jahre als Militärarzt dienen müssen, konnte dem im Sommer 1912 jedoch entgehen. Man diagnostizierte eine Senkniere, die ihn feld- und garnisondienstunfähig machte. Dennoch war das preußische Offiziertum immerhin für fünf Jahre das Lebensumfeld des angehenden Dichters. Auch seine anschließenden Tätigkeiten in der Berliner Charité oder in dem pathologisch-anatomischen Institut des Westend-Krankenhauses standen in deutlichem Kontrast zu dem ungebundenen Dasein der Künstler-Boheme. So verwundert es nicht, daß die Zeit der Leidenschaft mit dem »Schwan Israels« nicht lange dauern konnte. Jenseits aller bürgerlichen Moral war der Lebensweg der Gefährtin für den sechsundzwanzigjährigen Benn zu frei, zu ungehemmt und zu haltlos; sie selbst für ihn zu überspannt, zu fordernd, zu wild und zu extrem. Bald schon lassen sich andere Töne in dem Dialog der Liebe vernehmen. Gottfried Benn entzieht sich und sucht Schutz vor den bedrängenden Anstürmen der impulsiven Else Lasker-Schüler:

Keiner wird mein Wegrand sein.
Laß deine Blüten nur verblühen.
Mein Weg flutet und geht allein.

Im Herbst 1913, während eines gemeinsamen Aufenthaltes auf Hiddensee, ging die Liebesbeziehung zu Ende, nicht jedoch die Freundschaft. Solange Else Lasker-Schüler in Berlin lebte, stand Benns Haus für die verarmte Lyrikerin stets offen.

Die Beziehung zu ihr war mehr als nur eine vorübergehende Episode. Die Dichterin war zwar nicht sein »Wegrand«, aber vielleicht seine »Weggabelung«. Durch sie hat Benn zum ersten Mal ein Lebenskonzept erfahren, das eine Alternative zu dem seinen hätte werden können. Es wäre für alle Welt sichtbar das bedingungslose Ausleben seines Künstlertums gewesen. Die Veranlagung zu dem Tiefen, Dunklen und Abseitigen hatte er ebenso wie die von ihm stets verehrte Else Lasker-Schüler. Letztlich gab es nur ein Anliegen in ihrer beider Dasein, das sie bedingungslos verfolgten: die Welt in Worte zu formen. So schreibt Gottfried Benn: »Das andere, das abgedeckte Leben bricht plötzlich wieder herein, alle seine Dämonen, Kämpfe, Qualen, Widernatürlichkeiten, seine Neurosen, Beengungen, sein tierisches Müssen, in die einzigen Ausgänge: die Worte.« Else Lasker-Schüler trug ihre Welt, auch die intimste, offen vor sich her, was sie machte, fühlte, dachte, war für jedermann erfahrbar. Anders bei Benn: Sein »abgedecktes Leben« mit allen Abgründen wird unter Verschluß gehalten, er konstruiert sich eine undurchdringbare Sphäre des Alleinseins, »meine ganze Natur ist ja weiter immer das gänzliche Alleinsein«. Sein Rückzug auf sich selbst, seine notwendige Einsamkeit wird zur Quelle des Schöpferischen. Gehalten wird diese fragile innere Welt, sein eigentliches Künstlertum, durch eine festgefügte äußere Existenz. Gottfried Benn wird Arzt für Haut- und Geschlechtskrankheiten und heiratet Edith Osterloh aus Dresden, die er zur Zeit der Trennung von Else Lasker-Schüler 1913 auf Hiddensee kennengelernt hat.

Bevor er sich mit einer eigenen Praxis niederließ und einen gemeinsamen Hausstand mit seiner Frau Edith, dem gemeinsamen Kind Nele (geb. am 8. September 1915) sowie Andreas (Edith Osterlohs Sohn aus erster Ehe) gründete, wurde Benn im Ersten Weltkrieg in das Generalgouvernement nach Brüssel versetzt. Drei Jahre arbeitete er dort als Arzt in einem Prostituiertenkrankenhaus und durchlebte eine künstlerisch außerordentlich produktive Zeit. 1917, nach seiner Rückkehr in das durch die Entbehrungen des Krieges ausgehungerte, chaotische Berlin, richtete er sich seine Praxis in der Belle-Alliance-Straße 12, Ecke Yorckstraße, ein. Vor allem in den wirren Nachkriegsjahren herrschte ein großes Ausmaß an Not und Elend in der Stadt, so daß Benn einen regen Zulauf an Patienten hatte, die bei miserabler Gesundheitslage mit Geschlechtskrankheiten oder sonstigen Hautleiden seine Praxis aufsuchten. Sogar sonntags hatte Dr. Benn Sprechstunde. Diese Praxis war mehr als nur ein Arbeitsplatz, sie bot ihm gleichzeitig Zuflucht vor der Familie, die in einer komfortablen Wohnung in der Passauer Straße 20 lebte. »Von diesen Räumen«, so beschreibt er den Wohn- und Arbeitsplatz, »gingen drei auf die Straße, einer in den Hof. In den Hof ergoß sich ein Musikcafé, das belauschte ich oft, entführende Weisen. Manchmal, wenn ich nachts in mein Schlafzimmer trat, ertönte die Musik. Ich öffnete das Fenster, ich löschte das Licht. Ich stand und atmete den Laut. Lange stand ich.« Und wenn der letzte Patient die Arzträume verlassen hatte, konnte Benn in der Belle-Alliance-Straße, heute Mehringdamm, seiner eigentlichen Arbeit, seiner Dicht- und Schreibkunst, nachgehen. Frau, Tochter und Stiefsohn vernachlässigte der eigenbrötlerische Künstler-Vater aufs gröbste. Nicht, daß er wie viele Ehemänner und Väter nur spät nach Hause gekommen wäre, nein, er erschien wochenlang nicht, und wenn er dann kam, war es nur ein flüchtiger Besuch.

Ein großer Widerspruch zeichnet sich hier in Gottfried Benns Leben ab. Einerseits brauchte er den Rückhalt durch die Frauen – und es gab nicht wenige in seinem Leben –, andererseits konnte er ihre Nähe, das permanente Beisammensein nicht ertragen. »Unmöglich, noch in einer Gemeinschaft zu existieren, unmöglich, sich auf sie zu beziehen in Leben und Beruf.« Der sensible, leicht reizbare Dichter suchte die Abgeschiedenheit, die er nur dann verließ, wenn es ihm genehm war. Er selbst diagnostizierte an sich eine grundsätzliche Abwehrhaltung gegenüber einer Überfülle von Eindrücken. Es war »eine Müdigkeit von hohen Graden, eine gehirnliche Schwere innerer und äußerer Art, die ich geradezu als Widerstand gegen Eindrücke bezeichnen muß . . .« Wenn er die Menschen brauchte, mit ihnen sprechen, einfach nur ihr Treiben beobachten wollte, so gesellte er sich zu ihnen. Er aber bestimmte den Zeitpunkt, unangekündigte Besuche waren ihm ein Graus. Selbst der eigene Bruder wurde bei einem

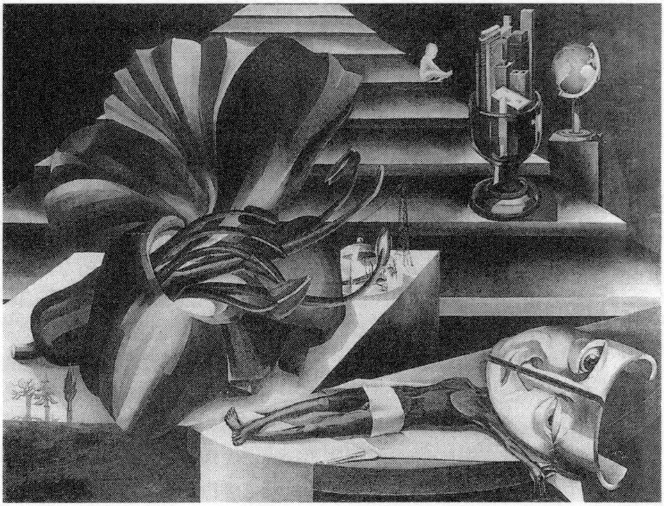

In seinen frühen Gedichten widmete sich Gottfried Benn dem Elend der Ärmsten der Gesellschaft und verschreckte damit das etablierte Bürgertum. Die Atmosphäre der Gedichtsammlung Morgue *findet ihre Entsprechung in dem zeitgenössischen Bild Die Treppe der Malerin Hannah Höch.*

spontanen Besuch barsch abgewiesen und gebeten, sich doch bitte vorher brieflich oder telephonisch anzukündigen. Von 1918 bis 1935 lebte und arbeitete Benn in dieser Praxis; 18 Jahre, die in einer auffallenden Ereignislosigkeit und Gleichförmigkeit verliefen, mit nur wenigen Reisen, einem reduzierten gesellschaftlichen Leben, mit einem geregelten Tagesablauf. Häufig konnte man ihn abends in seiner Stammkneipe, dem *Reichskanzler*, antreffen, wo er sich häufig mit seinem Verleger Erich Reiss traf, man schwieg sich an und verstand sich bestens. Selbst als die Praxis nach dem anfänglichen Boom immer schlechter besucht wurde und die Sprechstundenzeiten sich auf eine Stunde am Nachmittag reduzierten, bedurfte Benn nicht verstärkt der Gesellschaft anderer. Sicher, man traf ihn von

Zeit zu Zeit im *Adlon*, im Restaurant *Schlichter*; in dem mit Else Lasker-Schüler häufig aufgesuchten Stammcafé der Boheme, im *Café des Westens* oder im *Romanischen Café* jedoch kaum mehr.

Nicht Benn war es, der die Menschen aufsuchte, sondern die Menschen suchten seine Nähe. Er besaß zeitlebens eine Aura, die Männer wie Frauen gleichermaßen an sich ziehen konnte. In seinen trotz chronischen Geldmangels stets gutsitzenden Anzügen machte Benn Eindruck auf seine Umgebung, und in Gesellschaft war er der unübersehbare Mittelpunkt, den man hofierte und umkreiste. Das war nicht nur in den Jahren des Ruhmes nach 1948 so; diesen Glanz des Gewichtigen hatte Benn bereits in der Zeit zwischen den Weltkriegen, als er vorwiegend einem Kreis auserwählter Kulturschaffender bekannt war.

Einige Zeitgenossen mögen Benn in seiner Kontaktscheu sicherlich eine menschenfeindliche Lebenshaltung nachgesagt haben. Wie oft müssen besonders die Ehefrauen und Freundinnen, die unter seiner Zurückweisung zutiefst gelitten haben, seine permanente Abkehr wohl als kalte Lieblosigkeit verspürt haben? Die Liebe, die sie ihm dennoch entgegenbrachten, hat mindestens eine von Benns Frauen das Leben gekostet: Seine Freundin Lili Breda, eine Schauspielerin, setzte ihrem Leben verzweifelt ein Ende. »Auf grauenvolle Art. Sie stürzte sich hier von ihrer Wohnung im 5. Stock auf die Straße und kam tot an. Sie rief mich an, daß sie es tun würde. Ich jagte im Auto hin, aber sie lag schon zerschmettert unten . . . Natürlich starb sie an oder durch mich, wie man sagt.« Vielleicht nicht unmittelbar seinetwegen starben seine erste und seine zweite Ehefrau, Edith Osterloh und Hertha von Wedemeyer. Aber er hat sie in ihrem Leid allein gelassen und trägt seinen Anteil an ihrem frühen Tod.

Gottfried Benn konnte aus seiner inneren Abgeschlossenheit, aus seinem egoistischen Selbstbezug heraus, von ungemeiner Härte sein. Aber er war sich dessen bewußt und verspürte auch selbst ein großes Leid darüber, so und nicht anders mit seinen Mitmenschen umzugehen. Um sein fragiles Inneres zu schützen, ja um sich selbst vor Unheil zu bewahren, mußte er diese undurchdringbare Mauer um sich herum aufbauen und erschien dadurch kälter und abweisender, als er vielleicht wollte. So schrieb er an die Freundin Gertrud Zenzes: ». . . ich wußte genau, warum Du weintest; ich habe nur oft, ja meistens so viel Mauern um mich herum, daß ich dem andern kein Verstehen zeigen mag, ich bin so hart geworden, um nicht selber zu zerschmelzen und schließlich auch sehr fremd und sehr allein. Es mag auch sein, daß ich menschliches Leid nicht mag, da es nicht Leid der Kunst ist, sondern Leid des Herzens.« Die Künstler-Natur Gottfried Benn mußte äußerst schützend mit sich selbst umgehen. Seine häufig überspannte Stimmungslage, seine abgründige Melancholie, seine oftmals seelischen und körperlichen Erschöpfungszustände zwangen ihn dazu, sich bedingungslos nur mit sich selbst zu beschäftigen. Da war kein Raum für ein Gegenüber, kein Platz für andere Sorgen als die eigenen.

Dennoch fanden sich in Gottfried Benns Leben zahlreiche Bewunderer. Es gab viele, die ihn liebten und verehrten und ihn als höflichen, wohltuenden Menschen erlebten. Wenn es ihm gut ging und er in Stimmung war, so war er ein guter Gesellschafter und brachte die Leute um sich herum zum Lachen. In der Erinnerung der Tochter Nele wird Benn als liebevoller Mensch beschrieben: »Mein Vater war sehr anziehend. Wie jeder gute Arzt fühlte er sich augenblicklich in die Stimmung des andern ein. Er war unglaublich anregend und aufmerksam. Saß man mit ihm beisammen, ob Kind, junger Mann oder Frau, fühlte man, daß hier der Felsen war, der einen retten oder tragen konnte. Dieser liebe, ruhige, heitere und kluge Mann, dieser Gottfried Benn.« Auch das war Gottfried Benn. Ein

Mann widersprüchlicher Natur, warm- und kaltherzig, offen und verschlossen zugleich.

Das geringe Interesse Benns an seiner Umgebung bezog sich auch auf politische und geschichtliche Vorgänge in seiner Stadt. Im Berlin der zwanziger Jahre überschlugen sich die tagespolitischen Ereignisse: Massendemonstrationen, Straßenschlachten, Ermordung führender politischer Köpfe, horrende Preisinflation und dessen ungeachtet der rasante Boom des Berliner Kulturbetriebes. Was drang davon in die Belle-Alliance-Straße? Es gibt kaum Kommentare und Stellungnahmen von Gottfried Benn zum aktuellen Geschehen dieser Zeit, kein Echo über diese Ereignisse in seinem dichterischen Werk. Der politische Betrieb ekelte ihn an, er hatte keinerlei Interesse, sich damit zu befassen. Zudem war es ihm absolut zuwider, seine Kunst in den Dienst des politischen Sozialismus zu stellen, wie dies von der tonangebenden Künstlerelite gefordert wurde. Die Lyrik hatte für ihn keineswegs die Aufgabe und die Pflicht, im Dienste der Proklamation linker Parteiideale zu stehen. Das sozialistische Fortschrittsgetöse stieß ihn in hohem Maße ab – eine der Ursachen für die heftige Auseinandersetzung zwischen Gottfried Benn und Johannes R. Becher. Becher und Benn waren die angesehensten expressionistischen Lyriker in den zwanziger Jahren, und beide schätzten die literarischen Erzeugnisse des anderen. In ihrer Auffassung darüber, was Kunst zu leisten hatte, drifteten sie jedoch zunehmend auseinander, so daß der parteipolitisch engagierte Johannes R. Becher im September 1929 Benns *Gesammelte Prosa* als »Literatendünkel in seinen widerwärtigsten Formen« verurteilte. Für Benn war es unbegreiflich, wie ein Künstler von Rang sich in den Dienst der extremen sozialistischen Linken stellen konnte, waren es doch in seinen Augen insbesondere die Kommunisten, die der Kunst und allem Geistigen ausgesprochen feindlich und intolerant gegenüberstanden.

Viel unbegreiflicher wird es jedoch bleiben, wie sich Benn einer wesentlich unheilvolleren politischen Partei Deutschlands anschließen konnte. Unausweichlich gerät jeder, der sich der Person Gottfried Benns annähert, an die Stelle seiner Biographie, die als politische Entgleisung, als fataler Irrtum, als sein persönlicher Höllensturz bezeichnet wird. Der bedeutende Dichter ließ sich von den lauthals propagierten nationalsozialistischen Gedanken verführen, und er sprach sich 1933 in aller Öffentlichkeit für den neuen Staat aus. Mit äußerstem Unbehagen ist man bemüht, hier nach rationalen Erklärungen zu suchen, die einen selbst von dem unauflöslichen Widerspruch befreien, von Gottfried Benn zugleich fasziniert und schockiert zu sein. Was an dem vermeintlich geistigen Gebilde der braunen Horde konnte ihn vorübergehend glauben machen, man könne »gewisse weltanschauliche Grundlagen des Nationalsozialismus auf gar keinen Fall aufgeben . . .«? Es war die Rassen-Ideologie der neuen Machthaber, in der Benn seine Idee der Züchtung eines Elite-Menschen wiederfand. Als Mediziner, als Anhänger der Darwinschen Lehre glaubte Benn an die Möglichkeit der Züchtung eines neuen Menschen, »quantitativ und qualitativ hochwertiger Nachwuchs, reine Rasse«, an den neuen biologischen Typ, der sich durchkämpfen wird. Er sah die Zeit der Erneuerung der Nation gekommen und ließ sich von der überschwenglichen Aufbruchstimmung für gute zwanzig Monate, von der Machtergreifung Anfang 1933 bis zum Röhm-Putsch im Sommer 1934, mittragen. Die Härte, Brutalität und Unerbittlichkeit, mit der die Nazis ihre Ideologie umsetzten, schreckte Benn anfangs nicht. Sie war Teil des geschichtlichen Prozesses, der sich seiner Vorstellung gemäß in schicksalshafter Energie entlud. Hier war die dunkle Seite Gottfried Benns am Werk, denn – wie er selbst kundtat – hier dachte er »kälter, grausamer, entleibter«.

An warnenden Stimmen hat es in der Zeit des Irrweges

nicht gefehlt. Klaus Mann schrieb einen offenen Brief an Gottfried Benn und forderte ihn eindringlich auf, seine »fanatische Reinheit« nicht »denen zur Verfügung zu stellen, deren Niveaulosigkeit absolut beispiellos in der europäischen Geschichte ist und vor deren moralischer Unreinheit sich die Welt mit Abscheu abwendet«. Doch so groß konnte Benns politische Unkenntnis, seine Blindheit gegenüber gesellschaftlichen Vorgängen nicht sein, daß ihm nicht bald deutlich wurde, worauf er sich da eingelassen hatte. Noch bevor er selbst die Ächtung des Hitlerregimes am eigenen Leib erfahren sollte, konnte er miterleben, wie die Reihen seiner Künstler-Kollegen immer lichter wurden. Die führenden Köpfe verließen nach und nach die Preußische Akademie der Künste. Hier, in die Sektion für Dichtkunst, wurde Benn am 5. April 1932 feierlich aufgenommen. Es war für ihn die erste öffentliche Anerkennung. Nun durfte auch er den Tempel der deutschen Dichter betreten. Er saß Seite an Seite mit der Schriftsteller-Elite Deutschlands, neben Thomas und Heinrich Mann und weiteren bedeutenden Köpfen des Landes. Benn fühlte sich tief geehrt. Voller Elan stürzte er sich auf die Akademiearbeit, zu betriebsam für ein gerade neu aufgenommenes Mitglied, denn gleich zu Beginn verstrickte er sich in eine Angelegenheit, die damals wie heute einen schlechten Beigeschmack hinterließ: Hitler wurde zum Reichskanzler ernannt, Heinrich Mann, der Akademie-Präsident der Abteilung für Dichtkunst, und Käthe Kollwitz, ebenfalls Akademiemitglied, unterschrieben einen an Litfaßsäulen klebenden Aufruf des Internationalen Sozialistischen Kampfbundes, nicht durch »Trägheit der Natur und Feigheit des Herzens« das Land in die »Barbarei versinken zu lassen«. Eilig wurde eine außerordentliche Sitzung der Gesamtakademie einberufen, um auf Druck der neuen Regierung die beiden Unterzeichner aus der Akademie auszuschließen. Käthe Kollwitz erklärte sofort ihren

Austritt; Heinrich Mann mußte telefonisch herbeigebeten werden und legte auf Drängen der Mitglieder hin sein Amt nieder. Und was macht Gottfried Benn? Er fällt dem einst hochverehrten Schriftsteller in den Rücken, erklärt die Plakataktion als Kampfansage an eine legal und verfassungsmäßig gegründete Regierung, die sich in seinen Augen nur mehr zur Wehr setze. Dazu formuliert er kurze Zeit danach eine Umfrage an die Akademiemitglieder: »Sind Sie bereit, unter Anerkennung der veränderten geschichtlichen Lage weiter Ihre Person der Preußischen Akademie der Künste zur Verfügung zu stellen? Eine Bejahung dieser Frage schliesst die öffentliche politische Betätigung gegen die Regierung aus.« Zwischenzeitlicher Leiter der Dichtkunstsektion wird Gottfried Benn.

Bald wurde es einsam um den Arzt und Dichter in der Belle-Alliance-Straße. Else Lasker-Schüler flüchtete aus Berlin, Alfred Döblin, Heinrich Mann – sie und die vielen anderen Künstler, mit denen Benn in regem Austausch stand, verließen Deutschland. Auch ihn trafen zunehmend die Repressalien der braunen Machthaber. Nachdem er sich nach dem Röhm-Putsch von ihnen abgewandt hatte, ließ Gottfried Benn kritische Töne verlauten und trat offen weiterhin für seine expressionistische Kunstauffassung ein und ließ eine Geisteshaltung erkennen, die ihm unweigerlich die Feindschaft der Nazis einbrachte. Ab Herbst 1934 wurde Benns Lage in Berlin immer brenzliger. Die Praxis kam geradezu zum Erliegen, und die Angriffe der Hitlergetreuen wurden immer bedrängender; man unterstellte ihm eine jüdische Herkunft, und Benn sah sich gezwungen, seine »arische Abstammung« nachzuweisen. »In Berlin ist meine Lage unhaltbar geworden, wirtschaftlich, beruflich und vollends . . . literarisch. Ich habe meine Praxis aufgelöst, die Belle-Alliance-Straße wird mich nicht wiedersehen.« Benn trat wieder in die Armee ein als Oberstabsarzt bei der Reichswehr in Hannover. Er nannte dies seine innere Emigration, denn Deutschland zu verlassen kam für ihn absolut nicht in Frage.

Doch Berlin sollte ihn bald wiedersehen. Von 1937 bis 1943 wurde er als Versorgungsarzt nach Berlin versetzt. Aus dem politischen Umfeld hatte Benn sich vollkommen zurückgezogen, der Nationalsozialismus spielte für ihn keine Rolle mehr. Er fand eine Wohnung in der Bozener Straße 20, in der er bis zu seinem Lebensende blieb. Benn konnte aufatmen, er war wieder in seiner Stadt, für ihn »die beste aller Städte«. Seit dem Studium an der Pépinière hatte es für den Arzt und Dichter niemals einen anderen Ort gegeben, an dem er hätte leben und arbeiten wollen. Mit dieser Metropole war er zu allen Zeiten – in den zwanziger Jahren, während des Zweiten Weltkrieges und auch in der entbehrungsreichen Zeit danach – tief verwurzelt. So schreibt er anläßlich eines kurzen Besuches in Berlin während seiner Hannoveraner Zeit: »Wie hat mich diese Stadt wieder erregt, ihre Abendstunde am Sonnabend zwischen 5 und 6, ihr monströser Genußapparat, ihre Sicherheit, ihr Mördergesicht, ihr kaltes Zerschmettern alles Provinziellen, kläglichen, kärglichen Nur-Wollens, hier heißt es: Form werden und vollbringen! Stadt meines Lebens, meines Schicksals, meiner schönsten Jahre! Immer werde ich Heimweh nach ihr haben.« Die vielen Gesichter Berlins, die Sonnen- und die Schattenseiten, das Glanzvolle und das Schäbige beeindruckten ihn. Die Prachtbauten Unter den Linden, der hektische Betrieb auf der Friedrichstraße mit all ihren Leuchtreklamen, Zeitungsjungen, Restaurants, Cafés, ihren Prostituiertenvierteln – all das nahm er in sich auf, diese Fülle von Eindrücken brauchte er, um zurückgezogen in seinem Hofzimmer schöpferisch wirken zu können.

Noch einmal sollte er für zwei Jahre, von 1943 bis 1945, Berlin verlassen, um dann nach Kriegsende in die zerbombte Ruinenlandschaft zurückzukehren. Das Haus in der Bozener Straße 20 war stehengeblieben, und Benn konnte wieder sein gewohntes Leben aufnehmen. »Es sind vier Zimmer, eines für meine Praxis, eines für die meiner Frau, ein gemeinsames Wartezimmer und ein Hofzimmer, wo wir privat wohnen. Wenn mal jemand herkommt, was Gott sei Dank selten der Fall ist, ist er entsetzt über dies Hinterzimmer (parterre), wo im Hof die Wäsche des ganzen Hauses hängt und die Hühner gackern (die nicht einmal meine eigenen sind), aber mich stört das alles nicht . . .« Nein, ihn störte das nicht, denn für Gottfried Benn begannen nach Kriegsende die unbeschwertesten Jahre. Seine dritte Ehe mit Ilse Kaul, die 27 Jahre jünger war, wurde die glücklichste und längste Verbindung. Die Praxis lief zwar weiterhin schleppend, doch war er nicht mehr allein von ihren Einkünften abhängig, da seine Frau mitverdiente; außerdem konnte er 1953 endlich seinen Arztberuf aufgeben, eine Pension aufgrund seiner langen militärischen Tätigkeit sicherte den Unterhalt. Inmitten des ärztlichen Inventars – Benn mochte sich nicht davon trennen – konnte er sich endlich unbehelligt von den unliebsamen Unterbrechungen durch seltene Patienten ganz seiner schriftstellerischen Arbeit widmen. Er bewohnte nun das dunkle Hofzimmer, das seine Tochter Nele als »Loch« und seine Frau als »Zauberbude« bezeichnete. Hier verbrachte Benn bis zu seinem Tod am 7. Juli 1956 seine Tage in einem festgefügten Tagesablauf. Nach einem arbeitsamen Vormittag in der Dämmerstube wurde pünktlich um 12.45 Uhr das Mittagessen serviert. Danach kurze Ruhepause und Warten auf die Postbotin, denn Post bekam Dr. Benn reichlich. Vieles blieb liegen, wurde nie beantwortet, stapelte sich zu Papierbergen in seinem Zimmer. Dann ging er wieder an die Arbeit, und abends dann, nach dem Essen, ging Gottfried Benn regelmäßig in seine Stammkneipe um die Ecke, in die *Dramburg*. Hier, inmitten des Tabakqualms, trank er wie gewohnt sein Bier, dazu oft einen »Klaren« und dichtete bisweilen. In erster Linie aber kam er, um Menschen zu sehen. Nachdem er den ganzen Tag in seiner »Zauberbude« verbracht hatte, war es ihm ein Bedürfnis, sich unter Leute zu begeben und, wenn ihm danach war, mit Freunden zu plaudern.

Benn hielt immer noch an seinen eigenbrötlerischen, zurückgezogenen Lebensgewohnheiten fest, obwohl er doch seit 1948 eine berühmte und gefragte Dichterpersönlichkeit geworden war. Dem Verleger Max Niedermayer gelang es, die Druckerlaubnis für Gottfried Benn in Deutschland wiederzuerlangen. Er veröffentlichte in dem Wiesbadener Limes Verlag die *Statischen Gedichte*, die Benn während seines Schreibverbotes in den Kriegsjahren verfaßt hatte. Benns Gedichte trafen auf ein künstlerisches Vakuum in Deutschland. Die zeitgenössische Lyrik war durch den Krieg zum Erliegen gekommen, so daß seine Kunst einsam herausragte. Anfang der fünfziger Jahre, mit der Veröffentlichung des Gesamtwerkes, wurde Benn weit über ein ausgewähltes Lesepublikum hinaus bekannt. Er war eine gefeierte, berühmte Persönlichkeit mit Einfluß und Gewicht. Als Gottfried Benn auf dem Waldfriedhof in Berlin-Dahlem beerdigt wurde, stand er als Mann von siebzig Jahren auf dem Höhepunkt seines Ruhmes.

Tiger, Panter & Co.

Kurt Tucholsky

Am 6. April 1924 bestieg Kurt Tucholsky den Zug nach Paris. Es war eine Abreise in letzter Sekunde, denn zunehmende Depressionen und Selbstmordgedanken ließen ihn das Leben in Berlin nicht einen Tag länger ertragen. Als gebürtiger Berliner kehrte Tucholsky der Stadt den Rükken, an deren kulturellem, gesellschaftlichem und politischem Geschehen er unermüdlich mitgewirkt hatte. In einer schier rastlosen Betriebsamkeit war der leidenschaftliche und bissige Kritiker, Ankläger und Chronist stets inmitten des bunten Rummels im Berlin der zwanziger Jahre zu finden. Er besuchte Theater und Kabaretts, arbeitete immer wieder als fester Redakteur, war freier Journalist für zahlreiche Zeitungen, führte eine umfangreiche Korrespondenz, las Bücher über Bücher und wühlte sich täglich durch Berge von Zeitungen, war Mitglied in mehreren Organisationen, schrieb Buchbesprechungen und Chansons und hielt Vorträge und Reden. Er war ein tatkräftiger Mann, ein Arbeitstier und Energiebündel.

In dieser Metropole, die ein Magnet für Künstler und Wissenschaftler aus aller Welt war, in der sich die Angebote geradezu überschlugen, war Tucholsky zu Hause. Glücklich und zufrieden war er allerdings nicht. Obwohl er sich auf dem lärmenden Karussell emsig mitdrehte, war ihm Berlin zu laut und zuwider. Er hatte den »Tanz um die goldenen Kälber und Kühe« satt. Vor allem das, was sich auf den Straßen Berlins abspielte, stieß ihn ab; die wirren politischen Verhältnisse in der neuen Republik, die »revolutionären Massen«, die aufbegehrenden Bürger erschreckten ihn. Er wollte weg aus Berlin, weg von den Deutschen in die Einsamkeit und Stille.

Wenn er auch immer wieder für kürzere und längere Aufenthalte nach Berlin zurückkehrte, so war seine Reise nach Frankreich doch ein Abschied für immer. Von nun an befand sich Tucholsky viel auf Reisen, lebte in Frankreich und Schweden, hielt sich mehrfach in der Schweiz auf und unternahm viele Lesereisen durch Deutschland. Er war immer auf dem Sprung und wurde niemals mehr wirklich seßhaft. Unruhig trieb es ihn von einer Nation zur anderen, von der Stadt aufs Land und umgekehrt, immer auf der Suche nach dem Ort, an dem er in Ruhe leben und arbeiten konnte. Auch die Verfolgungen durch die Nationalsozialisten waren eine Ursache für Tucholskys Rastlosigkeit. In Deutschland war er nicht mehr willkommen, seine Bücher wurden 1933 verbrannt, wenige Wochen darauf wurde ihm auch die deutsche Staatsangehörigkeit aberkannt.

Auch in der Fremde beschäftigten ihn nach wie vor Berlin, Deutschland und die Deutschen. Seine Artikel wurden sogar noch schärfer und angriffslustiger. Siegfried Jacobsohn, der Herausgeber der *Weltbühne*, ermahnte Tucholsky sogar, sich mehr mit Frankreich zu befassen, deshalb sei er ja schließlich als Auslandskorrespondent in Paris. Aber war es überhaupt möglich, mit der Heimat vollkommen zu brechen, wenn sie letztlich die Existenzgrundlage für ihn war und sein gesamtes Denken und Schaffen bestimmte? Er hatte genug von seinem Vaterland und blieb ihm dennoch stets verbunden, er suchte die Stille und begab sich doch immer wieder in den allgemeinen Trubel – in seinen Lebensentscheidungen war Tucholsky keineswegs konsequent.

Aber Ambivalenz und Widersprüchlichkeit sind kennzeichnend für die Persönlichkeit Tucholskys. So konnte er sich in einer Zeitschrift vehement für eine Sache einsetzen, die er in einer anderen dann bestritt und negierte, oder er prangerte Verhaltensweisen an und pries Ideale, nach denen er sich persönlich jedoch nicht unbedingt richtete. Auffällig war zum Beispiel seine sich durch sein gesamtes Werk ziehende Kritik an der Reichswehr, an dem militärischen Geist der Deutschen, an der Kriegsmaschinerie – kurz: an dem gesamten Militär. In seiner *Militärbilanz* sprach er ungeschminkt von Diebstahl, Unterschlagung, Verlogenheit und allgegenwärtiger Korruption seitens der Offiziere. Von angeblicher Tüchtigkeit, Mut und Mannhaftigkeit des Offizierskorps war keine Spur. »Die höhern Dienstgrade hatten meist überhaupt jeden Zusammenhang mit der Erde verloren und standen da, den Kopf in den Wolken verhüllt, auf ihren Vorteil bedacht und rücksichtslos ihr eigenes Wohl in den Vordergrund schiebend.« Sprach Tucholsky da nicht aus eigener Erfahrung, schämte er sich da nicht im nachhinein für sein opportunistisches Verhalten in der Reichswehr? Ursprünglich als Armierungssoldat eingezogen, als »Schipper« im Stellungskampf, arrangierte sich Tucholsky ziemlich schnell mit den militärischen Umständen und baute sich sukzessive eine gesicherte Stellung auf: »Die Beförderung ist gestern nacht angekommen – mir ist es weniger um diesen hervorragenden Titel Feldpolizeikommissar, als um das, was damit verbunden ist: so das Äußere. Die Bezahlung ist anständig, mit allem, was drum und dran hängt . . .« Tucholsky – so das Urteil von späteren Offizierskollegen – habe sich im Krieg wie jeder andere Offizier benommen. Er habe nur an seinen eigenen Vorteil gedacht, darauf geachtet, daß er genug zu essen bekam, was man unschwer an seiner beleibten Figur erkennen konnte. Wie konnte jemand, der sich noch vor Ausbruch des Ersten Weltkrieges als Pazifist verstand, der Krieg als Mord bezeichnete und der auch später die Reichswehr als »moralische Gefahr« für den Bestand der Republik ansah, sich derart widerstandslos und angepaßt in den Militärapparat einfügen? Er kritisierte die Untertanenmentalität der Deutschen, ihre Verführbarkeit durch die Mechanismen des Militärs und ließ sich selbst verführen. Die Scham und das Schuldgefühl angesichts des eigenen Versagens waren sicherlich die Triebfedern für seine unermüdlichen Angriffe auf den militärischen Größenwahn.

Tucholskys widersprüchliches Wesen zeigt sich noch an vielen anderen Stellen: in seinen schriftstellerischen Arbeiten und auch in den Beziehungen zu seinen Frauen – doch der Reihe nach. Am 25. April 1911 – Kurt Tucholsky wohnte damals in der Nachodstraße 12 – erschien ein Artikel im *Vorwärts*, der den Beginn seiner Autorenlaufbahn markierte. Es war eine kritische Entgegnung zu einem Artikel in der konservativen Zeitung *Tag* über die angeblich notwendige Zensur für das Proletariat. Von da an ließ ihn das Schreiben nicht mehr los. Der angehende Jurist hatte seine Begabung und seine Freude an der Kunst des Formulierens entdeckt. Alsbald schrieb er zahlreiche Theater-, Buch- und Filmkritiken und verfaßte kleinere Glossen und Satiren.

Im November 1912 erschien im Axel Juncker Verlag in Berlin ein kleines Buch mit dem Titel *Rheinsberg. Ein Bilderbuch für Verliebte*. Hintergrund dieser Geschichte eines jungen Liebespaares aus Berlin war sein Aufenthalt 1911 in Rheinsberg mit der damaligen Freundin Else Weil. Offiziell war Tucholsky zu der Zeit mit Kitty Frankfurther verlobt, jedoch führte er eine intensivere Beziehung zu der Geliebten. Mit Else verlebte er ein paar wild-romantische

Sommertage in der märkischen Provinz, fernab der hektischen Großstadt, wo bei extremer Hitze »der Asphalt ... ins Kochen kommt«. Das knapp hundert Seiten umfassende Büchlein erregte literarisches Aufsehen. In seiner ungezügelten Erotik, fern jeder Prüderie, war es für junge Verliebte eine Vorlage, in ähnlich genußvoller Leidenschaft ihre Gefühle auszuleben.

Im gleichen Jahr eröffnete Tucholsky mit Kurt Szafranski auf dem Kurfürstendamm eine außergewöhnliche Buchhandlung, die *Bücherbar*. In der Presse sprach man teils amüsiert, teils brüskiert von der »alkoholischen Buchhandlung«, die die »kurioseste Buchhandlung des deutschen Reiches« sei. Ernst Rowohlt, einer der zahlreichen Besucher dieser Berliner Novität, erinnerte sich später schwärmend: »Das war für mich die richtige Kombination, Schnaps und Bücher, und vor allem denke ich an die fröhlichen Gespräche, die wir, befeuert vom Geist der Bücher und vom Geist des Alkohols, in den dazu aufgebauten Klubsesseln führten.« Der Laden war von vornherein als vorübergehender Spaß gedacht, und so verwunderte es niemanden, daß er kurz nach Weihnachten schon wieder schloß.

Anfang Januar 1913 kam es dann zur ersten Begegnung mit Siegfried Jacobsohn und zur ersten Veröffentlichung in dessen damals schon renommierter Theaterzeitschrift, der *Schaubühne*, später *Weltbühne* genannt. Tucholsky verfaßte eine kurze Kritik über das Herrnfeld-Theater, in dem er sich »krank und wieder gesund gelacht« hatte. Jacobsohn zeigte sich angetan von einigen Proben, die der Dreiundzwanzigjährige bei einem Besuch vorlegte. Der erfahrene Herausgeber glaubte zu Recht, mit dem jungen Tucholsky eine Entdeckung gemacht zu haben, und versuchte ihn enger an die Zeitung zu binden. Zwischen den beiden entwickelte sich eine ausgesprochen intensive und für beide Seiten konstruktive Freundschaft. Für Tucholsky war Jacobsohn sicherlich mehr als nur ein Freund. Er war Vaterersatz, Mentor, Vorbild, Lehrer – eine Leitfigur, die ihn bis zu dessen Tod im Jahr 1926 begleitete. Er lehrte ihn gewissermaßen das Schreiben. Unermüdlich kritisierte er Tucholskys stilistisch noch unfertige Texte, verhalf dem jungen Talent, sich schriftstellerisch zu verbessern und zu entfalten, und betraute ihn bald mit redaktionellen Arbeiten. Bereits im ersten Jahr ihrer Zusammenarbeit erschienen sogar mehr Artikel von Tucholsky als von dem Herausgeber selbst. Er schrieb hauptsächlich Theaterbesprechungen, Buchrezensionen und Artikel über den Berliner Kabarett-Betrieb. Vor allem zwischen 1913 und 1914, bis zum Ausbruch des Ersten Weltkrieges, war er überall anzutreffen: Im *Wintergarten*, im *Metropoltheater*, im *Linden-Cabaret* . . .

Neben seiner intensiven Mitarbeit an der *Schaubühne* veröffentlichte Tucholsky auch weiterhin in zahlreichen anderen Zeitungen, wie beispielsweise im *Vorwärts*, im *Pan*, im *Simplicissimus*. Seine Interessen waren breit gefächert, von Kultur bis zur Politik; für jedes Gebiet suchte er ein entsprechendes Forum. Und nicht nur das: Er veröffentlichte seine Artikel unter fünf Pseudonymen (seinen eigenen Namen mitgezählt). Jeder Name stand für einen eigenen Bereich, über den er schrieb. Tucholsky erklärte später, warum er seine Person in fünf fiktive Figuren aufspaltete: »Und es war auch nützlich, fünfmal vorhanden zu sein – denn wer glaubt in Deutschland einem politischen Schriftsteller Humor? dem Satiriker Ernst? dem Verspielten Kenntnis des Strafgesetzbuches, dem Städteschilderer lustige Verse? Humor diskreditiert.

Wir wollten uns nicht diskreditieren lassen und taten jeder seins. Ich sah mit ihren Augen, und ich sah sie alle fünf: Wrobel, einen essigsaueren, bebrillten, blaurasierten Kerl, in der Nähe eines Buckels und roter Haare; Panter, einen beweglichen, kugelrunden, kleinen Mann; Tiger sang nur

Verse, waren keine da, schlief er – und nach dem Krieg schlug noch Kaspar Hauser die Augen auf, sah in die Welt und verstand sie nicht.«

Der Erste Weltkrieg begann. Während die Nation lauthals in patriotisches Hurragetöse ausbrach, wurde Tucholsky immer stiller. Über ein Jahr lang war von ihm in keiner Zeitung mehr etwas zu lesen. Viele seiner Kritiker- und Schriftstellerkollegen verfielen in einen Vaterlands-Rausch und feierten den Ausbruch des Krieges als willkommene Befreiung aus dem beklemmenden Stillstand der Jahre zuvor. Deutschland verfiel in einen Freudentaumel, und viele – was heute befremdlich erscheint – meldeten sich freiwillig für das Blutvergießen auf den europäischen Schlachtfeldern: darunter beispielsweise so bekannte Persönlichkeiten wie Carl Zuckmayer, Ernst Toller, Franz Marc, Max Beckmann. Tucholsky konnte mit diesem jubelnden Feldgeschrei jedoch nichts anfangen. Ihn schockierte die Stimmung der Deutschen. Sie verunsicherte ihn in hohem Maße: »Als ich ... die Kantstraße in Berlin hinunterging, rasten die Leute in patriotischer Besoffenheit. Sie rissen sich Extrablätter aus den Händen, gestikulierten wild, liefen hinter dunkelhäutigen Menschen her, die sie in ihrem Wahnwitz für Spione hielten, und erstarben in Ehrfurcht, wenn irgendeine Uniform monokelblitzend nahte.« Er war gerade dabei, sich sein bürgerliches Leben als freier Schriftsteller, Kritiker und Journalist einzurichten, saß zudem noch an seiner Dissertation zur Erlangung der Doktorwürde an der juristischen Fakultät der Universität Jena. Die Vorstellung, aktiv an dem Kriegsgeschehen teilnehmen zu müssen, war Tucholsky demzufolge sehr unangenehm. Aber es half nichts, im März 1915 wurde er in einem Wilmersdorfer Bierlokal gemustert. Tucholsky hatte gemeinsam mit einem alten Schulkameraden eine Unmenge von Zigaretten geraucht, um sich als felduntauglich präsentieren zu können. Geholfen hat dies allerdings wenig. Aber wie bereits erwähnt, konnte sich Tucholsky durch seine militärische Karriere vom Armierungssoldat zum Feldpolizeikommissar immerhin in einer oberen Beamtenstelle einrichten, die ihn weit vom Schützengraben fernhielt. Da Tucholsky den Krieg nicht im Ansatz willkommen hieß, war ihm natürlich auch nicht daran gelegen, sich an der Front für das Vaterland opfern zu lassen.

Tucholsky war kein politisch leidenschaftlicher Kämpfer, und er hatte auch nicht die Energie und den Mut, wie Karl Liebknecht offen den Kriegsdienst zu verweigern. Später bedauerte er seine schwächliche Haltung, die in starkem Kontrast zu seiner pazifistischen Gesinnung in den veröffentlichten Artikeln und seiner späteren gnadenlosen Kritik am Militär stand. Zeitgenossen haben ihm immer wieder sein inkonsequentes Verhalten vorgeworfen. Aber Tucholsky war kein starker Mensch, der geradlinig seine Überzeugungen lebte. Anders als sein väterlicher Freund Jacobsohn, den er auch für seine Aufrichtigkeit und Selbstsicherheit bewunderte, war Tucholsky ein zögerlicher, ängstlicher und unsicherer Mensch. Ihn plagten ständig Selbstzweifel ob seiner Fähigkeiten, er hatte Angst, privat und beruflich zu versagen, und fühlte sich zeit seines Lebens einsam.

In vielen Liebesbeziehungen versuchte Tucholsky seine Einsamkeit zu überwinden. Er war einmal verlobt, zweimal verheiratet und hatte stets parallele Beziehungen zu verschiedenen Frauen. Die Sehnsucht nach menschlicher Nähe trieb Tucholsky in die Arme seiner Geliebten, die jeweils verschiedene »Aufgaben« hatten. Besonders in seinen letzten Lebensjahren gab es eine deutliche Rollenverteilung unter den Frauen. Hedwig Müller, seine letzte große Liebe, war die schützende Mutter für ihn, die ihm immerfort Mut machen sollte. In seinen Briefen bezeichnete er sie unter anderem als die »mütterliche Hure meines Herzens«. Zu gleicher Zeit – Tucholsky wohnte ab 1930 offiziell in Schweden – verbrachte er täglich mehrere Stunden

Tucholsky veröffentlichte seine Texte unter fünf verschiedenen Pseudonymen. Dies gab ihm Gelegenheit, sich in vielen Stilarten zu diversen Themen zu äußern.

mit seiner Sekretärin und Haushälterin Gertrude Meyer. Sie war ihm die unerläßliche Hilfe bei den alltäglichen Dingen des Lebens und half ihm auch sicherlich nicht selten über das Alleinsein hinweg, denn Hedwig Müller wohnte in der Schweiz. Es war trotz intensiv betriebener Heiratsabsichten eine Liebe auf Entfernung, die in einem intensiven Briefwechsel ausgelebt wurde. Seine Träume in diesen Jahren galten aber noch einer anderen, seiner geschiedenen Frau Mary Gerold. Ende November 1935, kurz vor seinem Tod, gesteht er in seinem Abschiedsbrief, daß er in seinem Leben letztlich nur sie wirklich geliebt habe: »Wenn aber zur echten Liebe dazu kommen muß, daß sie *währt*, daß sie immer wieder kommt, immer und immer wieder -: dann hat nur ein Mal in seinem Leben geliebt. Ihn.« (Tucholsky und Mary Gerold sprachen sich in ihren Briefen mit ER an.)

Die beiden hatten sich im November 1917 kennengelernt, als die aus Riga stammende Mary Gerold in Alt Autz in der Kassenverwaltung dienstverpflichtet wurde. Tucholsky arbeitete zu dieser Zeit als Schreiber des Stabes, leitete die Bibliothek und die Druckerei und konzipierte die Armeezeitschrift *Der Flieger*. Mary war eine stolze und unabhängige Frau und entzog sich mit ihrem spröden Charme vehement Tucholskys Werbungen; an ihr hatte er lange Zeit eine harte Nuß zu knacken. Ihre gemeinsame Geschichte liest sich stellenweise wie die der unglücklichen Königskinder, mit dem Unterschied allerdings, daß Mary und Kurt Tucholsky an ihrem Schicksal erheblich mitgestrickt haben. Während Tucholsky nach dem Ende des Kriegs in Berlin als Redakteur des *Ulk*, einer satirischen Wochenbeilage des *Berliner Tageblatts* und der *Berliner Volks-Zeitung*, wieder sein bürgerliches Leben aufnehmen konnte, irrte Mary immer noch in größter Not durchs Land. Sie mußte Riga, wohin sie nach dem Krieg zurückgekehrt war, nach dem Einmarsch der Russen fluchtartig verlassen. Obwohl er über das Elend und die schwierige Lebenssituation seiner Freundin im Bilde war, hatte der zaudernde, ängstliche Tucholsky nicht den Mut und die

Größe, die umherziehende Mary zu sich zu holen. Besorgt erkundigte er sich immer wieder nach ihrem Ergehen, ließ in denselben Briefen jedoch gleichsam verlauten, daß er nicht in der Lage sei, sie zu sich nach Berlin kommen zu lassen. Seine finanzielle Situation sei eben noch ungeklärt. »Ich mache mir Vorwürfe – habe sie mir wenigstens gemacht – und sehe immer wieder und wieder: ich kann Dich nicht aus einer Unordnung in eine andere holen. Die Verantwortung trage ich nicht.« Man fragt sich, welche Verantwortung Tucholsky überhaupt meinte. Er hätte wissen müssen, daß Mary eine starke Persönlichkeit war und ihn keineswegs als Beschützer und Ernährer brauchte. Hinter dieser vermeintlich verantwortungsvollen Haltung steckt letztlich ein recht unverantwortliches und feiges Verhalten. Mary, in den Briefen zärtlich umworben, wurde von Tucholsky hingehalten, obwohl er um ihre elende Lage wußte. Er hatte Angst vor wirklicher Nähe, vor der Normalität und dem Alltag einer Partnerschaft. So trat ein, was zu erwarten war: Als Mary Anfang Januar schließlich in Berlin ankam, stellten beide sogleich fest, wie fremd sie sich eigentlich waren. Tucholsky war kalt und abweisend und ließ Mary nicht an sich herankommen. Man kann sich die Enttäuschung und das grenzenlose Gefühl der Verlassenheit der Abgewiesenen vorstellen. Als Tucholsky nur wenige Monate später seine langjährige Freundin Else Weil heiratete, entlarvten sich seine immer wieder geäußerten Geldsorgen tatsächlich als Vorwand. Plötzlich waren seine Verhältnisse geordnet, und er war bereit, ein geregeltes Eheleben in einer großzügigen Wohnung mit Dienstmädchen in der Kaiser-Allee 79 in Berlin-Friedenau zu führen. Diese Verbindung währte jedoch nur kurz, denn schon bald nahm er den Kontakt zu der verlassenen Freundin wieder auf. Er umwarb sie, schickte ihr Blumen, und in den folgenden Jahren kam es wieder zu Annäherungen zwischen den beiden. Als sie im August 1924 heirateten, war das allerdings keineswegs der glückliche Höhepunkt ihrer Beziehung. Im Gegenteil: Tucholskys psychische Verfassung war desolat. Getrieben von Selbstzweifeln, Weltschmerz und Lebensmüdigkeit verließ Tucholsky im Frühjahr desselben Jahres Deutschland und kehrte erst um die Zeit der Hochzeit für sieben Wochen nach Berlin zurück. Obwohl Mary die große Liebe seines Lebens war, konnte auch sie ihm letztlich nicht helfen. Der zutiefst Einsame, ewig Zaudernde lebte in einem Wechselbad der Gefühle. In Gesellschaft konnte man ihn als witzigen und unterhaltsamen Charmeur erleben, der die Menschen zum Lachen brachte, doch es war – wie er zu Claire Goll einmal gesagt hat – »das Lachen des Clowns, aber innen weint es!«. Tucholsky und Mary Gerold lebten gemeinsam in Frankreich, aber aufgrund seiner zahlreichen Reisen gab es viele und lange Trennungen. Am 20. November 1928 verließ Mary Gerold endgültig ihren Mann, kehrte nach Berlin zurück und hinterließ ihm einen Abschiedsbrief, den dieser bis zu seinem Tod bei sich trug.

Besonders hart traf Tucholsky der überraschende Tod von Siegfried Jacobsohn am 3. Dezember 1926. Dieser Verlust wirkte sich auf seine ohnehin labile seelische Verfassung noch verschlimmernd aus. Der temperamentvolle, lebensbejahende Jacobsohn war für den sensiblen jüngeren Freund eine wertvolle Stütze, jemand, an dem er sich immer und jederzeit orientieren konnte. Tucholsky fuhr sogleich nach Berlin und übernahm dort vorübergehend die Redaktion der *Weltbühne*. Es gab harte Auseinandersetzungen mit Edith Jacobsohn, wie die Fortführung der Zeitschrift gestaltet werden sollte. Tucholsky, der sich in den Verlagsräumen ohne seinen großen Lehrmeister verwaist fühlte, stellte sich nur unter größter Selbstüberwindung dieser Aufgabe. Dazu kam, daß er sich auch in Berlin sehr unglücklich fühlte. An Mary schrieb er klagend: »Und das allerschlimmste ist: ich will das ja alles gar nicht. Und ich habe nicht den Mut, nein zu sagen – alle, alle – Georg Bernhard, Morus und die es sonst gut meinen, sagen, ich sollt es tun. Und ich fühle, daß ich es nicht kann – mich langweilt es – ich bin so müde, und Berlin ist mir widrig, so widerwärtig, wie ich gar nicht sagen kann. Geb ichs jetzt ab, dann ist es in ein paar Wochen kaputt, daran ist kein Zweifel.« Tucholsky ging auch ziemlich halbherzig an die Arbeit. So berichtet ein Redaktionsgehilfe: »Den ganzen Tag über empfing er Besucher, von denen ein großer Teil wenig oder gar nichts mit der Zeitschrift zu tun hatte. Am Morgen gab er mir eine Liste von etwa 20 Leuten, mit denen er am Telefon sprechen wollte . . . Außerdem war Tucholsky dauernd selbst am Telefon mit Menschen, die ihn anriefen. Seine Verbindung mit der Weltbühne war die eines auswärtigen Korrespondenten, auch als er die Redaktion übernahm. Von Anfang an – glaube ich – war er nicht willens, seinen Lebensstil zu ändern. Er wohnte in einem gut möblierten Zimmer nicht weit vom Königsweg . . . Sein Essen ließ er sich von einem benachbarten Restaurant in die Redaktion bringen, wenn er nicht eine auswärtige Verabredung zum Mittagessen hatte. Am Ende des Tages hatte er wohl immer eine Einladung zu alten und neuen Freunden.«

Wenn man Tucholskys Arbeitsleben überblickt, so hielt er es in keiner festen Anstellung lange aus. Als er 1919 nach dem Krieg Redakteur des *Ulk* wurde, verging nur mehr als ein Jahr, da kündigte er bereits wieder. Das Angebot, Chefredakteur bei der geplanten Zeitschrift *Uhu* zu werden, nahm er erst gar nicht an. Auch seine Mitarbeit an der Zeitschrift *Pieron* ab Juli 1920 währte nur wenige Monate, wobei der Grund seines Ausscheidens in diesem Fall nicht nur bei ihm liegt. Das Blatt war eine umstrittene bissige Propaganda-Zeitschrift, die die Deutschen nach dem verlorenen Krieg gegen die Polen aufstacheln und die »Heimattreue« der Landsleute festigen sollte. Tucholsky geriet zunehmend unter Beschuß, man verübelte ihm, als demokratisch gesinnter Mensch für ein derart national-radikales Blatt zu arbeiten. Die Kritik ging sogar so weit, daß er für die Zeitschriften *Freie Welt* und *Freiheit* nicht mehr schreiben durfte. Auch von Siegfried Jacobsohn erhielt er ermahnende Worte: »In Sachen Dammert bin ich ziemlich besorgt – nicht meinet-, sondern Ihretwegen. Wenn man so miteinander steht wie wir beide, schreibt man dergleichen nicht nachher, sondern vorher.« Jacobsohn hatte des öfteren Anlaß, Tucholskys Schaffen mit Besorgnis zu verfolgen. Die zahlreich erscheinenden Artikel in den verschiedenen Zeitschriften ließen keine klare Linie erkennen. Tucholsky vertrat die unterschiedlichsten Standpunkte, Positionen, die in scharfem Kontrast zueinander standen. Besonders seine Haltung der politischen Linken gegenüber schillerte kontrastreich: In der bürgerlich-liberalen Zeitschrift *Ulk* machte er sich in einem radikalen Rundumschlag über die Spartakisten her und verspottete gnadenlos ihren prominentesten Vertreter, Karl Liebknecht. In der *Weltbühne* ließ er jedoch ganz andere Töne anklingen. Dort brandmarkte er die Mordhetze gegen die Kommunisten, empörte sich über die gewaltsame Niederschlagung der revolutionären Linken und sah in ihren Anhängern die wahren Vertreter des neuen Deutschland. Tucholsky tanzte auf einem hohen Drahtseil, betrieb emsig Verbalakrobatik, jederzeit gefährdet, böse abzustürzen. Er mußte sich offene Kritik gefallen lassen, in der man ihm vorwarf, Konjunkturritter zu sein. Spätere Einschätzungen von Kritikern, die die gesamte Persönlichkeit Tucholskys in Betracht zogen, attestierten ihm eine erstaunliche Naivität, Unerfahrenheit und Mangel an politischen Sachargumenten. Und in der Tat, dem unermüdlichen Verfechter der jungen demokratischen Republik ging es weniger um reale Tagespolitik. Was sich konkret auf den Straßen Berlins abspielte, stand nicht im Brennpunkt seines Interesses. Er empfand die Berliner Verhältnisse als »oberfaul«, die aufbegehrenden Bürger als »unvernünftig«. Er war alles andere als ein Barrikadenkämpfer oder Parteianhänger. Was Tucholsky unermüdlich vertrat, waren seine Ideen, seine Idealvorstellungen von Menschlichkeit und Humanismus, die sich mit dem Gedankengut der linken Sozialisten in vielen Punkten deckten. Für ihn ging es in erster Linie darum, »die Demokratie als Kulturziel« anzustreben. Dazu mußte bei allen Zeitgenossen das menschliche Bewußtsein wachgerüttelt werden. Es ging ihm um »anständige Gesinnung«, »rechte Redlichkeit« und »Menschlichkeit«. Wichtig erschien ihm, den verkrusteten Verwaltungsapparat zu reformieren, den militärischen doktrinären Geist zu bekämpfen und offen für demokratische Werte einzutreten.

Mit den Jahren befiel Tucholsky zunehmende Resignation, und er wurde müde in seiner Publikationswut, immer und immer wieder seine Ideen kundzutun. Denn die tatsächliche politische Entwicklung verlief konträr zu seinen Wertvorstellungen. Die schon in der Geburtsstunde mißglückte Revolution verwandelte Deutschland nur vorübergehend in eine Demokratie. Schon bald hatten wieder die alten Mächte, das Militär, die Oberhand, oppositionelles Verhalten wurde bestraft (Tucholsky wurde ebenfalls mehrfach vor Gericht angezeigt), und mit dem Aufkommen der faschistischen Nationalsozialisten war ohnehin das Sterben der Republik eingeläutet. Tucholskys prophetisches Gespür entwarf ein Horrorszenario, aber wie man rückblickend weiß, hatte er sich keinesfalls geirrt. Er sah voraus, daß es zu einem zweiten Weltkrieg kommen mußte, und über die Justiz schrieb er: »Angemerkt mag sein, daß der heutige Typus noch Gold ist gegen jenen, der im Jahre 1940 Richter sein wird. Dieses verhetzte Kleinbürgertum, das heute auf den Universitäten randaliert, ist gefühlskälter und erbarmungsloser als selbst die vertrockneten alten Herren, die wir zu bekämpfen haben ... wenn diese Jungen einmal ihre Talare anziehen, werden unsre Kinder etwas erleben.«

In der Zeit seiner Abreise aus Deutschland war ein häufig zu hörender Satz Tucholskys: »Man mag das alles nicht mehr.« Er war von den Berliner Verhältnissen und der allgemeinen politischen Entwicklung über alle Maßen enttäuscht und suchte das Weite. Aber wirklich loslassen konnte er niemals. Unentwegt schrieb er über Deutschland, bis ihn seine Freunde daran erinnerten, daß seine Worte nur mehr leere Worthüllen waren: »Der Oppositionelle, der über die Grenzen gegangen ist, spricht bald hohl ins Land hinein«, schrieb Carl von Ossietzky, mit dem Tucholsky gemeinsam die *Weltbühne* leitete. Auch seine engste Vertraute Mary Gerold mahnt: »Er lebt ja seit 8 Jahren im Ausland und ist doch deutlich und offen von diesem Staat, dieser Politik, diesen Leuten, diesem Getue abgerückt. Er ist nicht einer von den Ihren.«

Wie einsam mußte sich Tucholsky angesichts solcher Äußerungen fühlen. Die Nation und die Menschen, mit denen er im Ausland lebte, gingen ihn nichts an, und mit dem, was ihn tagtäglich beschäftigte, hatte er nichts mehr gemein. Am 21. Dezember 1935 starb Tucholsky im Sahlgrenska Krankenhaus in Göteborg.

Berliner Heimatluft

Henry Ries

Jede Gelegenheit zu einer Reise nach Berlin nimmt Henry Ries wahr. Und wenn der Achtzigjährige, der in Berlin geboren wurde und dort aufwuchs, durch die Stadt geht, zu den Orten, an die er sich besonders gern erinnert, wie das Brandenburger Tor, den Tiergarten oder die Straßen seiner Kindheit und Jugend in Charlottenburg, dann trifft er immer wieder Bekannte. Auch nach dem Krieg hat er hier Freunde gefunden, trotz allem, was geschehen ist. Eigentlich wollte er Berlin nie wiedersehen, so wie sein Bruder Kurt, der nach Brasilien emigriert ist, später überall in Europa war, aber nie wieder einen Fuß nach Berlin setzte. Auch Heinz Ries wäre wohl nicht mehr hierher gekommen, wäre er nicht inzwischen Henry Ries geworden, hätte er nicht als Amerikaner und Angehöriger der US-Armee eine neue Identität gefunden, die ihm die volle Anerkennung seiner Person garantierte und ihn vor allen Angriffen auf seine jüdische Existenz schützte.

Wie er als Jugendlicher erst zum Außenseiter und dann zum Verfolgten wurde und was er dabei erlebte, hat er bis heute nicht vergessen. Liedverse wie »Wenn's Judenblut vom Messer spritzt, dann geht's noch mal so gut«, dröhnen ihm noch immer in den Ohren. Und so sind seine Erinnerungen an seine Berliner Kindheit sehr unterschiedlich. Er hat sie sich bewahrt, die guten wie die schlechten. Auf letztere blickt er mit bitterer Ironie zurück, etwa wenn er von dem fanatischen Lehrer am Schiller-Realgymnasium erzählt, der ihn den anderen Klassenkameraden als Inbegriff des blonden und blauäugigen arischen Menschen präsentierte, oder von Röhm berichtet, der im offenen Wagen über den Kurfürstendamm fuhr und Heinz, den Juden, der auf dem Fahrrad unterwegs war, mit Wohlgefallen musterte.

Die guten Erinnerungen hingegen bilden das Fundament für die besondere Lebensfreude, die Henry Ries noch heute eigen ist. Mit seinem endlosen Reservoir an Witzen kann er große Tischrunden stundenlang unterhalten, und wenn er in der Stadt unterwegs ist, wendet er sich mit Vorliebe an Unbekannte, die er in der U-Bahn oder auf S-Bahnhöfen trifft, und muntert sie mit seinen Geschichten auf. Henry Ries ist aktiv und dynamisch, er ist ständig unterwegs und hat auch nicht die Absicht, wie ein Achtzigjähriger zu leben. »Gott sei Dank«, sagt seine Frau Wanda, die Künstlerin ist und mit Ries nördlich von New York auf dem Land lebt. »Er muß ab und zu in seine Heimat, er braucht die Berliner Luft.«

Solange der Rassenwahn der Nazis sich noch in Grenzen hielt, verlebten er und sein Bruder Kurt eine glückliche Kindheit. Sein Vater Max Ries stammte aus Schlesien und war Fabrikant, seine Mutter Martha war die Tochter wohlhabender Eltern aus Hamburg. Die verschiedenen Schäferhunde, die die Familie im Lauf der Jahre besaß, hießen alle Rolf, außerdem gehörte eine französische Gouvernante zum Haushalt, die den Kindern mit ihren Erziehungsversuchen täglich aufs neue auf die Nerven ging.

Robert und Hilda Wiener, die Eltern der Mutter, führten ein großes Haus in der Budapester Straße gegenüber dem Elefantentor am Zoo. Jeden Sonntag versammelte sich die Familie zum feierlichen Mittagessen mit zwölf Personen in dem riesigen Eßzimmer. Die osteuropäischen Verwandten waren bei den Wieners nicht sonderlich beliebt und wurden, so gut es ging, ignoriert. Vor dem Essen holten Kurt und Heinz den Vater im Brüderverein in der Kurfürstenstraße ab, einer jüdischen Organisation, wo er in geselliger Runde Skat spielte; erst nach dem dritten »wirklich letzten« Spiel trennte er sich mit Bedauern von den Skatbrüdern. Die Sonntagsessen begannen um 14 Uhr und zogen sich oft über Stunden hin. Wenn das Dienstmädchen den Raum betrat und gerade über Politik gesprochen wurde, sagte die Großmutter warnend: »La domestique!« Dann schwiegen alle, bis das Geschirr abgeräumt war. Nach dem Essen verschwanden die Erwachsenen zwecks Mittagsruhe in verschiedenen Zimmern, dann war die Bahn frei für Heinz, Kurt und ihre beiden Vettern. Das riesige Wohnzimmer wurde zum Fußballfeld, das links angrenzende Musikzimmer, in dem ein Flügel mit eingebautem Pianola und ein elegantes Grammophon aus schwarzem Lack standen, und der rechts angrenzende, sogenannte Thora-Raum mit der hinter einem Vorhang verborgenen Thora, neben der silbernes Kultgerät lag, wurden als Tore genutzt. Hin und wieder gingen beim Fußballspielen Teile des großmütterlichen Renommiergeschirrs zu Bruch. Bei aller strengen Erziehung waren die Kinder eine wilde Horde, der es gelang, sich alle möglichen Freiheiten herauszunehmen.

Die Familien Wiener und Ries fühlten sich als jüdische Deutsche, waren liberal und besuchten die Synagoge in der Lützowstraße nur zweimal im Jahr an den hohen jüdischen Feiertagen. Da es nach dem Ritual verboten war, zur Synagoge zu fahren, nahmen sie ein Taxi bis zur vorletzten Straßenecke und legten die restlichen Schritte zu Fuß zurück. Dabei trafen sie auf andere Familien, die genau wie sie auf elegante Weise die Vorschriften umgingen. Heinz' Großvater hatte zur Finanzierung des neuen Thoravorhangs in der Synagoge beigetragen, daher durfte er an einem der Festtage den Vorhang aufziehen. Heinz und Kurt erlebten einen vergnüglichen Vormittag, als dem Großvater die Vorhangschnur riß und ihre Großmutter vor Verlegenheit beinahe in Ohnmacht fiel. Es war genau das geschehen, was sie schon seit Tagen prophezeit hatte. Die Religion nahm man im Hause Wiener und Ries im allgemeinen nicht über die Maßen ernst.

In kulturellen Dingen war die Familie wesentlich aufgeschlossener. Seit ihrer Knabenzeit besuchten Kurt und Heinz mit ihrem Vater beinahe jede Woche die Philharmonie und gingen danach auch bei schlechtem Wetter zu Fuß durch den Tiergarten zurück in die Schlüterstraße. Bis heute erkennt Henry Ries im Radio jedes klassische Stück auf Anhieb.

1924, nach der Geburt der kleinen Schwester Steffi, kam Maria Schönfeld als Haushälterin in die Familie. Sie war katholisch, aber ebenso liberal eingestellt wie die Familie Ries. Als sich Martha Ries 1930 nach langer psychischer Krankheit das Leben nahm, übernahm Maria – die Kinder nannten sie »unser Fräuchen« – die Rolle der Mutter vollständig. Es war eine Frau von außergewöhnlicher Courage, die sich auch antisemitischen Pöbeleien gegen »ihre« Familie, die immer mehr zunahmen, energisch widersetzte. Mehr als einmal holte sie Kurt und Heinz aus prekären Situationen heraus. Als Kurt an der Gonorrhoe erkrankte, besorgte sie ihm einen Arzt; wenn die Jungen nichtjüdische Freundinnen hatten, half sie ihnen, damit sie sich trotzdem mit der Liebsten treffen konnten. Einmal fuhr sie im Auftrag von Großmutter Wiener mit dem Nachtzug nach Amsterdam, um Geld für den vom Vater enterbten Sohn, der in Argentinien lebte, über die Grenze zu schmuggeln. An dem Tag, als Heinz mit einer Freundin auf dem Balkon saß und ein anonymer Anruf einging: »Wenn das arische Mädchen nicht sofort die jüdische Wohnung verläßt, rufe ich die Polizei«, schickte Fräuchen die beiden auf den Speicher und lotste sie dann über die Hintertreppe nach draußen.

Im Februar 1933 spürte Heinz die Schrecken des Dritten Reiches zum erstenmal am eigenen Leib. Er war zu Besuch bei seiner Großmutter in der Budapester Straße, als aufgrund einer Denunziation die Polizei dort erschien – die Wieners besaßen zahlreiche Mietshäuser, und man verdächtigte sie böswillig »typisch jüdischer« Unregelmäßigkeiten. Heinz wurde ohne weitere Begründung auf das Präsidium am Alexanderplatz gebracht. Zunächst hielt er das Ganze für ein Abenteuer, und als er trotz der Kälte im offenen Polizeiwagen über den Kurfürstendamm fuhr und ein paar Freunde am Straßenrand sah, winkte er ihnen fröhlich zu. Am Alexanderplatz aber begriff er bald, daß alles blutiger Ernst war. Man brachte ihn ins zweite Untergeschoß in einen dunklen Raum, in dem noch andere Gefangene waren. Dort lernte er einen älteren Herrn, einen Reichstagsabgeordneten, kennen, der den Vierzehnjährigen unter seine Fittiche nahm. In diesem Verlies verbrachten sie gemeinsam mit vielen anderen die Tage und Nächte bei wenig Nahrung. Heinz wurde, weil er der Jüngste war, befohlen, die Latrinen zu reinigen, und nur auf dem Weg dorthin, wenn er über den Hof ging, sah er den Himmel und konnte frische Luft atmen. Nach mehreren Tagen der Haft fragte ihn einer der drei wachhabenden Polizisten, ein noch junger Mann:

»Warum bist du eigentlich hier?«

»Weiß ich auch nicht.«

»Weiß denn deine Familie, wo du bist?«

»Nein.«

»Willst du, daß ich deine Familie anrufe?«

»Ja.«

»Paß auf, morgen früh meldest du dich zum Austreten.«

Heinz ging vor die Tür und bat die Polizisten, austreten zu dürfen. Sein Helfer begleitete ihn.

Auf dem Weg erklärte er ihm, er solle eine Treppe hinaufgehen, dort seien zwei Türen. Die rechte Tür führe ins Freie, hinter der linken sei ein Telefon.

Der Reichstagsabgeordnete hatte Heinz die Adresse eines Nazi-Anwalts genannt, der für entsprechendes Geld alles tat, selbst für Juden. So kam Heinz auf die Liste der zu Entlassenden. Eines Morgens wurde sein Namen verlesen. »Du bist frei«, rief ihm der Abgeordnete nach und fügte warnend hinzu: »Unterschreib nichts!«

Heinz ging auf den Flur, und man legte ihm ein Blatt zur Unterschrift vor. Darauf stand: »Ich bin Mitglied der kommunistischen Partei.« Heinz zögerte und dachte an die Warnung des Abgeordneten. Der ihm freundlich gesonnene Polizist sagte zu seinem Kollegen: »Da hast du ihm ein falsches Papier hingelegt«, und legte das Blatt eilig beiseite. Durch seine Hilfe entkam Heinz, ohne die Unterschrift zu leisten.

Nach seiner Freilassung holte sich Heinz seine Schlittschuhe und fuhr auf der großen Eisfläche, dem »Wintermärchen« an der Leibnitzstraße, Nähe Kurfürstendamm auf dem Eis, bis er sich wieder besser fühlte und frei atmen konnte. Er wollte die Schrecken der Haft möglichst schnell abschütteln.

Da die Zeiten immer schwieriger wurden und jüdische Schüler nicht studieren durften, riet der Gymnasialdirektor, ein alter Sozialdemokrat, Heinz, die Schule nach dem Einjährigen zu verlassen. Er werde sich damit eine Menge Leid ersparen. Heinz folgte seinem Rat und begab sich in eine Lehre bei der jüdischen Firma Walter Schott in der Fasanenstraße gegenüber der Synagoge, die auf störfreie Kabel spezialisiert war. Hier lernte er Radiotechnik und rüstete bald zahlreiche Berliner Häuser mit Siemens-Anten-

Ein Jahr lang überlebten die West-Berliner dank der Luftbrücke. Henry Ries widmete der Stadt, ihren Menschen und den Helfern aus Amerika, Frankreich und England eines seiner schönsten Fotos.

nen aus. Die Firma beschäftigte zahlreiche jüdische Ärzte, Wissenschaftler und Rechtsanwälte, die das Land verlassen und einen praktischen Beruf erlernen wollten, um in der Emigration überleben zu können. Nach Beendigung seiner Lehre fand er eine Anstellung als Radioverkäufer beim renommierten Piano- und Radiohaus Neumann am Kurfürstendamm Nähe Uhlandstraße. »Weil ich so gojisch aussah«, ist seine ironische Begründung dafür, daß er diese Anstellung bekam. Ein intelligenter junger Mensch, dem man das Studium verweigerte, hätte allen Grund zur Verzweiflung gehabt, aber Heinz ließ sich nicht entmutigen. Er genoß seine Zeit bei Neumann, so gut er konnte, war ein erfolgreicher Verkäufer und mochte besonders die Vorführungen bei eleganten Damen zu Hause. Von denen kehrte er manchmal erst recht spät, aber sehr vergnügt zurück. Auch prominente Sänger und Künstler waren Kunden bei Neumann, und als Henry Ries 1939 in einer New Yorker Galerie eine von seichter Musik untermalte Kandinsky-Ausstellung sah, erinnerte er sich, wie er dem Künstler einige Jahre zuvor in Berlin ein Radio verkauft hatte.

In dieser Zeit machte Heinz, ohne zu ahnen, daß er damit den Grundstein für seinen späteren Beruf legte, seine ersten Aufnahmen mit einer Kamera. Er fuhr nach Hoppegarten zu den Pferderennen, ging auf Modeschauen und machte Fotos von schönen Frauen mit großen Hüten. Damals verliebte er sich unsterblich in Uschi, deren Mutter den größten Modesalon Berlins im Salamanderhaus neben Kempinski hatte. In der ersten Etage lagen der Salon und die Wohnung, und wenn Heinz auf der Straße daran vorbeikam, pfiff er eine Erkennungsmelodie. Leider hatte Uschis Mutter, die sich von ihrem jüdischen Mann hatte scheiden lassen, weil sie Frau Goebbels und Frau Göring zu ihren Kundinnen zählte, etwas dagegen, daß ihre Tochter mit einem Juden befreundet war. Fräuchen und Schwester Emmy, das Hausmädchen der Gegenseite, protegierten das Pärchen und verhalfen den beiden zu ihren Rendezvous'.

1938 wanderte Heinz unter abenteuerlichen Umständen nach Amerika aus. Seine Großmutter, die 1942 deportiert und umgebracht worden ist, gab ihm einen Teil seiner Erbschaft, damit er die Schiffsreise bezahlen konnte. Der ältere Bruder war bereits 1936 nach Brasilien emigriert. Steffi überlebte nur, weil Fräuchen, um die notwendigen Lebensmittelkarten zu erhalten, das Mädchen als ihre uneheliche Tochter ausgab. Die Polizei drückte dabei ein paar Augen zu, denn natürlich war bekannt, daß die Familie Ries auch eine Tochter hatte. 1941, zwei Monate vor Eintritt der USA in den Krieg und somit im letzten Moment, konnte Steffi nach einer anderthalbjährigen Korrespondenz, die Henry in Amerika mit den Quäkern geführt hatte, in einem plombierten Zug über Paris, Madrid und Lissabon ebenfalls nach New York gelangen. Alle Familienmitglieder, die in Berlin geblieben sind, wurden deportiert und ermordet.

Henry hatte sich zum Ziel gesetzt, am Kampf gegen den sich immer mehr ausweitenden NS-Terror mitzuwirken. Am 8. Dezember 1941, einen Tag nach der Bombardierung von Pearl Harbor, fuhr Henry mit zwei Freunden nach Hartford, Connecticut, um sich freiwillig bei einer Fliegereinheit zu melden. Henry wurde als tauglich befunden und dann nach seiner Herkunft befragt.

»Berlin, 1917.«

»Which Berlin? The one in New Hampshire or in New York State?«

»Berlin, Germany.«

Der in Deutschland verfemte Jude wurde nun, da er noch kein amerikanischer Staatsbürger war, zum *enemy alien* erklärt, man nahm ihm seine Leica und sein Radio weg, damit er nicht als Spion tätig werden konnte. Nur mit größter Mühe und der Fürsprache eines Bekannten aus dem Pentagon nahm ihn die Army schließlich doch auf. Sie setzte ihn allerdings nicht direkt im Kampf gegen die Nazis ein, sondern schickte ihn nach Indien zu der größten Fotografengruppe in Übersee, wo er von B-52-Flugzeugen aus

Luftaufnahmen von China machte und in dem riesigen Fotolabor Bilder vergrößerte. Sein wiederholt geäußerter Wunsch, nach Europa versetzt zu werden, wurde erst im Mai 1945 erhört:

»Sergeant Henry Ries immediate transfer stop report London 1400 AAF base unit European Div. Atc.«

In London wurde er einer Abteilung des »Office Director of Intelligence« zugeteilt, um die Geheimakten Himmlers (die »Secret State Library«, wie die Amerikaner sie nannten) auszuwerten, die in 25 Kisten in der Salzmine von Hallein gefunden worden war. Henry Ries sollte Unterlagen über sogenannte ärztliche Versuche an KZ-Häftlingen in Dachau, Auschwitz und anderen Lagern für den Nürnberger Ärzteprozeß aufbereiten.

Am Mittwoch, dem 29. August 1945 kam Henry Ries mit der US-Armee zum erstenmal wieder nach Berlin. Die Häuser, in denen seine Familienmitglieder gewohnt hatten, lagen alle in Trümmern. Dort, wo die letzte Wohnung seiner Großmutter gewesen war, fand er mitten in Schutt und Asche ein Bild seiner Schwester Steffi.

Am Tag seiner Ankunft fuhr er mit 27 Offizieren und Soldaten in offenen Lastwagen durch das stark zerbombte Schöneberg und Wilmersdorf, durch das teilweise zerstörte Schmargendorf und das kaum beschädigte Zehlendorf nach Onkel Toms Hütte in die Riemeisterstraße.

Was dann geschah, bestimmte für die nächsten Jahre und eigentlich bis heute seine Einstellung zu Berlin und Deutschland.

Die amerikanischen Soldaten stellten sich in der Riemeisterstraße vor dem Bürgersteig auf, und zu den Klängen einer Trompete wurde langsam die Stars-and-Stripes-Flagge gehißt. Die Soldaten salutierten. Die Berliner mußten zu diesem Zweck den Bürgersteig verlassen und auf die Straße treten. Ein einarmiger Mann mit nur einem Auge blieb plötzlich mit seinem dreirädrigen Handkarren mit alten Klamotten direkt vor Ries stehen, zog die graue Mütze vom Kopf und blickte zu Boden. In diesem Augenblick kam Ries in den Sinn, daß er wie dieser Mann und die anderen ängstlich und mißtrauisch dreinblickenden Berliner sieben Jahre zuvor selbst Bürger dieser Stadt gewesen war, bevor man ihm die Staatsangehörigkeit genommen hatte. Wie sollte er wissen, ob dieser Mann ein überzeugter Nazi gewesen war oder vielleicht ein Mensch wie Maria Schönfeld, die Juden das Leben gerettet hatte. Ich bin nicht hier, um zu richten, sagte er sich, sondern um zu berichten und zu beobachten, was jetzt hier geschieht.

Dies hat er seitdem auf vielfache Weise getan. Nach der Arbeit an den Himmler-Dokumenten schied er im März 1946 aus der Armee aus und wurde Chefreporter und Bildredakteur des OMGUS-Observer, der Wochenzeitung der amerikanischen Militärregierung. Durch seine zahlreichen Fotos und Reportagen wurde er bei den amerikanischen Zeitungen schnell bekannt. Nur wenige Fotografen hatten so viel Sinn für die deutschen Belange, fast immer war er rechtzeitig am richtigen Ort, um die entscheidenden Ereignisse festzuhalten. 1946 nahm er die Stelle des einzigen Fotoreporters für Westeuropa bei der *New York Times* an. Nun berichtete er über Berlin und die sowjetische Besatzungszone, über das Alltagsleben der Menschen in zerstörten Städten, über Juden, die den Holocaust überlebt hatten, aber auch über die Einrichtung demokratischer Strukturen, besonders in der deutschen Hauptstadt.

Vor allem durch ein Foto wurde Henry Ries einem großen Publikum bekannt, den Rosinenbomber über dem Flughafen Tempelhof, der von einer Schar winkender Kinder begrüßt wird. Zum 25. Jubiläum der Blockade 1973 war eine große Ausstellung mit seinen Fotos zu sehen, in der er vor allem den Alltag der Berliner zeigt: Menschen, die nachts bügeln, weil es nur zwei Stunden am Tag Strom gab und manchmal eben nur in der Nacht; andere, die im zerstörten Anhalter Bahnhof stundenlang auf ihre Züge warten; Bauern, die rund um die Siegessäule Äcker pflügen, Kinder, die in Trümmern spielen. All diese Bilder zeigen sein Verständnis für die Probleme der Berliner in dieser schwierigen Zeit, trotz allem, was er im Dritten Reich erlebt hatte.

Die Auseinandersetzung mit den Vorgängen zur Zeit des Nationalsozialismus scheut er nicht und hat er nie gescheut. Unermüdlich forscht er nach den Motiven für das Verhalten der Menschen im NS-Staat, für ihr Mitläufertum, ihre Nutznießerei, den Mangel an Zivilcourage. Immer wieder aber zeigt er auch, daß es Leute gegeben hat, die sich nicht dem Nazi-Terror unterworfen, sondern im Rahmen ihrer Möglichkeiten anderen geholfen haben. In dem Buch *Abschied meiner Generation* hat er mit den verschiedensten Menschen Gespräche geführt, welche die NS-Zeit in Deutschland erlebt haben. Dieses Buch beweist sein Einfühlungsvermögen und seine Sensibilität gegenüber Ereignissen und Menschen.

1995 und 1996 reiste Henry Ries nach Auschwitz, um den Spuren der Judenvernichtung nachzugehen und mit den Besuchern der Gedenkstätte zu sprechen. In einem Buch wollte er die Vergangenheit mit der Gegenwart konfrontieren, den Schrecken von damals die Betroffenheit der Menschen von heute gegenüberstellen. Dabei trug er eine interessante Vielfalt von Meinungen und Aussagen zusammen. *Auschwitz. Prüfstein des deutschen Gewissens* erschien 1997.

1988 und 1997 zeigte die Berlinische Galerie Bilder aus seinem umfangreichen Werk, 1998 widmete ihm das Willy-Brandt-Haus anläßlich des fünfzigsten Jubiläums der Luftbrücke eine Ausstellung; außerdem erschien ein Band mit seinen Berliner Fotografien aus der Zeit von 1946–1949.

Auch in der nächsten Zeit wird sich Henry Ries wieder

intensiv mit Berlin beschäftigen. Er schreibt gegenwärtig an seinen Erinnerungen, in denen er das Berlin seiner Kindheit aufleben läßt, aber auch das zerstörte Berlin nach dem Krieg und das Berlin der vergangenen zwanzig Jahre, an dem er auf andere und neue Weise interessiert ist.

Ein Wermutstropfen bleibt in seinem Verhältnis zu Berlin: Für einen Juden, der in Amerika lebt, dem Land, das so viele Emigranten aufgenommen hat, ist es belastend, wenn auch durch die Ereignisse im Dritten Reich erklärbar, daß das Verhältnis der Deutschen zu den Juden bis heute so wenig natürlich ist. Das erfährt Henry Ries jedesmal, wenn in Deutschland Zeitungen oder das Fernsehen über ihn berichten. Immer wieder will man ihn vor der Synagoge in der Oranienburger Straße filmen, ganz als ob er keine andere Identität als die eines gläubigen Juden hätte. Oder man läßt ihn vor dem Jüdischen Museum zu Fragen der Zeit Stellung nehmen, wo ihm doch das für alle Berliner als Wahrzeichen geltende Brandenburger Tor soviel mehr am Herzen liegt als »typisch jüdische« Einrichtungen. Warum soll ich als Berliner, als jüdischer Deutscher denn immer noch Jude, ein Außenseiter sein, fragt er sich dann.

Als ihn eines Tages der Berliner Senat zu einer Veranstaltung einlud und ihn als »jüdischen Mitbürger« apostrophierte, fragte er sich, warum er immer noch nicht als Bürger, sondern nur als Mit-Bürger wahrgenommen wird. Es wird wohl noch lange dauern, bis das Verhältnis von Juden und Deutschen normal sein wird. Schon Rathenau hatte gesagt: »Die Juden sind ein deutscher Stamm.« Aber die Deutschen haben den Juden die Assimilation verweigert, die in anderen Ländern so selbstverständlich ist, und durch ihren gehemmten Umgang mit Juden tun sie es heute auf gewisse Weise immer noch.

Auf den Tag, an dem die Juden in Berlin als Bürger gelten können wie andere auch, freut sich Henry Ries schon heute.

Leonie kommt von »Löwe«

Leonie Ossowski

Zum ersten Mal sah Jolanthe von Brandenstein Berlin 1932 mit sieben Jahren. Nach mehrstündiger Fahrt stieg sie allein am Bahnhof Zoo aus dem Zug. Um den Hals trug sie ein Pappschild mit Namen und Adresse. Sie war allein vom elterlichen Gut in Röhrsdorf in Niederschlesien in die Hauptstadt gekommen, um ihre Großmutter und Urgroßmutter zu besuchen, die am Ludwigkirchplatz und in der Uhlandstraße (Ecke Berliner Straße) wohnten. Vom ersten Augenblick an war sie, das Kind vom Lande, von der Großstadt begeistert. Berlin wurde für sie zum großen Erlebnis und ist bis heute für sie die Stadt, in der sie sich am wohlsten fühlt. Damals verbrachte sie viele Stunden auf dem Balkon der Großmutter, um den Verkehr zu beobachten, und nichts gefiel ihr mehr als das laute Quietschen der Straßenbahn in den Kurven. Auf den belebten Straßen zwischen den Wohnungen der Großmutter und der Urgroßmutter bewegte sie sich selbständig und ohne jede Angst. Mit ungläubigem Staunen sah sie die Ampeln. Wie kam es bloß, daß die Leute nur bei bestimmten Farben über die Straße gingen, wo man doch zu Hause auf dem Land gehen konnte, wann und wie man wollte? Es kam ihr seltsam vor. Von nun an verbrachte sie, bis der

Krieg ausbrach, die Oster- und Herbstferien regelmäßig in Berlin.

Im Herbst 1943 holte sie unter abenteuerlichen Umständen ihre Urgroßmutter aus dem zerbombten Berlin nach Hause auf das schlesische Gut, um sie vor Fliegerangriffen zu retten. Dann sah sie die geliebte Stadt beinahe zehn Jahre nicht wieder.

1945 floh sie mit ihrem ersten Mann in den Harz. Bald aber ging diese Ehe auseinander. Zur Zeit der Trennung war sie vierundzwanzig. Sie lebte eine Zeitlang allein, und um besser damit fertigzuwerden, begann sie zu schreiben. Sie fand Gefallen daran, bestimmte Lebenssituationen aufzuschreiben. Sie verfaßte kleine, teilweise komische Geschichten, die sie noch heute mag. Sie wurden in Bäcker- oder Metzgerzeitschriften gedruckt.

Jolanthe heiratete erneut und kam 1949 mit ihrem zweiten Mann und ihren Kindern nach Biberach an der Riss. Hier ging sie verschiedenen Berufen nach. Zwar hatte sie zu Hause Landwirtschaft gelernt, hier aber arbeitete sie in der Fabrik, war Verkäuferin, Sekretärin und Sprechstundenhilfe. Sie tat dies nicht nur, um ihren Lebensunterhalt zu verdienen. Sie legte damit auch den Grundstein für ihre schriftstellerische Tätigkeit. Um Menschen, Milieus und Situationen präzise zu beschreiben, wollte sie sie wirklich kennen, und wie konnte man sie besser studieren, als wenn man sich eine Weile darin aufhielt. Diesem Prinzip ist sie bis heute treu und schreibt nie über Dinge, die sie nicht von Grund auf kennt. Noch immer begibt sie sich, soweit es möglich ist, zu diesem Zweck in das entsprechende Umfeld.

1952 sah sie Berlin wieder. Sie war entschlossen, eine Weile in Ostberlin zu leben, um sich den Kommunismus aus der Nähe anzusehen. Vielleicht bot er ja eine Lebensmöglichkeit, eine echte Alternative zu dem, was ihr an Rollenverhalten von ihrer Familie vermittelt worden war. Da sie weiterhin am Schreiben interessiert war, probierte sie diverse Möglichkeiten aus. Sie arbeitete auf einem Jahrmarkt, auf dem sie den skurrilsten Menschen begegnete, und hatte genug zu erzählen, um ein Drehbuch für einen Film zu schreiben. Mit diesem Skript ging sie in aller Unbefangenheit zur Defa in Babelsberg und bot es dort an. Es wurde abgelehnt, aber die einfallsreiche Autorin wollte man gern beschäftigen, und so erhielt sie einen anderen Auftrag für ein Drehbuch. Zu diesem Zweck zog sie nach Babelsberg.

Die Versorgung ihrer Familie in Biberach hatte sie so organisiert, daß sie sich in Ruhe ihrer Arbeit widmen und die Großstadt genießen konnte. Das damals noch nicht durch die Mauer geteilte Berlin bot alle Möglichkeiten dazu. Sie wohnte in der Stubenrauchstraße 26 in Babelsberg am Griebnitzsee in einer herrschaftlichen roten Backsteinvilla, dem Gästehaus der Defa. Das Haus war von einem großen Park umgeben, der auf den See hinausging. Gleich gegenüber wohnte Yvonne, ihre Schwester, die mit dem bekannten Regisseur Kurt Maetzig verheiratet war. Bis Ende der fünfziger Jahre wohnte Jolanthe immer wieder hier, und mitunter begegnete sie interessanten und oft recht prominenten Leuten, Schauspielern, die in Babelsberg drehten. So lernte sie 1957, als der Film *Die Hexen von Salem* nach dem Theaterstück von Arthur Miller gedreht wurde, Yves Montand, Simone Signoret und Mylène Demongeot kennen.

Das Drehbuch für die Defa hieß *Zwei Mütter.* Der Film war die Abschlußarbeit des inzwischen berühmten Regisseurs Frank Beyer, der später *Die Spur der Steine, Nackt unter Wölfen, Jakob der Lügner, Der Hauptmann von Köpenick* drehte und 1998 *Abgehauen,* die Lebensgeschichte von Manfred Krug, verfilmt hat. *Zwei Mütter* erzählt die Geschichte einer Deutschen und einer Französin, die 1943 in einer westdeutschen Stadt im Bombenhagel auf einer

Wöchnerinnenstation liegen und sich nach dem Krieg um die Mutterschaft an einem Kind streiten, das vertauscht worden ist.

Hier hatte Jo von Tiedemann, wie sich Jolanthe inzwischen nannte, bereits das Thema gefunden, das für ihre schriftstellerische Arbeit bis heute eine wichtige Rolle spielt: Beziehungen von Menschen darzustellen, ihre seelischen Mechanismen bloßzulegen, die sozialen Konflikte zwischen ihnen authentisch zu beschreiben. Schon hier wurde ihr besonderes Interesse an Menschen und der Zeit und Gesellschaft, in der sie leben, deutlich. Die Arbeit an diesem Drehbuch, die Zusammenarbeit mit dem Regisseur und den Schauspielern – gelegentlich wurde noch während des Drehens der Text verändert, damit er besser zu sprechen war oder weil er den Schauspielern in der neuen Version plausibler erschien – war für die junge Autorin eine exzellente Schule. Sie lernte, wie man Dialoge schreibt und eine Dramaturgie entwickelt, wie man Szenen kürzt und Situationen durch die richtige Sprache genau wiedergibt.

Das zweite Drehbuch, das Jo von Tiedemann 1958 für die Defa schrieb, hieß *Stern ohne Himmel.* Es wurde aus ideologischen Gründen abgelehnt. So kam sie aber zum erstenmal mit Zensur in Verbindung und verlor einige Illusionen über die DDR als Paradies für Künstler. Durch die Verwandtschaft mit Kurt Maetzig und die Begegnung mit anderen prominenten Künstlern war ihr Blick auf die Wirklichkeit ein wenig getrübt gewesen. Diese Leute mußten sich nicht mit Alltagsproblemen plagen wie das normale Volk.

Das Skript *Stern ohne Himmel* war der Zensur zu religiös, da ein paar Szenen mit Kirche und Kirchenmusik zu tun hatten. Dabei ging es um ein soziales Thema, um vier Jugendliche im Krieg, die in ihrem Lebensmittelversteck einen aus dem KZ geflohenen jüdischen Jungen finden und ihn unter Einsatz ihres Lebens bis Kriegsende verstekken. Der Stoff wurde dann wenige Monate später immerhin in Greifswald als Theaterstück aufgeführt.

Jahre später brachte die Autorin, die sich inzwischen nach ihren Vorfahren, einer Raubritterfamilie aus dem 12. Jahrhundert, Ossowski nannte, *Stern ohne Himmel* als Roman heraus, 1980 wurde er verfilmt.

Die Lebensverhältnisse in Babelsberg waren in den fünfziger Jahren denen im Westen vergleichbar. Mit den Honoraren in Ostmark, die Jo von Tiedemann zum großen Ärger ihres damaligen Ehemanns, der von Ostzonengeld sprach, von der Defa erhielt, konnte sie zu Hause im Westen nicht viel anfangen. Deshalb gab sie sie für Meissner Porzellan, eine Fotoausrüstung und eine Schreibmaschine aus, damals seltene und begehrte Objekte. Um all diese Gegenstände sicher und unbehelligt von der DDR-Zollkontrolle in den Westen zu bringen, hatte sie ein gutes Verhältnis zu den Schlafwagenschaffnern aufgebaut. Sie gestatteten ihr, die Sachen im Dienstabteil unterzustellen, das nicht kontrolliert wurde. Dafür nahm sie ab und zu am Bahnhof Zoo am Schlafwagenschaffnerstammtisch teil und trank in herzlich-rauher Gesellschaft Bier und Schnaps. Bei diesen Bierrunden erklang immer wieder der Refrain: »Und wer ist unsere Beste?« – »Die kleine Frau von Tiedemann.«

Bis zum Jahr 1958 durften Westdeutsche noch für die Defa arbeiten. Bis dahin war Berlin wie eine zweite Heimat für die junge Autorin. Sie traf sich mit Kollegen und Freunden, besuchte die *Paris Bar* in Charlottenburg und *Die Möwe* in Berlin-Mitte, genoß das Leben und kaufte sich die ersten schönen Kleider bei Rebekka Horn am Kurfürstendamm. Nur mit Bedauern verließ sie Berlin, nachdem man Ostdeutschen bei der Defa den Vortritt ließ; berechtigt fand sie es schon, denn die Defa hatte allzu lange Autoren aus dem Westen bevorzugt. In den folgenden Jahren sah Jolanthe die Stadt nur noch, wenn sie ihre Mutter besuchte, die in der Bundesallee wohnte und 1968 starb.

Zu Beginn ihrer schriftstellerischen Laufbahn schrieb Leonie Ossowski ein Drehbuch für die Defa in Babelsberg. 1952 wohnte sie in dem herrschaftlichen Gästehaus der Filmstudios in der Stubenrauchstraße am Griebnitzsee.

Das vorübergehende Interesse der Autorin an der DDR hatte auch etwas mit Selbstfindung zu tun. Da sie durch den Krieg als junge Frau ihr Zuhause verloren hatte, auf dem die Familie 750 Jahre gelebt hatte und sie keinerlei Traditionen fortsetzen konnte, mußte sie für sich einen ganz eigenen Weg suchen. Sie erkannte aber bald, daß das Experiment des Sozialismus auf deutschem Boden keine Lösung für sie war, und wandte sich später der SPD zu. Damit, daß das Familiengut in Schlesien verlorenging, hadert sie bis heute nicht. Sie sieht diesen Verlust auch als Chance. Das Land dort liebt sie weiterhin sehr, aber man kann, so meint sie, seine Heimat lieben, ohne sie besitzen zu müssen. Drei Romane, *Weichselkirschen*, *Wolfsbeeren* und *Holunderzeit*, hat sie dieser Gegend und allen Menschen, die dort leben, gewidmet, nicht nur den Schloßherrn, ihrer eigenen Familie, sondern auch den polnischen Bewohnern ihres Dorfes und den Gutsarbeitern. Und sie verbindet mit diesen Büchern eine konkrete Botschaft, nämlich, vielen Leuten verständlich zu machen, daß Heimat nichts mit Besitz zu tun hat. Mehrfach ist sie, um für diese Bücher zu recherchieren, nach Polen gereist und hat sich viel mit den Polen, die heute im Dorf und auf dem früheren Familiengut leben, verständigt und lange mit ihnen gesprochen. Heute fährt sie nicht mehr dorthin. Sie weiß, daß ihre Gegenwart die Menschen zu sehr an das Leid erinnern, das ihnen im Krieg von Deutschen zugefügt worden ist.

Eine sehr persönliche Geschichte erzählt Leonie Ossowski in dem Buch *Das Zinnparadies.* Nach dem Krieg kehrt Marie in das Schloß zurück, in dem sie aufgewachsen ist, und findet es völlig verändert vor. Man begegnet ihr feindselig, unpersönlich und vorwurfsvoll. Auf dem Speicher des Schlosses hat sie vor der Flucht ein Kinderspielzeug versteckt, das sie jetzt mitnehmen möchte. Aber Janusz, ein zehnjähriger Junge, Enkel einer Zwangsarbeiterin bei den Deutschen, der ebenfalls auf dem Schloß aufgewachsen ist, hat das Zinnfigurenparadies gefunden und möchte es vor ihr verbergen. Durch Zufall rutscht es ihm aus dem Hosenbund, und alle Figuren fallen zu Boden. Nun knien sie beide, Marie und Janusz, und sammeln die Figuren auf. Marie verzichtet schließlich freiwillig auf dieses Spielzeug, das mit so vielen Erinnerungen verbunden ist. Am Ende schenkt ihr der Junge den Löwen. Der Verzicht auf das, was ihr früher gehörte, ist ernst gemeint, ist die Botschaft der Autorin. Und in der Versöhnungsgeste des Jungen liegt vielleicht ein Hoffnungsschimmer für eine Verständigung zwischen Polen und Deutschen. Der Löwe hat seinen Niederschlag im Vornamen ihres Pseudonyms Leonie Ossowski gefunden.

Elf Jahre nach dem Tod ihrer Mutter kehrte sie nach

Berlin zurück, da ihr Mann einen Ruf an eine Hochschule erhalten hatte. Die Jahre nach der Zeit in Biberach hatte sie in Mannheim verbracht, einer Stadt, deren Name im Titel eines ihrer wichtigsten Bücher vorkommt, den *Mannheimer Erzählungen*. Um dieses Buch, das von Straftätern und ihren Problemen vor und während der Haft und nach ihrer Entlassung handelt, zu schreiben, arbeitete sie als Bewährungshelferin und Betreuerin im Knast und lernte Milieu und Lebensumstände ihrer Erzählfiguren genau kennen. Sie fand bei dieser Arbeit Freunde, erlebte abenteuerliche Dinge und viele Rückschläge und Enttäuschungen, aber gelangweilt hat sie sich keinen Augenblick. Auch ihr Roman *Die große Flatter*, der bald nach Erscheinen als Fernsehspiel zu sehen war, spielt in diesem Milieu.

Trotz ihrer zahlreichen Aktivitäten in Mannheim fühlte sie sich als Schriftstellerin isoliert und in gewisser Weise einsam. Mannheim war keine Literatenstadt. Und Leonie Ossowski war weit und breit die einzige Schriftstellerin, was einerseits so etwas wie Neid, andererseits übergroße Bewunderung bei ihrer Umgebung hervorrief. Dabei wünschte sie sich nichts mehr, als ein normaler Mensch unter anderen zu sein. Aber mit ihrem Berufsstand konnte dort niemand so richtig umgehen. Obwohl sie immer ein offenes, gastliches Haus führte, begegnete sie keinem Schriftsteller, mit dem sie sich hätte austauschen können, und hatte immer mehr das Gefühl, nicht am richtigen Ort zu leben. Sie empfand ihre Isolation als bedrückend.

Als sie 1979 nach Berlin zog, war es, als käme sie nach Hause. Nicht nur war ihr als Schlesierin die Mentalität der Berliner wesentlich vertrauter als die der Pfälzer, hier war sie als Autorin eine unter vielen, konnte sich über die Probleme des Schreibens austauschen, mit Menschen reden, die sich mit ähnlichen Fragen beschäftigten und die sie, was das wichtigste war, als eine der ihren aufnahmen. Hier gab es genügend Möglichkeiten und Einrichtungen, um andere Autoren zu treffen. Jeden Donnerstag abend ging sie in K. P. Herbachs berühmten »Buchhändlerkeller«, der sich heute in der Carmerstraße befindet und in dem jede Woche junge Autoren aus ihren Werken lesen. Hier stellte sie in den folgenden Jahren jedes ihrer neuen Bücher vor. Nach den Lesungen traf man sich in der *Rosalinde* in der Knesebeckstraße. Ein interessantes Lokal, das sie gern besuchte, war auch der *Zwiebelfisch* am Savignyplatz, ein Intellektuellentreff par excellence, eine der Lieblingskneipen der 68er zur Zeit der Studentenunruhen.

In ihrem Domizil in der Hubertusallee im Grunewald hat Leonie Ossowski immer ein offenes Haus geführt. Zu ihrem ersten Berliner Geburtstag lud sie alle Leute ein, die sie seit ihrer Ankunft kennengelernt hatte, an die sechzig Personen, die ihr alle bis heute freundschaftlich verbunden sind. Lange Zeit, bis 1986, fanden ihre berühmten alternativen Weihnachtsabende für all jene statt, die sich nicht auf traditionelle Weise mit der Familie unterm Christbaum versammeln wollten oder konnten. Es gab Wodka, Tee und belegte Brote, und die große Schar der Besucher saß auf Stühlen, Sofas oder am Boden. In einem Jahr kamen vier ihr gänzlich unbekannte Gäste: »Wir waren am Steinplatz in der *Filmbühne* zum Kaffeetrinken, und da haben wir am Nebentisch gehört: ›Zu Leonie Ossowski in die Hubertusallee kann kommen, wer anders Weihnachten feiern will. Hier sind wir also.‹ Sie blieben bis vier Uhr morgens.«

Leonie Ossowski hat oft Treffen organisiert, bei denen Leute zusammenkamen, die einander vielleicht sonst nicht begegnet wären. Vor der Wende trafen sich Westberliner und Babelsberger auf ihre Initiative hin zu einer Spreewaldtour und einem Picknick. Dabei genossen sie die nicht selbstverständliche Gelegenheit, ihre Gedanken auszutauschen. Die Erinnerungen der Schriftstellerin an diesen Tag sind nostalgisch. Es herrschte ein unkomplizierter, ungezwungener Umgang miteinander, wie er heute nach der

Wende nur selten möglich ist. Zu groß sind die Probleme der Leute, zu groß die Mißverständnisse.

Auch im Schriftstellerverband (VS) war sie aktiv, bei Gründung der IG Medien aber trat sie gemeinsam mit Anna Jonas und Günther Grass aus dem VS aus, da sie der Meinung war, daß die Autoren in einer solchen Riesengewerkschaft kaum noch eine Stimme haben. Zu ihren zahlreichen Aktivitäten gehört auch die Mitarbeit beim Friedensfilmpreis der Berlinale.

Nicht nur beim Schreiben war sie all die Jahre über sozial engagiert. Mitte der achtziger Jahre hörte sie von einem Buchhändler, daß im Tegeler Gefängnis ein jüngerer, noch wenig erfahrener Autor einsitze, der sich über Besuch und Kontakte sicher freuen würde. Sie besuchte ihn regelmäßig, und diesmal war ihre Arbeit ganz anders als in Mannheim. Hier hatte sie es mit einem »Kollegen« zu tun, der im Schreiben noch ungeübt war und dem sie zahlreiche Ratschläge gab. Inzwischen hat er diverse Gedicht- und Prosabände veröffentlicht. Als sie an Richard von Weizsäcker schrieb und um die Begnadigung des Gefangenen bat, fügte sie dem Antrag ein energisches Plädoyer für eine veränderte Begnadigungspraxis bei. Es kam zu einem ausführlichen und interessanten Gespräch mit dem Präsidenten, Begnadigungen aber sind nach wie vor eine äußerst schwierige Prozedur. Immerhin ist der Delinquent von damals inzwischen vorzeitig entlassen worden.

In der Tegeler Haftanstalt leitete sie ein paar Jahre eine literarische Gruppe mit Lebenslänglichen. Im Knastjargon erhielt diese Runde den Ehrentitel »Leonies Killergruppe«. Man traf sich für zwei Stunden zu Gesprächen über Gott und die Welt, über Filme, Lebenskrisen, Situationen, in denen die Mitglieder straffällig geworden waren, und über Möglichkeiten, es nach der Entlassung vielleicht anders zu machen. Zwei Mitgliedern dieser Gruppe, mit denen sie bis heute Kontakt hat, ist der Weg ins bürgerliche Leben gelungen, sie haben sich eine eigenständige Existenz aufgebaut.

So gerne die Schriftstellerin mit anderen Menschen zusammen ist – als Mutter von sieben Kindern hat sie über Mangel an Leben um sich herum ohnehin nicht zu klagen –, so groß ist auch ihr Bedürfnis nach Ruhe, um zu arbeiten.

Ein Berliner Phänomen hat Leonie Ossowski besonders beschäftigt, die stadtbekannte »Tütenpaula«, die vor dem Kaufhaus Wertheim, in der Grolmanstraße oder der Knesebeckstraße vor den Läden saß, mit einem Bollerwagen und später einem Supermarktkarren durch die Gegend zog und auf der Straße lebte. Dieses Außenseiterdasein faszinierte Leonie Ossowski jahrelang, und zu gerne wollte sie mehr über diese Frau erfahren. Das aber war gar nicht so einfach. Die Frau nämlich war in keiner Weise bereit, sich befragen, geschweige denn ansprechen zu lassen. Wenn Ossowski versuchte, sich ihr freundlich zu nähern, und fragte, wie es ihr gehe, ob ihr im Freien nicht zu kalt sei, dann schleuderte ihr die Tütenpaula aggressiv entgegen: »Verschwinde, du alte Ziege!«

Also befragte sie Taxifahrer, öffentliche Stellen, folgte der Einzelgängerin aus der Ferne, bis sie wußte, wo sie sich wäscht, welche Toiletten sie benutzt, wo sie einkauft. Sie erfuhr am Ende, daß die Frau Postangestellte gewesen war, daß sie, als ihr Mann starb, die Wohnung verloren hatte und einfach auf die Straße gezogen war. Den kleinen Platz um sich herum und ihren Sessel, auf dem sie Tag und Nacht saß, verteidigte sie. Mehrfach nahm die Stadtreinigung ihr die Tüten als Müll fort, und sie verklagte die Leute wegen Diebstahls. Wenn ein Laden, vor dem sie sich niedergelassen hatte, sie vertrieb, zog sie woanders hin. Als man ihr wieder einmal die Tüten weggenommen hatte, rächte sie sich und packte in jede einzelne Tüte

Hundekot. Danach hat sich nie wieder jemand an die Tüten herangewagt.

Die Tütenpaula, die inzwischen nach Halberstadt gezogen ist und im Berliner Stadtbild fehlt, inspirierte Leonie Ossowski zu dem Roman *Die Maklerin*, einem Buch, das sich in vielem vom Schicksal der wirklichen Tütenpaula unterscheidet, ihr aber doch ein Denkmal setzt und die Erinnerung an das Berliner Original bewahrt.

Inzwischen kann Leonie Ossowski auf ein erfülltes Schriftstellerdasein zurückblicken, nachdem so viele Romane und Erzählungen, Theaterstücke und Filme von ihr erschienen sind und sie einem großen Publikum bekannt gemacht haben. Doch hat sie keineswegs die Absicht, sich zur Ruhe zu setzen. Dazu gehen ihr die Probleme der Menschen und der Gesellschaft viel zu wenig aus dem Kopf. Das Schreiben ist für sie das Forum, sich mit allem auseinanderzusetzen, was ihr wichtig und kritikwürdig erscheint.

Und so ist sie auch jetzt, 1989, wieder mitten in der Arbeit an einem neuen Roman. In Zeiten intensiver Produktion zieht sie sich weitgehend aus dem sozialen Leben zurück. Zierlich und mädchenhaft, mit großen, freundlich und aufmerksam blickenden graublauen Augen, einer buntbestickten Mütze auf der Pagenkopffrisur und einem feinen, immer ein wenig hintergründigen Lächeln empfängt sie ihre seltenen Gäste; dafür opfert sie Zeit zum Schreiben. Meistens ist sie allein in ihrem Haus, und nur ihre kleinen Hunde umgeben sie, drei Bologneser, die aus einem gewissen Abstand wie Wollschafe in Miniaturformat wirken. Sie sind eine Reminiszenz an ihre Jugend, in der sie mit allen Arten von Tieren umzugehen pflegte. Wenn man sich mit ihr unterhält, jetzt, wo sie gerade wieder an einem Buch schreibt, dann spürt man, daß sich in ihrem Hinterkopf etwas bewegt. Vielleicht formuliert sie gerade an einem Satz, oder ihr fällt plötzlich ein, wie die nächste

Szene beginnt oder die letzte aufhört. Das kann man nicht so genau erraten. Und man soll es auch nicht, denn die Themen ihrer neuen Bücher hält sie immer geheim. Wenn sie erscheinen, wird das Publikum sie ihr schon früh genug aus den Händen reißen.

Ein Sizilianer in Berlin

Roberto Giardina

Schon als Knabe erfuhr Roberto Giardina, der 1940 in Palermo zur Welt kam und dort seine Kindheit verbrachte, mehr über Deutschland als viele deutsche Kinder. Nur wenigen hierzulande ist bewußt, daß im 13. Jahrhundert ein in Italien geborener deutscher König aus dem Hause der Staufer in Palermo aufwuchs, König von Sizilien wurde und die Region zu hoher kultureller Blüte brachte. Von dieser Zeit zeugen Bauwerke, Skulpturen, Bilder, Bücher, aber auch alte Urkunden. Robertos Vater war Professor für italienische Rechtsgeschichte an der Universität Palermo und hatte alte Schriften, die er für seine Forschungen brauchte, mit seiner Leica fotografiert. Roberto war erstaunt, daß sein Vater die eigentümlichen Schriftzüge entziffern konnte. Doch was er ihm aus längst vergangener Zeit berichtete, versetzte den jungen Roberto nicht in große Begeisterung, und es ist vielleicht kein Zufall, daß er nicht wie andere Mitglieder seiner Familie Historiker und Universitätsprofessor, sondern Journalist und Schriftsteller wurde. Inzwischen aber ist die Saat auf andere Weise aufgegangen, das Leben zwischen zwei Kulturen und Sprachen, der deutschen und der italienischen, das in seinem Elternhaus gang und gäbe war, ging auch ihm in Fleisch und Blut über und wurde ihm zur täglichen Praxis, als er 1969 als Auslandskorrespondent seiner Zeitungen *Il Giorno, La Nazione* und *Il resto del Carlino* nach Hamburg ging. Schon immer hatte ihn der Norden fasziniert, diese so ganz andere Landschaft, die anderen Farben, das besondere Licht. Er hatte Nordeuropa in den fünfziger Jahren auf einer Reise, die sein Vater mit ihm unternahm, kennengelernt. Sie besuchten den Schwarzwald und fuhren auch von Kehl über den Rhein nach Straßburg. Diese frühe Begegnung mit Deutschland und Europa hat Giardina geprägt. Als überzeugter Europäer interessiert ihn, was jenseits von Grenzen geschieht, so vermittelt er seit dreißig Jahren zwischen den Kulturen.

Berlin ist für ihn die ideale Heimat eines Europäers. Nirgendwo sonst erfahre man, was in Europa geschieht, nirgendwo sei so deutlich zu erkennen, wie die politische Zukunft des Kontinents aussehen wird, meint er. Zum erstenmal erlebte er die Stadt im Januar 1970. Berlin zeigte sich nicht von der besten Seite. Draußen war es kalt, auf dem Kurfürstendamm lag Schnee. Die Mädchen, die draußen auf und ab liefen, um schnelles Geld zu machen, taten ihm bei diesen niedrigen Temperaturen von Herzen leid. Er und viele seiner Kollegen wohnten im Hotel *Kempinski*. Sie waren auf Einladung Erich Honeckers gekommen. Der Generalsekretär hatte hundert italienische Journalisten zu einem Vortrag über die Ostpolitik Willy Brandts geladen. Die Veranstaltung begann morgens um neun, was damals für jemanden, der vorher die DDR-Grenzkontrollen passieren mußte, bedeutete, sich in aller Herrgottsfrühe auf den Weg zu machen. Am Abend zuvor hatte Giardina seine Schuhe vor die Tür gestellt, und als er sie morgens anziehen wollte, waren sie fort. Die Zeit drängte. Er rief die Rezeption an: »Sehen Sie in Ihren Kleiderschrank.« Das muß ich falsch verstanden haben, mein Deutsch ist wohl doch noch sehr schlecht, dachte er. Wie sollen die Schuhe in meinem Schrank sein außer durch Zauberei? Er rief einen Kollegen an. »Sieh im Kleiderschrank nach«, sagte der. Also doch kein Grund zum Selbstzweifel, die Schuhe standen tatsächlich dort. Durch eine Vorrichtung in der Flurwand wurden die geputzten Schuhe direkt in den Schrank befördert. Nachdem er diese Hürde genommen und auch die Kontrollen am Checkpoint Charlie erfolgreich passiert hatte, lauschte Giardina nun gemeinsam mit seinen Kollegen angestrengt den Worten von Honecker – und verstand aufgrund mangelnder Übung im Deutschen nur ein einziges Wort der gesamten Rede – »Rotkäppchen«. Als er dann den Text als Manuskript erhielt, konnte er den Zusammenhang ermitteln. Die DDR sei kein Rotkäppchen, das Angst vorm bösen Wolf, der BRD, habe, hieß es.

So mühselig dieser erste Berlin-Aufenthalt war, da er die Sprache noch nicht allzu gut beherrschte, Giardina kehrte immer gern in die Stadt zurück, sobald sich Gelegenheit dazu bot. In Zeiten des Terrorismus gab es daran keinen Mangel, und so berichtete er ausführlich über die RAF und den Mahler-Prozeß. Er nutzte seine Berlin-Besuche vor allem, um Ost-Berlin zu erkunden. Im Westen hielt er sich weitgehend in der Umgebung des Kurfürstendamms auf. »Drüben« jedoch fuhr er in alle Viertel, ging durch die Straßen, versuchte Cafés zu finden, besuchte die Theater und die Oper. Er kam sich oft vor wie in einer Zeitmaschine, so sehr erinnerten ihn die Straßen, Plätze, Läden und Restaurants und das Aussehen mancher Menschen an die fünfziger Jahre.

Nach einem Aufenthalt als Korrespondent in Paris ging Giardina ins provinzielle Bonn und lebte dort in dem idyllischen Ort Königswinter. Obwohl seine Wohnung mit Blick auf den Rhein ihn auf angenehmste Weise an seine erste Deutschlandreise erinnerte, drängte er seine Zeitung, ihn nach Berlin gehen zu lassen. Allzu beschaulich erschienen ihm der Rhein und das Städtchen Bonn, hier bewegte sich kaum etwas, alles schien auf seltsame Weise still. »Die wichtigen Ereignisse finden in Berlin statt«, erklärte er seinem Chefredakteur mit großer Beharrlichkeit, und endlich, 1993, gab dieser nach und schickte ihn als Deutschland-Korrespondenten nach Berlin. Seitdem fühlt sich Giardina, der gemeinsam mit Fernanda Mancini, seiner Frau, in der Nähe des Olivaer Platzes in Wilmersdorf wohnt, zu Hause. Sie ist Philosophin und Malerin und spricht ein kultiviertes, schönes Deutsch. Auch sie lebt gern im Land von Kant, Hegel und Fichte. Konstruktiv und mit kritischem Blick begleitet sie die Arbeit ihres Mannes.

Die Berliner kennen ihn aus seinen Gastkommentaren im *Tagesspiegel*, zwei seiner Bücher sind bisher auf deutsch erschienen: *Anleitung, die Deutschen zu lieben*, eine freundlich-ironische und auch kritische Sympathieerklärung an sein Gastland, das fast so etwas wie eine neue Heimat ist, und *Keine Angst vor Rothaarigen*, ein Buch über das Geheimnis der Rothaarigen und ihre Rolle in Kunst, Literatur und Pop-Kultur.

Zwei Fragen werden dem Wahlberliner Giardina immer wieder gestellt: Lieben Sie Berlin? Und: Ist Berlin eine Metropole? Beide Fragen beantwortet er mit einem klaren Nein. Lieben kann er die Stadt nicht, weil sie ihm erscheint wie eine Diva, wie Marlene Dietrich vielleicht. Eine Diva kann man nicht lieben, sie fasziniert einen, und zwar durch ihre Vorteile wie durch ihre Schwächen, so meint er. Die Schwächen von Berlin sind für ihn offensichtlich. In seinen Augen zerstört der systematisch betriebene und an vielen Stellen so brutale und schnelle Umbau der Stadt viele der alten Bezirke und ihr besonderes Milieu, das den Charme der Stadt ausgemacht hat. Man nimmt zuwenig Rücksicht darauf, daß Berlin zwar keine sehr alte, aber doch eine historische Stadt ist, und alle, auch die anderen Europäer, haben Anspruch darauf, dies im Stadtbild wiederzuerkennen.

Er wuchs mit zwei Kulturen auf und ist ein überzeugter Europäer und Vermittler zwischen Deutschland und Italien. Nichts liegt Roberto Giardina ferner als Vorstellungen vom »typischen« Deutschen oder Italiener.

Viele Spuren europäischer Geschichte würden ausgelöscht, meint er voll Bedauern, von der Mauer sei kaum noch etwas zu sehen, sogar das Olympiastadion habe man abreißen wollen, und auch die Glienicker Brücke, diesen wichtigen Ort, an dem die Spione ausgetauscht worden seien, der im Ausland als ganz wichtiger europäischer Ort zwischen Ost und West gelte – die Deutschen hätten dies schon fast vergessen – habe man beseitigen wollen, um großen Lastschiffen auf der Havel Platz zu machen.

Die Symbole unseres Jahrhunderts müßten erhalten bleiben, damit auch spätere Generationen den Lauf der Geschichte daran ablesen können. Der schnelle und radikale Umbau Berlins zur Hauptstadt erscheint ihm in mancher Hinsicht vergleichbar mit einem jungen Paar, das heiratet und innerhalb kürzester Zeit seine gesamte Wohnungseinrichtung zusammenkauft. Sehr bald aber gefallen den beiden ihre Sachen nicht mehr. Man müsse in eine Beziehung hineinwachsen und langsam herausfinden, womit man sich umgibt und was zu einem paßt, meint Giardina. Vielleicht würden sich auch die Berliner in ihrer Stadt einmal so unbehaglich fühlen wie ein solches Paar. Was organisch wachsen müsse, solle man nicht gewaltsam beschleunigen.

Auch aus bester Absicht kann man Fehler machen, meint er. Die Idee der Piazetta am Potsdamer Platz etwa, angeblich angelegt, damit sich dort Ost- und Westberliner treffen und beide Hälften der Stadt zusammenwachsen, ist am Reißbrett entstanden. Aber Menschen suchen sich selbst aus, wo sie einander begegnen wollen, kein Städteplaner kann ihnen das vorschreiben.

So paradox es erscheint, gerade solche Irrtümer tragen dazu bei, daß er sich hier wohl fühlt. Fehler zu machen bedeutet für ihn, am Leben zu sein.

Warum Berlin keine Metropole ist, liegt für Giardina auf der Hand. In Metropolen lebt es sich unbequem, in London, New York, Mailand, Paris herrscht ununterbrochen große Hektik. Die Luft ist schlecht, es gibt viel Lärm, auf den Straßen staut sich der Verkehr. In so einer Stadt zu leben erfordert viel Energie und Geduld. In Berlin, so meint er, ist das anders. Hier baut man Wege, auf denen jeder bequem durch die Innenstadt radeln kann, hier gibt es viele Parks, Grünflächen und Seen. Die Berliner erheben Anspruch auf Gemütlichkeit. Er kann hier deshalb gut leben, weil Berlin das Unwirtliche, das sonst den Großstädten eigen ist, an vielen Orten fehlt. Bis heute merkt man noch genau, daß die Stadt aus vielen Dörfern zusammengesetzt sei. Und wenn man über die Stadtgrenzen hinausfährt, kann man an den märkischen Dörfern erkennen, daß Schmargendorf, Mariendorf, Kaulsdorf und Biesdorf einmal ganz ähnlich ausgesehen haben.

Zwei Jahre lebte Giardina als Korrespondent in Paris. Er fand den Aufenthalt dort anregend und interessant, war jeden Abend auf einer anderen Veranstaltung, hat Ausstellungen und Theater besucht und vielleicht mehr erlebt als in jeder anderen Stadt. Und doch hat er sich die ganze Zeit dort als Tourist gefühlt, als einer, der nur zuschaut, aber nicht beteiligt ist. Wenn er in einem Café auf den Champs-Elysées in der Nähe seiner Redaktion saß, war er ein Fremder, in Berlin dagegen, im Café in Wilmersdorf, gehört er dazu. Er hat hier schnell Zugang zu anderen Menschen gefunden, sie sind aufgeschlossen und unterhalten sich gern. Er hat viel über die Stadt und ihr Leben erfahren und fühlt sich schon lange nicht mehr als Fremder. Inzwischen ist er so an Deutschland, die Berliner und ihre Sprache gewöhnt, daß er sich eher in Rom zu Gast fühlt. Die Mentalität der Deutschen, ihre Art zu denken und zu empfinden ist ihm oft näher und vertrauter als die vieler Italiener. Deutsche erscheinen ihm einfühlsamer und romantischer, ihre angebliche Sachlichkeit hindert sie, wie er findet, nicht daran, empfindsam zu sein. Italien sei nicht umsonst das Land Machiavellis, dessen Rationalität und Zynismus habe auch bei den Menschen Spuren hinterlassen. Im Deutschland von heute, in dem durch die vielen Veränderungen so viel Unruhe herrsche, seien die Menschen, die eigentlich so viel Wert auf Ruhe und Innerlichkeit legen, in besonderer Weise irritiert und herausgefordert. Das mache sie um so sensibler, und das gefällt Giardina.

Bei seiner schriftstellerischen Arbeit sind die Leser, die Giardina sich vorstellt, Menschen, die empfinden wie die Deutschen. Er hat bereits mehrere Romane geschrieben, die in Italien erschienen sind, aber Berlin inspiriert ihn eher zum Schreiben als das Land seiner Herkunft. 1984 erschien sein Roman *La Lingua del Paradiso* (Die Sprache des Paradieses), ein Titel, der im Italienischen einen doppelten Sinn hat, denn er bedeutet auch »Hochsprache«.

Thema dieses Romans ist der Terrorismus; italienische und deutsche Terroristen, die Roten Brigaden und die RAF, spielen eine wichtige Rolle, auch manche Erlebnisse in Deutschland sind in das Buch eingeflossen. Beim Schreiben des Romans versuchte Giardina, das Phänomen des Terrorismus besser zu verstehen. Sein Hauptheld ist ein junger Mann aus dem Bürgertum, der sich für die Arbeiterklasse engagiert, ohne daß es ihm gelingt, wirklich Kontakt zu den Menschen zu finden, für die er kämpfen möchte. Zu sehr ist er in seiner eigenen bürgerlichen Existenz gefangen. So gerät er zunehmend in die Isolation. Schon in diesem Buch vergleicht Giardina die Roten Brigaden mit der RAF, stellt fest, daß italienische Terroristen wesentlich bessere Kontakte zur Arbeiterklasse hatten als die deutschen. Seine Hauptfigur spiegelt eher ein deutsches Dilemma.

Ein weiterer Roman, der in den letzten Jahren in Berlin entstand, *Nudo Tedesco* (Deutsches Aktbild), spielt im Berliner Künstlermilieu der dreißiger Jahre und in der Gegenwart und enthält ein brisantes Porträt der damaligen Zeit, aber auch eine Liebesgeschichte. Durch die Entdeckung verlorengeglaubter zeitkritischer Bilder, die vor den Nazis versteckt worden waren, wird in den neunziger Jahren eine Brücke in die Gegenwart geschlagen.

Der neue Roman, an dem Giardina gegenwärtig arbeitet und zu dem ihn ebenfalls Berlin inspirierte, handelt von einer Freundschaft zwischen einem Mann und einer Frau. So ein Buch könne er in Italien nie schreiben, meint er, da erwarte man immer gleich politische oder aktuelle Themen in der Literatur. Auch gebe es Situationen in dem Buch, die für Italiener vielleicht unverständlich seien. In einer Passage begegnen sich ein Mann und eine Frau, die sich lange nicht gesehen haben, wieder. Sie sitzen lange zusammen und sprechen miteinander, bevor sie sich lieben. In Italien wäre diese Reihenfolge undenkbar, da müsse es umgekehrt sein. Hier in Berlin, so sagt er, könne er solche Dinge schreiben. Hier brauche er sich nicht nach italienischen Mustern zu richten und könne sich auch dem dortigen Literaturbetrieb entziehen, dem sich in Italien lebende Autoren unterwerfen müssen. Wenn man dort an bestimmten Ereignissen nicht teilnimmt und sich nicht oft genug an den einschlägigen Schauplätzen aufhält, ist man in seinen Augen verloren und wird als Autor kaum noch wahrgenommen. Nach dreißig Jahren im Ausland hat er den Sinn für bestimmte sprachliche Nuancen ein wenig verloren; in Italien als Schriftsteller zu arbeiten würde ihm auch deshalb schwerfallen, weil man dort von einem Autor erwartet, daß er die feinsten Facetten des politischen Diskurses beherrscht.

Hier in Berlin findet er die Zeit, trotz seiner umfangreichen journalistischen Arbeit literarische Texte zu schreiben. Wenn er zum Beispiel auf dem Bremer Parteitag der CDU eine Dreiviertelstunde einer Rede des Bundeskanzlers zugehört hat – inzwischen versteht er deutsche Dialekte, auch den Pfälzischen, freut er sich schon darauf, bald wieder in Berlin zu sein und sich in sein neues Buchmanuskript zu vertiefen.

Wenn er in Rom Journalist wäre, könnte er nie so unbefangen und eigenwillig schreiben wie jetzt als Korrespondent in seinen Berichten und Kolumnen. Er sei weit genug weg, um nicht parteigebunden und weitgehend autonom zu sein. Daß er die neuere Entwicklung der italienischen Sprache nicht mehr direkt verfolgen und an ihr mitwirken kann, bedauert er nicht allzu sehr. Er hat dafür Neues entdeckt und empfindet es als ganz normal, im Lauf seines Lebens den Ort und auch die Kultur zu wechseln. »In Palermo habe ich in der Schule kein Sizilianisch gesprochen wie die anderen Kinder, denn bei uns zu Hause sprach man nur Italienisch, die Hochsprache. Dann kam ich als Jugendlicher nach Rom. Für sie war ich Sizilianer. Dann war ich in Turin, Paris, Hamburg und Bonn. Ich bin es gewohnt, Außenseiter zu sein. Ich war es immer ein wenig, ich war es überall, aber in Berlin fällt es mir am leichtesten. Hier bin ich zwar ein wenig anders, aber ich gehöre doch dazu. Und einem Journalisten kann zur Zeit gar nichts Besseres passieren, als in Berlin zu sein.«

Mit weit offenen Augen

Kerstin Hensel

So groß ihre Affinität zum Theater ist, so wenig spektakulär gibt sie sich selbst. Kerstin Hensel ist eine hochproduktive, aber unprätentiöse Autorin; die Kraft ihrer Persönlichkeit findet sich in ihren Texten wieder. Sie ist in verschiedenen Genres zu Hause, hat Theaterstücke, Hörspiele, Drehbücher, Libretti, Gedichte, Romane und Erzählungen geschrieben. Ihre Texte erscheinen in verschiedenen Verlagen, ihre Stücke werden gespielt, die Hörspiele gesendet, ihre Lesungen sind gut besucht. Kerstin Hensel hat eine eigenwillige literarische Stimme, welche die Dinge beim Namen nennt, Gefühle in klare, prägnante Worte zu fassen versteht. Sie verbindet starke Emotionen mit einer ganz eigenen, hintergründig humorvollen Form von Nüchternheit, kann zarte Empfindungen mit draller, barocker Komik kombinieren.

In Berlin lebt Kerstin Hensel, die 1961 in Karl-Marx-Stadt, dem heutigen Chemnitz, geboren wurde, seit zwölf Jahren. Davor wohnte sie in Leipzig, wo sie als Operationsschwester und am Leipziger Theater arbeitete.

Zwei Jahre lang studierte sie am Institut für Literatur in Leipzig. Zu den Aufnahmebedingungen gehörten eine abgeschlossene Ausbildung und Berufserfahrung. Beides konnte sie vorweisen, dabei war sie erst 22 und damit die jüngste Studentin am Institut. Als gelernte Krankenschwester, die vor allem im OP gearbeitet hatte, genoß Kerstin Hensel es, nun Zeit zum Lesen zu haben, die Weltliteratur in all ihren Formen kennenzulernen, eine Tradition, aus der sie, wie alle guten Autoren, ständig schöpft. Sie hörte Vorlesungen über Literatur, Musik und Kunst, besuchte praktische Seminare, in denen man sich in verschiedenen Gattungsformen wie Lyrik, Prosa und Dramatik üben konnte, und Veranstaltungen, in denen Texte analysiert und kritisiert wurden. So konnte sie sich an literarischen Vorbildern messen, sich mit ihnen auseinandersetzen und ihren eigenen Stil entwickeln. Die zwei Jahre an diesem Institut kamen nach den aktiven Berufsjahren ihrer Neigung zum Kontemplativen sehr entgegen. An Phantasie hatte es ihr nie gemangelt, nun aber beherrschte sie das literarische Handwerk, das seither zu ihrem Lebensinhalt geworden ist.

Sosehr sie Leipzig und ihre dortigen Freunde, Maler und andere Künstler, mochte, sosehr zog es sie nach Berlin. Wer in der DDR aktiv mit Kultur zu tun hatte, wünschte sich eigentlich immer, eines Tages in die Hauptstadt zu kommen; hier gab es eine ganz andere, viel größere Kunstszene als in der Provinz, zahlreiche Theater, Ausstellungen, Lesungen, Konzerte. Künstler hatten hier mehr Möglichkeiten und genossen einen privilegierten Status.

Nach Berlin zu kommen, war aber gar nicht so einfach. Zeitweilig gab es eine regelrechte Zuzugssperre, und wer in der Hauptstadt leben wollte, mußte Wohnung und Arbeit vorweisen. Eine Wohnung bekam man aber nur, wenn man Arbeit hatte . . . Die Gelegenheit bot sich ihr, als der sächsische Dichter Karl Mickel ihr an der Schauspielschule »Ernst Busch« in Berlin und an der Filmhochschule Babelsberg einen Lehrauftrag für »Verssprache und Versgeschichte« verschaffte. Seitdem unterrichtet sie die Schauspielstudenten vier Semester lang im Verstehen und Rezitieren von Versen. Wo sollten sie es besser lernen als bei einer modernen und sehr produktiven Lyrikerin.

Das Unterrichten ist ihr Brotberuf, aber Schauspieler unterrichtet sie gern. Das Theater liegt ihr sehr. Es war das Medium, über das sie zur Kunst, zum Schreiben gefunden hat. Ihre ersten Texte waren Theaterstücke, die zwar nie aufgeführt wurden, aber ihr den Weg zum Schreiben geebnet haben. Inzwischen gilt ihre Vorliebe nicht mehr einer Kunstrichtung, sie besucht ebenso gern Theater wie Ausstellungen oder liest Romane und Gedichte.

Grundlage ihres Schreibens ist das Beobachten von Menschen. Ihren eigenen Weg und ihre ganz besondere Sprache hat sie nicht nur in der Auseinandersetzung mit ihren literarischen Vorbildern gefunden, von denen sie sich innerlich freilich längst emanzipiert hat, sondern auch durch die intensive Beschäftigung mit dem, was ihr ständig im Kopf herumgeht und ihr keine Ruhe läßt. Manche Gedanken und Ideen muß sie literarisch festhalten, und je nachdem, worum es sich handelt, verwendet sie dafür die Form des Gedichts, der Prosa, des Hörspiels oder Theaterstücks. Die Gattung hängt ganz vom Sujet und der jeweiligen Situation ab.

Programmatische Vorstellungen hat sie bei ihrer literarischen Produktion nicht; sie will mit ihren Texten keine Botschaft verkünden. Sie sagt nur unmittelbar das, was ihr wichtig ist, ohne daraus gleich Systeme zu entwickeln. Engagierte Literatur, die für eine Sache und bestimmte Ziele kämpft, respektiert sie, aber ihr selbst liegt so etwas fern.

Nicht, daß es ihr gleichgültig wäre, was in Politik und Gesellschaft vor sich geht. Als im Juni 1998 eine Demonstration der NPD in Berlin stattfand, hat sie an der Gegenveranstaltung teilgenommen und aus noch unveröffentlichten Gedichten gelesen, die sich mit rechtem Denken befassen. Das hat sie eher als Bürgerin denn als Schriftstellerin getan. Denn beim Schreiben gilt ihr Interesse den Geschichten von Menschen, wobei ihr soziale Außenseiter, schwierige Menschen, die keine Siegertypen sind und die es seit dem Fall der Mauer und dem »Sieg des Kapitalismus« schwerer haben denn je, besonders nahestehen.

Während des Schreibens erfährt sie eine Menge über Menschen, ihre Beziehungen und Lebenssituationen. Schreiben ist für sie auch immer ein Erkenntnisprozeß, dessen Ergebnisse über ihre bisherigen Vorstellungen hinausgehen.

Berlin ist für Kerstin Hensel die einzige Stadt, in der sie arbeiten kann. Hier sind ihre Freunde, die kulturellen Institutionen, die Schriftstellern das Leben erleichtern und auch dazu beitragen, den Horizont zu erweitern. Sie braucht von Zeit zu Zeit Gesellschaft, um sich auszutauschen, über ihre Arbeit zu reden, aber auch einfach, um sich des Lebens zu freuen. Dann gibt es wieder Phasen, in denen sie sich zurückzieht und sich ganz auf die Arbeit konzentriert. Extrem viel Zeit zum Schreiben bleibt ihr wegen des Unterrichtens ohnehin nicht, auch ist sie Mutter eines vierzehnjährigen Sohnes, Benjamin.

Berlin mit all seinen Möglichkeiten beflügelt sie. Intensiv kennengelernt hat sie verschiedene Viertel der Stadt, auch die weniger schönen. Ihre erste Wohngegend nach ihrem Umzug nach Berlin war das trostlose Hellersdorf, in dem ihr eine Wohnung zugewiesen worden war. Über zwei Stunden brauchte sie damals, um ins Stadtzentrum zu gelangen; die Umgebung in der riesigen Neubausiedlung war stereotyp und lebensfeindlich. Nur wer den ganzen Tag über fort ist und sich am Abend nur für Fernsehen interessiert, kann es ihrer Meinung nach dort überhaupt aushalten. Der Umzug in die Linienstraße nach Berlin-Mitte war wie eine Erlösung für sie. Diesem Viertel hat sie eine

Kerstin Hensel ist eine der produktivsten Autorinnen unserer Zeit, und sie trifft ihr Publikum gern. Die Literaturhäuser, hier das Brecht-Zentrum in der Chausseestraße, bieten ihr dazu immer wieder Gelegenheit und gehören zu den Orten Berlins, an denen sie sich besonders gern aufhält.

ganze Reihe ihrer Gedichte gewidmet, darunter *Pils & tschüß*, das 1995 veröffentlicht wurde, ein Gedicht, in dem städtische und dörfliche Motive aufeinandertreffen, reale Gegebenheiten wie *Klärchens Ballhaus* und bestimmte Straßen und ihre Bewohner zu Ehren kommen und das von einer düsteren Ungewißheit aus Trauer- und Todesgedanken durchzogen ist. Der ironische Schluß verweist auf unvermeidliche Ereignisse, denen sich dieses Viertel in seiner bunten Vielfalt nicht wird entziehen können.

Zuerst die Linienstraße wie der Name schon sagt.
Hier trinkt Tante Olga
Ihre Hühner in Schlaf,
Die spielen an den Zapfsäulen Einmal noch
Volltanken bitte! Bis Ecke Gormann, das finstre Kapitel

Auf- und zugeschlagen, von da
Kollern die Viecher vollfeldein, Tante Klärchen
Hat extra Glühbirnenschnurn bunt gespannt
Quer über Berlin, das aus Sachsen
Und Polen besteht, waschecht
Wie Tunte Charlotte ihr Gepäck Richtung Jenseits
Hinterm Tresen verbunkert.

Im Park zwitschern Zwischenwirte, den Toten
Lassen wir Kronen stehen. Von soviel Abschied
Wird einem der Weg klar, und die Regierung
Heißen wir
Herzlich willkommen.

In Berlin-Mitte hatte Kerstin Hensel fast zehn Jahre gewohnt und seit der Wende alle Umbrüche erlebt, die den Bewohnern das Leben nicht immer einfach machten. Auch dies ist in ihre Gedichte eingeflossen. »Das Fenster zu! Man gräbt die Katzen aus!/ die Brecher, Bohrer und ein grauer/ Bulldozer geht auf Pirsch, die Schienen senkrecht/ Und Raupen, Kräne, Walzen auf der Lauer . . .

Das Fenster klirrt / Und durch die Wand / Frißt sich ein Stahl. Die Straße ist's, die uns bewohnt.«

Kerstin Hensels Stadtpoesie bildet die Wirklichkeit nicht einfach ab, sondern überträgt sie in sprechende Bilder, im Hintergrund Personen, welche die Kraft zu haben scheinen, auch diese Ereignisse zu bewältigen: »Epochenwechsel auf dem Speiseplan: /So alt so gut.«

Wer Kerstin Hensels Berlin-Gedichte liest, begegnet darin einer Stadt, die lebt und nicht nur aus Straßen und Mauern besteht. In ihrem Großstadtzyklus *Berliner Abende I-V* erzählt sie von dem Freund, der in der Oranienburger Straße von einem Zuhälter verprügelt wird, weil er ein Mädchen auf den richtigen Weg bringen will; von einer abendlichen Lesung auf der Museumsinsel; dem

Besuch in einem pittoresken besetzten Haus; von dem Versuch, mit ihrem wandererprobten Sohn den Wannsee zu umrunden, an dem sie die vielen Villengrundstücke hindern, die nicht einmal einen Meter Uferstreifen für das normale Volk freilassen: »Wir lustwandelten fünfzig Meter in die eine und fünfzig Meter in die andere Richtung, dann gingen wir in den Stechschritt über, dann waren da wieder Zäune, Sperren, Privatgrundstücke.«; und von Menschen und Hunden am Weiher im Park Friedrichshain, die Hunde so viel vitaler als ihre Besitzer . . .

Heute lebt Kerstin Hensel im Viertel Prenzlauer Berg mit seinen großen Straßen, Plätzen und alten Bäumen. Von hier aus ist es nicht zu weit zu den wichtigen Orten der Stadt, den Theatern, Museen und Literaturhäusern. Von hier aus kann sie alle Möglichkeiten einer Großstadt auskosten. Die Café- und Kneipenszene interessiert sie weniger. Zum Schreiben braucht sie keine Kaffeehauskultur. Auch liegen ihre Lieblingsgegenden in Berlin weiter außerhalb, es sind Friedrichshagen und Köpenick, Orte mit der typisch märkischen Seenlandschaft, da, wo die Wälder anfangen. Wenn man ihre Texte liest, versteht man ihre Affinität zu dieser Landschaft. Naturbeschreibungen haben eine wichtige Funktion in ihren Texten.

Wer wenig Zeit zum Schreiben hat, muß sparsam damit umgehen. Kerstin Hensel aber hat gern Umgang mit ihren Freunden; nicht nur, weil sie ein geselliger Mensch ist. Sie sind ihre ersten Leser, die mit den Augen der Nicht-Literaten oft Dinge sehen, auf die sie selbst vielleicht nicht gekommen wäre. Sie nimmt gern Hinweise entgegen und mag den Gedankenaustausch mit den Freunden. Zeit hat sie auch für ihre Leser. Wenn öffentliche Veranstaltungen und Lesungen stattfinden, sagt sie niemals ab. »Die Literatur muß unter die Leute gebracht werden«, sagt sie ganz pragmatisch. Auch gefällt es ihr, Lesern zu begegnen, die sie nach dem Hintergrund ihrer

Texte befragen und manchmal auch auf neue Gedanke bringen.

Im Grunde aber ist Kerstin Hensel in ihrem Schreiben vollkommen autonom. Ihre literarischen Vorbilder von früher, darunter Günther Grass, Heinrich Böll, Gabriel García Márquez, Ingeborg Bachmann, Aitmatov oder Dostojewski, haben ihren Horizont erweitert, aber ihre Ideen findet sie allein, ebenso wie ihre so eigenwillige literarische Sprache. Manchmal schreibt sie über andere Autoren, ihr gefällt die Beschäftigung mit Literatur in einem Bereich, der ganz außerhalb ihres eigenen Schreibens liegt. So verfaßte sie Essays über Irmtraud Morgner und Anna Seghers und viele andere.

In ihren Themen beschränkt sich Kerstin Hensel nicht auf Berlin. Ihre 1994 bei Suhrkamp erschienene Erzählung *Tanz am Kanal* würdigte die Kritik als authentischen Rückblick auf dreißig Jahre DDR-Sozialismus und lobte ihren besonderen Blick für Phänomene von Politik und Gesellschaft.

Kerstin Hensel ist oft kritisch und provokant, und sie hat eine profunde Abneigung gegen Provinzialität. Ihr Theaterstück *Grimma,* das demnächst im Münchner Residenztheater aufgeführt wird, ein am absurden Theater orientiertes Stück, spielt in Südtirol und geißelt provinzielles Denken. »Natürlich gibt es Provinz überall, auch in der Großstadt«, meint sie. Nirgendwo sei man davor gefeit, und es sei wichtig, sich damit auseinanderzusetzen.

Von Kerstin Hensel, die sich nicht vorstellen kann, zu leben ohne zu schreiben, wird das Publikum auch in Zukunft Interessantes zu lesen bekommen. Ihre Phantasie ist unerschöpflich, und ihre Augen sind weit offen.

Auswahlbibliographie

Ernst-Josef Aufricht, Erzähle, damit du dein Recht erweist, Berlin, 1965.

Helga Bemmann, Erich Kästner. Leben und Werk, Berlin, 1994.

Helga Bemmann, Kurt Tucholsky, ein Lebensbild, Berlin, 1994.

Nina Berberova, C'est moi qui souligne, Arles, 1989.

Berlin-Moskau 1900–1950, Berlin, Ausstellungskatalog, München, 1996.

Bertolt Brecht, Die Dreigroschenoper, Frankfurt, 1974.

David Bronsen, Joseph Roth, Eine Biographie, Köln, 1974.

Elias Canetti, Die Fackel im Ohr, Lebensgeschichte 1921–1931, München, 1980.

Ilja Ehrenburg, Menschen, Jahre, Leben, Autobiographie, München, 1962.

Luiselotte Enderle, Erich Kästner, Bildmonographie, Reinbek, 1997.

Bernt Engelmann, Berlin. Eine Stadt wie keine andere, München, 1986.

Elaine Feinstein, Marina Zwetajewa, Deutsch von Hans J. Schütz, Frankfurt, 1990.

Janos Frécot/Johann Friedrich Geist/Diethart Kerbs, Fidus 1868–1948. Zur ästhetischen Praxis bürgerlicher Fluchtbewegungen, München, 1972.

Ruth Freydank, Theater in Berlin. Von den Anfängen bis 1945, Berlin, 1988.

Fritz Rudolf Fries, Alexanders neue Welten. Ein akademischer Kolportageroman aus Berlin, Berlin, 1982.
Roberto Giardina, Anleitung, die Deutschen zu lieben, Berlin, 1996.
Roberto Giardina, Keine Angst vor Rothaarigen, Berlin, 1997.
Kerstin Hensel, Poesiealbum, Gedichte, Berlin, 1983.
Kerstin Hensel, Stilleben mit Zukunft, Gedichte, Halle, 1986.
Kerstin Hensel, Hallimasch, Erzählungen, Darmstadt, 1989.
Kerstin Hensel, Schlaraffenzucht, Gedichte, Darmstadt, 1989.
Kerstin Hensel, Ulriche und Kühleborn, Erzählung, Leipzig, 1990.
Kerstin Hensel, Auditorium panopticum, Roman, Halle, 1993.
Kerstin Hensel, Kahlkuß, Gedichte, Rudolstadt, 1993.
Kerstin Hensel, Angestaut, Gedichte und Essays, Halle, 1993.
Kerstin Hensel, Im Schlauch, Erzählung, Frankfurt am Main, 1993.
Michael Hepp, Kurt Tucholsky – biographische Annäherungen, Reinbek, 1993.
Erika von Hornstein, Adieu, Potsdam, Köln, 1969.
Erika von Hornstein, Der gestohlene Phönix, Berlin, 1994.
Rolf Kauffeldt/Getrude Cepl-Kaufmann, Berlin-Friedrichshagen. Literaturhauptstadt der Jahrhundertwende. Der Friedrichshagener Dichterkreis, München, 1994.
E.T.A. Hoffmann, Des Vetters Eckfenster, Stuttgart, 1980.
Walther Kiaulehn, Mein Freund der Verleger. Ernst Rowohlt und seine Zeit, Reinbek, 1967.
Erika Klüsener, Lasker-Schüler, Reinbek, 1980.
Klaus Kordon, Die Zeit ist kaputt. Die Lebensgeschichte des Erich Kästner, Weinheim, 1994.
Else Lasker-Schüler, Gedichte 1902–1943, München, 1992.
Else Lasker-Schüler, Mein Herz, Frankfurt am Main, 1995.
Walter Lennig, Benn, Reinbek, 1962.
Paul Mayer, Ernst Rowohlt in Selbstzeugnissen und Dokumenten, Reinbek, 1967.
Fritz Mierau, Russen in Berlin, Leipzig, 1987.

Soma Morgenstern, Joseph Roths Flucht und Ende, Erinnerungen, Lüneburg, 1950.
Helmuth Nürnberger, Joseph Roth, Reinbek, 1981.
Leonie Ossowski, Das Zinnparadies, Stuttgart, 1988.
Leonie Ossowski, Weichselkirschen, München, 1976.
Leonie Ossowski, Wolfsbeeren, Hamburg, 1987.
Leonie Ossowski, Holunderzeit, Hamburg, 1991.
Leonie Ossowski, Stern ohne Himmel, Weinheim, 1978.
Leonie Ossowski, Die Maklerin, Hamburg, 1994.
Henry Ries, Deutsche Gedanken und deutsche Gesichter, Interviews und Porträts, Berlin, 1988.
Henry Ries, Berliner Galerie, Interviews und Porträts von Berlinern und der Mauer, Berlin, 1982.
Henry Ries, Berliner am zerstörten Anhalter Bahnhof, Ausstellung und Katalog, Museum für Verkehr und Technik, Berlin, 1990.
Henry Ries, Abschied meiner Generation, Berlin, 1992.
Henry Ries, Auschwitz – Prüfstein des deutschen Gewissens, Interviews und Fotos, Berlin, 1997.
Henry Ries, Fotografien 1946–1949, Berlin, 1998.
Josepf Roth, Werke, Das journalistische Werk, Köln, 1989.
Joseph Roth, Unter dem Bülowbogen, Prosa zur Zeit, Köln, 1984.
Joseph Roth, Berliner Saisonbericht, Reportagen und journalistische Arbeiten 1920–1939, Köln, 1994.
Werner Rübe, Provoziertes Leben, Stuttgart, 1993.
Helma Sanders-Brahms, Gottfried Benn und Else Lasker-Schüler, Reinbek, 1997.
Rüdiger Safranski, E.T.A. Hoffmann. Eine Biographie, Reinbek, 1992.

Bildnachweise:

© Atrium Verlag, Zürich, Illustration von Walter Trier: S. 151.
Henry Ries: S. 211, 223.
Landesbildstelle Berlin/Henry Ries: S. 199.
Rowohlt Verlag GmbH, Hamburg, Umschlag Karl Gröning jr./Gisela Pferdmenges: S. 185.
Staatliche Museen zu Berlin – Preußischer Kulturbesitz – Kupferstichkabinett. Hannah Höch, *Die Treppe*, 1926: S. 167.
STLB Dortmund, Handschriftenabteilung, Nachlaß Julius Hart: S. 31.
Ullstein Bilderdienst: S. 13, 47, 77, 99, 119, 135, 233.